2026년 24회 대비

나눔의집 사회복지사1급

강의로 쌓는 기본개념

1과목 | 사회복지기초

1영역
인간행동과 사회환경

사회복지교육연구센터 편저

사회복지 전문출판 **나눔의집**

CONTENTS

23회 필기시험의 합격률은 지난 22회 합격률 29.7%보다 10%가량 상승한 39.4%로 나타났다. 2교시 4영역 사회복지실천기술론의 난이도가 높게 출제되었으나, 많은 수험생들이 어려워하는 1교시 2영역 사회복지조사론과 3교시 8영역 사회복지법제론이 평이하게 출제되어 전반적인 점수가 상승하였고, 이로 인해 합격률이 높게 나타난 것으로 보인다.

제23회 사회복지사1급 응시현황 및 결과

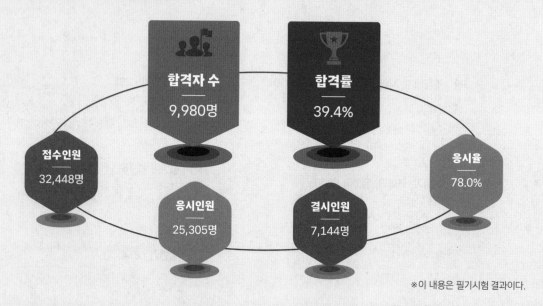

접수인원	합격자 수	합격률	응시율
32,448명	9,980명	39.4%	78.0%
	응시인원	결시인원	
	25,305명	7,144명	

※이 내용은 필기시험 결과이다.

1회~23회 사회복지사1급 국가시험 합격률 추이

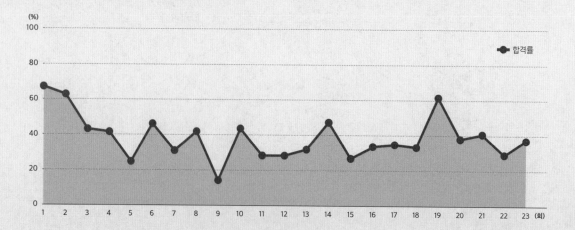

23회 기출 분석 및 24회 합격 대책

23회 출제 문항수 및 키워드

장	23회	키워드
1	3	인간발달이론과 사회복지실천, 인간발달의 개념과 원리, 인간행동에 관한 관점
2	3	프로이트의 정신분석이론, 아들러의 개인심리이론
3	4	피아제의 인지발달이론, 스키너의 행동주의 이론, 콜버그의 도덕성 발달이론
4	2	매슬로우의 욕구이론, 로저스의 현상학적 이론
5	5	체계이론의 주요 개념, 브론펜브레너의 생태체계 구성, 생태체계이론과 사회복지실천
6	0	-
7	0	-
8	2	영아기의 발달 특성, 유아기의 발달 특성
9	1	아동기의 발달 특성
10	2	청소년기의 발달 특성, 청소년기의 발달 과업
11	1	청년기의 발달 특성
12	1	중년기의 발달 특성
13	1	노년기의 발달 특성

아임패스와 함께하는 단계별 합격전략

나눔의집은 '진심'을 다해 오직 사회복지사1급 시험만을 연구한다. 나눔의집의 온라인 강의 사이트인 아임패스를 통해 단계별로 전문적이고 체계적인 학습을 시작해보자. 아임패스는 강의 제공뿐만 아니라 문제은행, 학습자료, 보충자료, 과목별 질문 등 사회복지사1급 시험에 관한 다양한 자료를 제공하고 있다.

1단계 기본개념 과정

강의로 쌓는 기본개념

다양한 유형의 문제에서 명확하게 답을 찾기 위해서는 기본개념이 탄탄하게 잡혀있어야 한다. 기본개념 학습은 말 그대로 1급 시험에 출제되는 총 8영역의 기본적인 개념들을 정리하는 학습이다. 즉, 1급 시험을 위해 가장 기초적이고 중요한 첫 단계로서 집을 짓기 위해 바닥을 단단하게 다지는 과정이다. 그만큼 학습해야 할 양도 많고 오랜 시간이 걸리는 과정이지만 바닥이 단단하지 않으면 그 위에 아무리 멋진 집을 쌓아도 무너질 수 있듯이 기본개념 학습은 반드시 탄탄하게 학습해야 한다.

핵심을 바로 체크하는 개념노트

개념노트 왼쪽 페이지에는 장별로 학습한 기본개념을 바로바로 확인할 수 있는 빈칸 넣기 퀴즈가 수록되어 있고, 오른쪽 페이지에는 학습한 내용을 정리할 수 있는 노트 형태로 구성되어 있다. 장별로 표시된 학습 중요도와 기출포인트를 통해 핵심요약집과 연계하여 학습할 수 있으며, QR코드를 통해 기출회독과도 연계하여 학습할 수 있다.

2단계 기출회독 과정

강의로 복습하는 기출회독

기출문제는 결국 또다시 기출문제가 된다. 따라서 기출문제를 분석하고 반복하여 풀어보는 것은 합격을 위한 가장 기본적이고 필수적인 과정이다. 기출회독은 1회 시험부터 가장 최근 시험까지 모든 기출문제를 분석하여 가장 출제가 많이 된 총 250개의 기출 키워드를 '1단계 이론요약 정리', '2단계 기출문제 풀이', '3단계 정답훈련 퀴즈 풀이'라는 3단계의 복습 시스템으로 학습한다. '데이터 기반 학습법'과 '3단계 복습 시스템'의 결합을 통해 기출 개념들을 힘들게 노력하여 외우지 않아도 저절로 이해할 수 있는 마법을 경험하게 된다.

3단계   핵심요약 과정

사회복지사1급 핵심요약집

반드시 출제되는 핵심내용을 '데이터 기반 학습전략'으로 공부한다. 최근 5개년 기출데이터 분석을 통해 8개 영역의 각 장을 목표 점수별로 구분(130점 목표 빨간색, 160점 목표 파란색, 200점 목표 초록색)하여 효율적이고 전략적으로 학습할 수 있다. QR코드를 통해 기출회독과 연계하여 학습할 수 있으며, 아임패스의 다양한 문제와 퀴즈도 풀 수 있다.

4단계   실전대비 과정

강의로 잡는 장별 기출문제집

최근 5개년 기출문제를 기본개념서에서 제시된 장별로 구성하였다. 기출문제를 장별 내용에 따라 구성하였기 때문에 문제를 풀다가 모르는 개념이 나오면 기본개념서에서 바로 해당 장의 내용을 찾아서 보다 쉽게 다시 정리할 수 있다. 또한 모든 문제에 해당 기출회독 키워드를 표시하였기에 기출회독과도 연계하여 학습할 수 있다.

강의로 풀이하는 합격예상문제집

최근 시험에서는 새로운 유형의 문제가 출제되는 비중이 점점 높아지고 있다. 따라서 기출문제를 기반으로 한 다양한 유형의 응용문제를 풀어보는 것이 매우 중요하다. 최신 기출문제의 내용과 유형을 분석하여 출제한 2,000개의 예상문제를 풀어봄으로써 어떠한 유형의 문제가 출제되어도 자신있게 해결할 수 있는 훈련을 한다.

강의로 완성하는 FINAL 모의고사

길고 길었던 학습을 마무리하면서 자신의 실력을 최종 점검해 볼 수 있다. 모의고사는 총 3회분으로 구성되어 있는데, 난이도를 구분하여 1회가 가장 쉽고 3회가 가장 어렵다. 실제 시험지 구성과 동일하게 제작되었기 때문에 실전처럼 시간을 정해놓고 함께 들어 있는 답안카드에 직접 마킹을 해보면서 자신의 실력을 최종적으로 확인할 수 있다.

강의로 쌓는
기본개념 활용맵

★ QR코드를 활용하세요!
스마트폰의 카메라, 네이버의 '스마트렌즈', 카카오톡의 '코드스캔' 기능으로 QR코드를 찍으면 관련 동영상 강의를 바로 볼 수 있습니다.

장별 학습내용 안내

본격적인 학습에 앞서 각 장에서 어떤 내용을 다루고 있는지를 전체적으로 확인해볼 수 있도록 마련하였다.

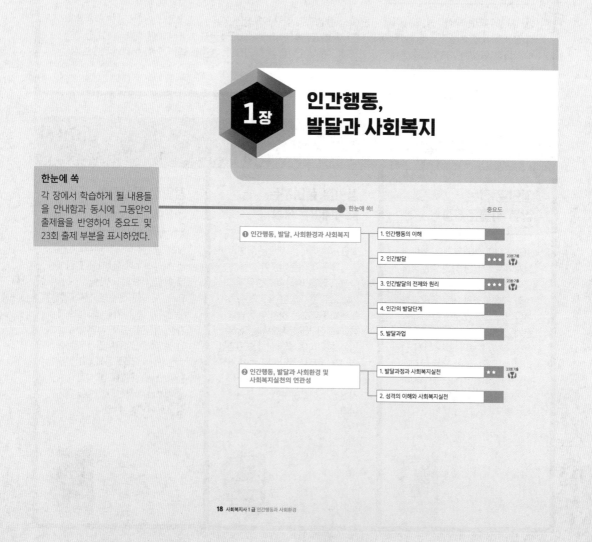

1장 인간행동,
발달과 사회복지

한눈에 쏙
각 장에서 학습하게 될 내용들
을 안내함과 동시에 그동안의
출제율을 반영하여 중요도 및
23회 출제 부분을 표시하였다.

한눈에 쏙!   중요도

❶ 인간행동, 발달, 사회환경과 사회복지   1. 인간행동의 이해

                                      2. 인간발달   ★★★ 23회 기출

                                      3. 인간발달의 전제와 원리 ★★★ 23회 기출

                                      4. 인간의 발달단계

                                      5. 발달과업

❷ 인간행동, 발달과 사회환경 및   1. 발달과정과 사회복지실천 ★★ 23회 기출
   사회복지실천의 연관성
                                      2. 성격의 이해와 사회복지실천

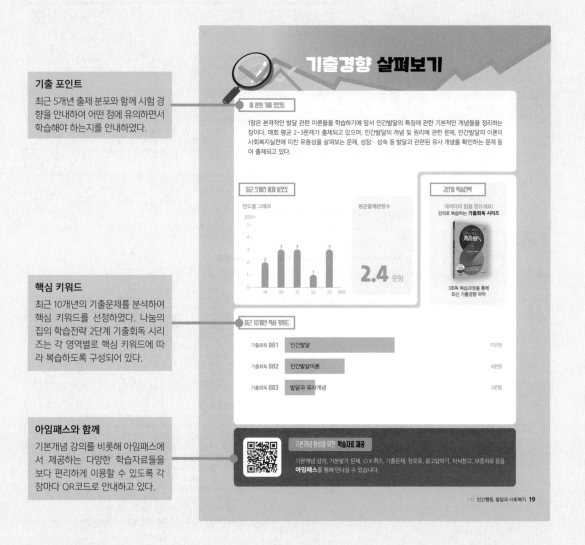

장별 기출경향 안내

19회 시험부터 23회 시험까지 최근 5개년의 기출문제를 분석하여 관련 정보를 안내하였다.

기출경향 살펴보기

기출 포인트
최근 5개년 출제 분포와 함께 시험 경향을 안내하여 어떤 점에 유의하면서 학습해야 하는지를 안내하였다.

이 장의 기출 포인트

1장은 본격적인 발달 관련 이론들을 학습하기에 앞서 인간발달의 특징에 관한 기본적인 개념들을 정리하는 장이다. 매회 평균 2~3문제가 출제되고 있으며, 인간발달의 개념 및 원리에 관한 문제, 인간발달의 이론이 사회복지실천에 미친 유용성을 살펴보는 문제, 성장 · 성숙 등 발달과 관련된 유사 개념을 확인하는 문제 등이 출제되고 있다.

최근 5개년 출제 분포도

연도별 그래프
문항수

평균출제문항수
2.4 문항

2단계 학습전략
데이터의 힘을 믿으세요!
강의로 복습하는 **기출회독 시리즈**

기출해독

3회독 복습과정을 통해
최신 기출경향 파악

핵심 키워드
최근 10개년의 기출문제를 분석하여 핵심 키워드를 선정하였다. 나눔의 집의 학습전략 2단계 기출회독 시리즈는 각 영역별로 핵심 키워드에 따라 복습하도록 구성되어 있다.

최근 10개년 핵심 키워드

기출회독 001	인간발달	11문항
기출회독 002	인간발달이론	6문항
기출회독 003	발달과 유사개념	3문항

아임패스와 함께
기본개념 강의를 비롯해 아임패스에서 제공하는 다양한 학습자료들을 보다 편리하게 이용할 수 있도록 각 장마다 QR코드로 안내하고 있다.

기본개념 완성을 위한 **학습자료 제공**

기본개념 강의, 기본쌓기 문제, O X 퀴즈, 기출문제, 정오표, 묻고답하기, 지식창고, 보충자료 등을 **아임패스**를 통해 만나실 수 있습니다.

공부하는 내용이 많다 보니 어느 부분이 중요한지, 어떤 내용이 출제되는지를 파악하는 것은 매우 중요하다.
좀 더 효율적으로 학습할 수 있도록 본문에 기출과 관련된 사항들을 안내하였다.

기출회차
1회부터 지금까지 얼마나 자주 출제된
내용인지를 알 수 있도록 출제된 회차를
표시하였다.

1 인간행동, 발달,
사회환경과 사회복지

기출회차				
1	2	3	4	5
6	7	8	9	10
11	12	13	14	15
16	17	18	19	20
21	22	23		

감의로 독합하는 기출목록 시리즈

Keyword 001, 003

중요도
그동안의 기출경향을 파악하여 학습의
포인트를 짚어주었다.

중요도

3. 생태체계이론

생태체계이론은 일반체계이론과
생태학이론이 결합된 관점으로
환경과 유기체 간의 역동적 관계
특히, 상호호혜적인 관계에 초점
을 맞춘다. 생태체계관점의 특징
및 구성, 사회복지실천에 대한
생태체계이론의 기여 등을 정리
하는 것이 중요하다. 23회 시험
에서는 생태체계이론과 사회복
지실천의 관련성을 묻는 문제가
출제되었다.

생태체계이론, 생태체계관점, 생태체계적 관점, 생태체계적 모델은 다 같은
뜻으로 이해해도 된다. 이 이론 및 관점은 다양한 사회복지 영역에 포괄적으
로 적용될 수 있지만 어느 하나의 개입기법을 가지는 다른 모델과는 좀 성격
이 다르다. 이것은 문제를 가진 개인과 환경에 대한 개입에 있어 다양한 기술
과 기법을 필요로 하는 사회복지사에게 통합적 접근을 가능하게 하는 데 유용
성을 지닌다.

23회 기출
23회 시험에 출제된 부분은 별도로 표
시하였다.

중요도

8. 청년기의 발달

청년기는 취업이나 결혼을 통해
부모로부터 독립하는 경우 관련
과업이지만, 이 과업에서 얻거나
겪을 경험에서 오는 계특의 관련
이 시기의 발달과업을 진정을 대
고립감이라고 보았으며, 이들 중
에 시험을 맞을 수 있다고 생각
되었다. 청년기의 사회정서발달, 발
달과업에 관한 내용이 종종 출제
되었다. 23회 시험에서는 청년
기의 주택마련 발달 특징 및 과
업을 묻는 문제가 출제되었다.

1) 청년기 발달특징

(1) 신체발달
- 인간의 신체적 성숙은 청년기에 거의 완성된다. 청소년기의 어색한 모습은
  사라지고 신체적으로 균형잡힌 모습을 갖춘다.
- 최상의 신체적 상태를 유지하며, 전 생애에 있어서 활기, 힘, 건강이 최고
  조 수준에 달한다. 근육 및 내부기관은 만 19세에서 26세 사이에 최고조에

꼭!
꼭! 봐야 할 내용을 놓치지 않게 한 번
더 강조하였다.

잠깐!

대상영속성
생후 9~10개월 정도(감각운동기)
에 대상영속성 개념이 형성되기
시작하여 2세경(전조작기)에
완전히 확립된다.

(3) 대상영속성 형성 ★
- 어떤 대상이 눈앞에 보이지 않거나 들리지 않아도 그것이 계속 존재한다고
  믿는 것이 대상영속성인데, 9~10개월이 되면 이 개념이 생기기 시작한다.
- 대상영속성 개념이 없는 영아는 대상을 더 이상 지각할 수 없다고 느끼는
  순간, 즉 눈에 보이지 않는 순간부터 그 대상을 즉각 잊어버리지만, 대상
  영속성이 생기면 대상을 볼 수 없거나 들을 수 없어도 그 대상의 이미지를
  생각하거나 활용하여 간단한 문제를 해결할 수 있다.
- 예를 들어, 장난감을 빼앗아 숨겨도 그것을 찾으려고 하지 않는다면 대상
  영속성 개념을 확립하지 못한 것이다. 이 무렵에 분리불안이 나타나는 것
  도 대상영속성과 관련이 있다. 눈에 보이지 않는 양육자를 잊지 않고, 그
  이미지를 계속 생각하고 찾기 때문에 분리불안을 보이는 것이다. 그러다가
  대상영속성이 완저히 확립된 시기에 분리불안은 사라진다.

더 쉬운 개념 이해를 위한 구성

간단한 개념정리, 함께 봐두면 도움이 될 만한 내용, 쉽게 헷갈릴 수 있는 내용들에 대해 안내하였다.

잠깐

용어의 정의나 개념 등을 간략히 설명하였다.

목적지향적 행동
목적을 위해 수단을 활용하는 것은 2차도식의 협응이다.
예 사과든 장난감을 찾기 위해(목적) 방해물을 치운다(수단 사용).

(2) 목적지향적 행동

자신의 행동과 그 행동에서 나타나는 결과를 예측할 수 있게 되면서부터 자신의 욕구충족을 위해 의도적으로 행동하며, 새로운 목적을 성취하기 위해 의도적으로 익숙한 수단을 사용하기도 한다.

예 영아가 장난감을 잡으려고 했을 때 엄마가 손을 뻗어서 가로막자 영아는 엄마의 손을 치우고 장난감을 집었다. 이는 목적을 달성하기 위해 물로 분리된 도식, 즉 방해물 치우기와 장난감 잡기를 협응한 것이다.

합격자의 한마디

선배 합격자들이 공부하면서 헷갈렸던 내용들이나 암기하는 요령 등에 대해 짚어주었다.

합격자의 한마디

	지위	역할
제도적	O	O
희박	O	X
비공식	X	O
무역할	X	X

② 노년의 역할 유형 [56]

- 제도적 역할(institutional role): 분명한 지위와 역할이 있는 것으로 직업, 가족, 사회계급, 종교단체 등에서 공적인 지위를 맡고 그 지위에 따른 규범적인 역할기대, 책임과 권한이 존재하며, 책임을 이행하지 못했을 경우 불이익이 존재한다.
- 희박한 역할(tenuous role): 지위는 있는데 역할이 없거나 있어도 아주 희박하며, 이를 소홀히 한 데 대한 불이익이 매우 적은 상태의 역할을 말하는데, 유명무실한 역할과 무정형적 역할로 구분한다.
- 비공식적 역할(unofficial role): 공식적 지위는 없으나 역할은 있는 형태이다.

한걸음 더

본문에 언급된 개념에서 한걸음 더 나아가 심화적으로 살펴볼 만한 내용을 담았다.

한걸음 더   애착의 유형 [60]

1. 안정애착형
주위를 탐색하기 위해 어머니로부터 쉽게 떨어진다. 그러나 낯선 사람보다 어머니에게 더 확실한 관심을 보이며, 어머니와 함께 놀 때 밀접한 관계를 유지한다. 또한 어머니와 격리되었을 때에도 어떤 방법으로든 능동적으로 위안을 찾고 다시 탐색과정으로 나아간다. 이들은 어머니가 돌아오면 반갑게 맞이하며, 쉽게 편안해진다.

2. 회피애착형
어머니에게 반응을 별로 보이지 않는다. 이들은 어머니가 방을 떠나도 울지 않고, 어머니가 돌아와도 무시하거나 회피한다. 어머니와의 관계에서 친밀감을 추구하지 않으며, 낯선 사람에게나 어머니에게 비슷한 반응을 보인다.

3. 저항애착형
어머니가 방을 떠나기 전부터 불안해하고, 어머니 옆에 붙어서 탐색을 별로 하지 않는다. 어머니가 방을 나가면 심한 분리불안을 보인다. 어머니가 돌아오면 접촉하려고 시도는 하지만, 안아주어도 어머니로부터 안정감을 얻지 못하고 분노를 보이면서 내려달라고 소리를 지르거나 어머니를 밀어내는 양면성을 보인다.

4. 혼란애착형
불안정애착의 가장 심한 형태로 회피애착과 저항애착이 결합된 것이다. 어머니와 재결합했을 때에도 얼어붙은 표정으로 어머니에게 접근하거나 어머니가 안아줘도 먼 곳을 쳐다본다.

QR코드로 보는 보충자료

시험에 출제되지는 않았지만 이전 수험생들이 궁금해 했던 내용이나 이해를 도울 수 있는 추가 자료를 따로 담았다. 홈페이지 아임패스 [impass.co.kr]를 통해 확인해볼 수 있다.

보충자료
2차순환반응기와
2차도식들의 협응기

2) 인지발달

(1) 감각기관과 운동기능을 통한 세상 인식

- 피아제의 감각운동기에 해당하므로 감각운동기의 특징들을 보인다.
- 영아가 세상을 인식하는 것은 감각기관과 운동기능을 통해 이해하는 것에 국한된다. 영아가 이해하고 기억하는 것은 자신이 직접 보고, 듣고, 느끼고 행동하는 것에 의존한다.
- 경험을 조직하는 데 언어를 쓰지 않으며, 직관과 환경에서의 직접적인 탐색을 통해 개념을 형성한다.
- 주로 감각운동을 통하여 지능발달을 도모한다.

사회복지사1급의 모든 것
5,040문항 모든 기출을 분석해 찾은 데이터 기반 학습법

1998년부터 28년 동안 사회복지 분야의 책을 전문적으로 출판해온 나눔의집은 2002년부터 사회복지사1급 국가시험 대비 수험서를 출간하기 시작하여 현재 23번째 개정판을 출간하였습니다.

2012년부터는 매년 가채점 데이터를 축적하여 최근 14년간 출제된 2,880문항에 대한 24,387명의 마킹률 데이터를 보유하고 있습니다.

이를 바탕으로 분석한 출제율 96.5%의 핵심키워드 250개와 마킹률 데이터를 통해 수험생에게 필요한 자세한 내용 분석을 제공할 수 있게 되었습니다.

나눔의집 사회복지사1급 수험서는 종이에 인쇄된 단순한 책이 아닙니다.
나눔의집을 만나는 순간, 당신의 합격을 위한 최고의 전략을 만나게 될 것입니다.

강의로 쌓는 기본개념 인간행동과 사회환경

5년간 데이터로 찾아낸 합격비책

여기에서 **84.0%**(21문항) 출제

순위	장	장명	출제문항수	평균문항수	23회 기출	체크
1	5장	사회체계이론	20	4.0	🏆	✓
2	2장	정신역동이론	19	3.8	🏆	✓
3	3장	인지행동이론	18	3.6	🏆	✓
4	8장	태아기, 영아기, 유아기	13	2.6	🏆	✓
5	1장	인간행동, 발달과 사회복지	12	2.4	🏆	✓
6	4장	인본주의이론	10	2.0	🏆	✓
7	10장	청소년기	7	1.4	🏆	✓
8	9장	아동기	6	1.2	🏆	✓

강의로 복습하는 기출회독 **인간행동과 사회환경**

10년간 데이터로 찾아낸 핵심키워드

여기에서 **91.2%**(23문항) 출제

순위	장	기출회독 빈출키워드 No.		출제문항수	23회 기출	체크
1	5장	015	생태체계이론	21	🏆	✓
2	3장	008	피아제의 인지발달이론	13	🏆	✓
3	10장	023	청소년기	12	🏆	✓
4	1장	001	인간발달	11	🏆	✓
5	2장	004	프로이트의 정신분석이론	11	🏆	✓
6	2장	005	에릭슨의 심리사회이론	11		✓
7	3장	009	스키너의 행동주의이론	11	🏆	✓
8	4장	013	로저스의 현상학이론	11	🏆	✓
9	5장	014	체계이론	11	🏆	✓
10	12장	025	장년기	10	🏆	✓
11	2장	007	융의 분석심리이론	9		✓
12	8장	019	태아기	9		✓
13	8장	020	영아기	9	🏆	✓
14	8장	021	유아기	9	🏆	✓
15	2장	006	아들러의 개인심리이론	8	🏆	✓
16	3장	010	반두라의 사회학습이론	8		✓
17	7장	018	문화체계	8		✓
18	9장	022	아동기	8	🏆	✓
19	13장	026	노년기	8	🏆	✓
20	4장	012	매슬로우의 욕구이론	7	🏆	✓
21	1장	002	인간발달이론	6	🏆	✓
22	11장	024	청년기	6	🏆	✓
23	6장	017	집단체계	5		✓
24	1장	003	발달과 유사개념	3	🏆	✓
25	3장	011	콜버그의 도덕성 발달이론	3	🏆	✓

사회복지사1급
국가시험 안내문

※ 다음은 2025년 1월 11일 시행된 23회 시험에 대한 공고 내용이다. 시험공고는 시험일로부터 대략 3개월 전에 발표되고 있다.

시험방법

시험과목수	문제수	배점	총점	문제형식
3과목(8영역)	200	1점 / 1문제	200점	객관식 5지 선택형

시험과목 및 시험시간

구분	시험과목		입실시간	시험시간
1교시	사회복지기초(50문항)	· 인간행동과 사회환경(25문항) · 사회복지조사론(25문항)	09:00	09:30-10:20 (50분)
	휴식시간 10:20 ~ 10:40 (20분)			
2교시	사회복지실천(75문항)	· 사회복지실천론(25문항) · 사회복지실천기술론(25문항) · 지역사회복지론(25문항)	10:40	10:50-12:05 (75분)
	휴식시간 12:05 ~ 12:25 (20분)			
3교시	사회복지정책과 제도(75문항)	· 사회복지정책론(25문항) · 사회복지행정론(25문항) · 사회복지법제론(25문항)	12:25	12:35-13:50 (75분)

※ 이는 일반수험자 기준이며, 장애인수험자 등 응시편의 제공 대상자는 1.5의 시간을 연장함
※ 시험관련 법령 등을 적용하여 정답을 구하여야 하는 문제는 시험 시행일 현재 시행 중인 법령을 기준으로 출제함

합격(예정)자 결정기준(사회복지사업법에 의거)

· 시험의 합격결정에 있어서는 매 과목 4할 이상, 전 과목 총점의 6할 이상을 득점한 자를 합격예정자로 결정
· 사회복지사1급 국가시험 합격예정자는 한국사회복지사협회에서 응시자격 서류심사를 실시하며, 응시자격서류를 정해진 기한 내에 제출하지 않거나 심사결과 부적격자인 경우에는 최종불합격 처리함
· 최종합격자 발표 후라도 제출된 서류 등의 기재사항이 사실과 다르거나 응시자격 부적격 사유가 발견될 때에는 합격을 취소함

※ 시험관련 정보는 한국산업인력공단 사회복지사1급 홈페이지(http://www.q-net.or.kr/site/welfare)와 한국사회복지사협회 홈페이지(http://www.welfare.net)에서 확인할 수 있다.

대학원 졸업자

고등교육법에 따른 대학원에서 사회복지학 또는 사회사업학을 전공하고 석사학위 또는 박사학위를 취득한 자(시험 시행년도 2월 28일까지 학위를 취득한 자 포함). 다만, 대학에서 사회복지학 또는 사회사업학을 전공하지 아니하고 동 석사학위를 취득한 자는 보건복지부령이 정하는 사회복지학 전공교과목과 사회복지관련 교과목 중 사회복지현장실습을 포함한(2004. 7. 31 이후 입학생부터 해당) 필수과목 6과목 이상(대학에서 이수한 교과목을 포함하되, 대학원에서 4과목 이상을 이수하여야 한다), 선택과목 2과목 이상을 각각 이수하여야 한다.

대학교 졸업자

① 고등교육법에 따른 대학에서 보건복지부령이 정하는 사회복지학 전공교과목과 사회복지관련 교과목을 이수하고 학사학위를 취득한 자(시험 시행년도 2월 28일까지 학사학위를 취득한 자 포함)
② 법령에서 고등교육법에 따른 대학을 졸업한 자와 동등 이상의 학력이 있다고 인정하는 자로서 보건복지부령으로 정하는 사회복지학 전공교과목과 사회복지관련 교과목을 이수한 자(시험 시행년도 2월 28일까지 동등학력 취득자 포함)

외국대학(원) 졸업자

외국의 대학 또는 대학원(단, 보건복지부장관이 인정한 대학 또는 대학원)에서 사회복지학 또는 사회사업학을 전공하고 학사학위 이상을 취득한 자로서 대학원 졸업자와 대학교 졸업자의 자격과 동등하다고 보건복지부장관이 인정하는 자

전문대학 졸업자

① 고등교육법에 의한 전문대학에서 보건복지부령이 정하는 사회복지학 전공교과목과 사회복지관련 교과목을 이수하고 졸업한 자로서 (시험 시행년도 2월 28일을 기준으로) 1년 이상 사회복지사업의 실무경험이 있는 자
② 법령에서 고등교육법에 따른 전문대학을 졸업한 자와 동등 이상의 학력이 있다고 인정하는 자로서 보건복지부령이 정하는 사회복지학 전공교과목과 사회복지관련 교과목을 이수한 자로서 (시험 시행년도 2월 28일을 기준으로) 1년 이상 사회복지사업의 실무경험이 있는 자

사회복지사 양성교육과정 수료자

① 고등교육법에 따른 대학을 졸업하거나 이와 동등 이상의 학력이 있는 자로서 보건복지부장관이 지정하는 교육훈련기관에서 12주 이상의 사회복지사업에 관한 교육훈련을 이수한 자로서 (시험 시행년도 2월 28일을 기준으로) 1년 이상 사회복지사업의 실무경험이 있는 자
② 사회복지사 3급 자격증 소지자로서 (시험 시행년도 2월 28일을 기준으로) 3년 이상 사회복지사업의 실무경험이 있는 자

※ 다음 각 호의 어느 하나에 해당하는 자는 사회복지사가 될 수 없음.
가. 피성년후견인
나. 금고 이상의 실형을 선고받고 그 집행이 끝나거나(집행이 끝난 것으로 보는 경우를 포함) 집행이 면제되지 아니한 사람
다. 금고 이상의 형의 집행유예를 선고받고 그 유예기간 중에 있는 사람
라. 법원의 판결에 따라 자격이 상실되거나 정지된 사람
마. 마약 · 대마 또는 향정신성의약품의 중독자
바. 정신건강복지법에 따른 정신질환자(다만, 전문의가 사회복지사로서 적합하다고 인정하는 사람은 예외)

> ※ 응시자격에 대한 자세한 사항은 한국산업인력공단 HRD고객센터(1644-8000),
> 한국사회복지사협회(02-786-0845)로 문의

일러두기

● 이 책은 한국사회복지교육협의회의 『사회복지 교과목 지침서 2022』를 바탕으로 하면서도 시험의 출제경향, 대학교재의 공통사항, 학습의 편의성 등을 고려하여 구성하였다.

● <사회복지법제론>을 비롯해 수험서에서 다루고 있는 법률은 2025년 3월 초 현재 시행 중인 규정을 따랐다. 이후 추가적인 개정사항이 있을 시 주요 사항을 정리하여 아임패스 내 '학습자료'를 통해 게시할 예정이다.

● 이 책에서 발생할 수 있는 오류사항에 대해서는 아임패스 내 '정오표' 게시판을 통해 정정할 예정이다.

● 학습 중 헷갈리거나 궁금한 내용이 있을 때에는 아임패스 내 '과목별 질문' 게시판을 이용할 수 있다.

기본개념 마스터 하기
아임패스는 사회복지사1급 나눔의집에서 운영하는 학습지원 사이트로 강의수강 및 수험서 안내 등이 제공됩니다.

I'MPASS
기본개념 마스터하기

I'MPASS
인간행동과 사회환경

교과목 목표

- 사회복지의 기본 가치라고 할 수 있는 인권과 사회정의의 맥락에서 관련 이론들을 설명할 수 있다.

- 전인적 차원에서 인간행동과 관련된 주요 이론들을 설명할 수 있다.

- 인간을 둘러싼 사회환경을 파악하기 위하여 사회의 구조와 변동 및 사회적 차별과 억압을 이해하는 이론들을 설명할 수 있다.

- 체계이론과 생태체계이론의 기본 가정들을 이해하고, '환경 속의 인간' 관점을 설명할 수 있다.

- 인간의 행동 및 사회, 사회환경과 관련된 지식들을 바탕으로 전 생애 발달의 주기별 특징과 과업들을 통합적으로 설명할 수 있다.

- 생애주기 전반의 사회적 약자(아동, 여성, 노인, 장애인, 인종, 민족, 계급, 종교, LGBT 등)에 대한 차별과 억압을 설명할 수 있다.

- 인간의 행동과 발달, 그리고 사회 및 사회환경과 관련된 제 이론이 사회복지실천과 어떠한 연관성을 가지는지를 설명할 수 있다.

1장 인간행동, 발달과 사회복지

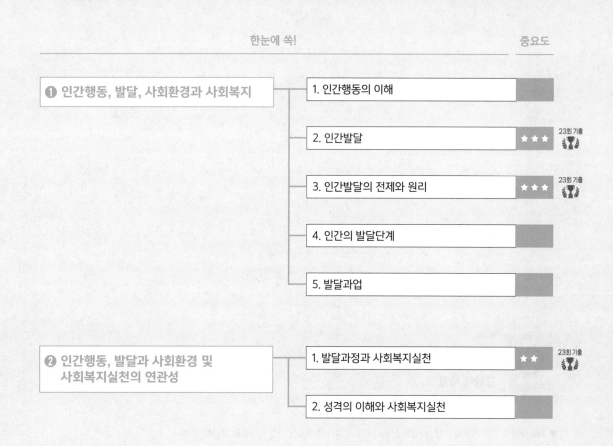

한눈에 쏙!		중요도
❶ 인간행동, 발달, 사회환경과 사회복지	1. 인간행동의 이해	
	2. 인간발달	★★★ 23회 기출
	3. 인간발달의 전제와 원리	★★★ 23회 기출
	4. 인간의 발달단계	
	5. 발달과업	
❷ 인간행동, 발달과 사회환경 및 사회복지실천의 연관성	1. 발달과정과 사회복지실천	★★ 23회 기출
	2. 성격의 이해와 사회복지실천	

기출경향 살펴보기

최근 5개년 출제 분포도

연도별 그래프

문항수

5 -					
4 -					
3 -		3	3		3
2 -	2				
1 -				1	
0	19	20	21	22	23 회차

평균출제문항수

2.4 문항

2단계 학습전략

데이터의 힘을 믿으세요!
강의로 복습하는 **기출회독 시리즈**

3회독 복습과정을 통해
최신 기출경향 파악

최근 10개년 핵심 키워드

기출회독 001	인간발달	11문항
기출회독 002	인간발달이론	6문항
기출회독 003	발달과 유사개념	3문항

기본개념 완성을 위한 **학습자료 제공**

기본개념 강의, 기본쌓기 문제, O X 퀴즈, 기출문제, 정오표, 묻고답하기, 지식창고, 보충자료 등을 **아임패스**를 통해 만나실 수 있습니다.

1
인간행동, 발달, 사회환경과 사회복지

기출회차

1	2	3	4	5
6	7	8	9	10
11	12	13	14	15
16	17	18	19	20
21	22	23		

강의로 복습하는 기출회독 시리즈

Keyword 001, 003

1. 인간행동의 이해

클라이언트의 욕구, 문제, 클라이언트를 둘러싼 환경에 대해 정확히 사정하고 개입 계획을 세우기 위해 사회복지사는 인간행동과 발달을 다음과 같은 관점에서 이해할 필요가 있다.

(1) 환경 속의 인간 관점

인간행동은 사회환경과 개인이 내적 · 외적으로 다양하게 상호작용한 결과이다. 따라서, 사회복지실천에서는 인간행동을 '환경 속의 인간' 관점에서 이해해야 한다. 즉, 인간을 적극적이고 능동적인 주체로서, 인간과 환경의 관계를 하나의 통합된 주제로 이해할 필요가 있다.

(2) 전 생애 발달적 관점

전 생애에 걸친 인간의 신체적 · 심리적 · 사회적 측면에서 전개되는 발달에 초점을 두고 인간행동을 이해한다.

(3) 이상행동(부적응행동)에 대한 이해

인간행동의 이해에는 인간의 부적응적 행동을 이해하는 것도 포함된다. 특정 발달단계에서 나타나는 심리사회적 장애 및 사회적 일탈행위를 일반화하는 것도 인간행동 이해에 도움이 된다. 다음의 행동들을 이상행동으로 본다.[1]

- 사회문화적 규범에서 벗어나는 행동
- 이상적(理想的) 인간행동 유형에서 벗어나는 행동
- 통계적으로 보통 사람의 평균적 특성에서 벗어나는 행동
- 환경의 요구에 순응하거나 환경을 변화시키는 환경과의 적응 능력을 저하시키는 행동
- 개인에게 불편감, 고통 또는 심리적 갈등을 유발하는 행동

보충자료

이상행동의
모델 및 진단

(4) 인간의 성격에 대한 이해

인간이 어떻게 해서 현재와 같은 모습이나 특성을 지니게 되었으며, 앞으로의 모습이나 특성은 어떻게 변화할 것인지를 예측하여 적절한 도움을 제공하기 위해서는 개인의 성격을 이해할 필요가 있다. 개인의 성격을 이해하면 행동의 이유를 알 수 있으며, 행동변화를 예측하고 바람직한 행동으로 변화시킬 수 있는 방법까지도 모색할 수 있게 된다.

2. 인간발달 ^{23회 기출}

(1) 발달(development) ★

- 신체적 · 인지적 · 정서적 · 사회적 측면 등 전인적인 측면에서 전 생애에 걸쳐 연속적으로 일어나는 변화 양상과 과정을 발달 혹은 발달적 변화라고 한다.
- 발달은 태내에서 수정된 순간부터 혹은 출생에서부터 사망에 이르기까지 시간의 흐름에 따라 일어나는 체계적인 변화와 안정의 과정이다.
- 신체적 · 심리적 · 사회적 차원에서 일어나는 모든 변화를 말한다.
- 시간에 따라 일어나는 신체구조, 사고, 행동 등의 변화를 말한다.
- 상승적 발달과 하강적 발달, 양적 변화와 질적 변화를 모두 포함한다.
- 유전과 환경의 상호작용으로 이루어지는 인간의 총체적 변화를 말한다.

(2) 발달의 유사개념 ★

① 성장(growth)

- 신체의 크기가 커지거나 근육의 힘이 더 세지는 것과 같은 양적 증가와 확대를 말한다. 즉, 신체적 · 생리적 발달의 양적 증가에 국한된다.
- 사람은 태어날 때 이미 성장의 방향이나 내용이 어느 정도 정해진 설계도를 가지고 태어난다. 이렇게 유전인자에 설계된 대로 성장을 하다가 일정한 시기가 되면 성장을 멈추게 된다. 신체의 증가, 근력 증가, 인지의 확장 등과 같은 환경적 영향에 따라 설계의 내용은 조금씩 달라질 수 있다.

② 성숙(maturation)

- 유전적 기제의 작용에 따라 체계적 · 규칙적으로 진행되는 변화를 말한다.
- 부모로부터 받은 유전인자 정보에 따라 발달적 변화가 통제되므로 경험이나 훈련과는 관계가 없다. 예 사춘기 2차 성징, 태아가 모체 내에서 발달해가는 것

중요도

인간발달은 양적 · 질적, 상승 · 하강, 유전 · 환경, 분화 · 통합을 모두 포함하며, 신체적 · 사회적 · 심리적 차원을 포괄하는 전 생애적이고 연속적인 변화임을 기억해야 한다. 또한 발달의 유사개념(성장, 성숙, 학습 등)이 발달과 어떻게 다른지 구분할 수 있어야 한다. 23회 시험에서는 인간발달의 개념과 원리를 묻는 문제에서 발달의 유사개념(성장, 성숙 등)에 관한 내용이 선택지로 출제되었다.

성장, 성숙, 학습, 사회화 등은 발달과 헷갈리기 쉬운 다른 개념이면서도 발달의 요소이기도 하다.

합격자의 한마디

'양적인 증가와 확대'라는 의미가 나오면 성장,
'유전적 요인'이라는 의미가 나오면 성숙!

③ 학습(learning)

- 직·간접적 경험의 산물로 나타나는 변화를 말한다.
- 특수한 경험, 훈련, 연습과 같은 외부 자극이나 조건, 즉 환경에 의해 개인이 변하는 것을 말한다. **예** 외국어를 사용한 의사소통, 능숙한 운전

④ 사회화(socialization)

- 개인이 자기가 속한 사회구성원으로서 자연스럽게 동화되어 가는 과정을 말한다.
- 가족, 지역사회 등을 포함한 사회구성원과의 상호작용을 통해 그 안에서 통용되는 사회적 기대, 관습, 가치, 신념, 역할, 태도 등을 전 생애적으로 익혀가는 과정을 말한다.

(3) 인간발달의 영역

에릭슨은 인간의 삶은 신체적 체계(somatic system), 자아체계(ego system), 사회적 체계(societal system)의 세 가지 주요 체계로 이루어진다고 보았다. 이러한 에릭슨의 접근방법에 따라 인간발달에 대한 접근은 통상 신체적·심리적·사회적 차원으로 나뉘며, 이 세 가지 차원의 상호작용이 인간발달의 토대를 이룬다고 본다. 인간행동을 보다 정확히 이해하기 위해서는 이 세 요인이 통합된 전체로서의 인간으로 이해해야 한다.

① 신체적 차원

- 인간의 선천적 능력과 유기체로서 기능하는 모든 요소들로 구성된다.
- 감각기관, 근골격계, 호흡계, 순환계, 내분비계, 생식계, 소화계, 신경계 등을 말한다.
- 유전적으로 인도되는 성숙과 더불어 영양, 일조량, 질병이나 사고, 운동량과 같은 환경적 자원의 결과로서 발달하고 변화해나간다.
- 신체적 차원의 중요성
  - 인간행동과 발달에 객관적 한계를 제공한다.
  - 개인의 유전형질이 심리적 발달에 끼치는 영향을 파악할 수 있다.
  - 질병이나 사고로 인해 개인의 신체적 변화가 인지적·감정적, 또는 행동상의 수행 능력에 어떤 변화를 가져오는지 이해할 수 있다.
  - 태아에서 성숙한 청년에 이르기까지의 신체적 성장이 개인적인 변화와 발달에 미치는 영향을 알 수 있다.

② 심리적 차원

개인의 인식, 감정, 행동의 측면으로 나뉜다.

- 인식
  - 지식, 신뢰, 견해와 같은 지성적 측면. 감각, 기억, 상상, 판단, 언어 등으로 인간은 세상에 대해 이해하고 의미를 부여한다.
  - 클라이언트의 욕구를 사정하고 개입계획을 세울 때, 사회복지사들은 자신의 시각과 경험 방식을 이해하기 위해 노력할 필요가 있다.
- 감정
  - 개인의 정서적인 삶, 동기, 욕구, 충동, 관심사 등
  - 개인이 경험할 수 있는 위기와 위기에 대한 적응성도 포함된다.
  - 복지나 불행에 대한 클라이언트의 감각과 가장 직접적으로 연관된다.
- 행동
  - 매너리즘, 습관, 개인 간의 대화기술 등
  - 개인이 스스로를 행동으로 표현하는 방식이다.
  - 종종 바람직하지 않은 행동들은 서비스를 받고 있는 클라이언트의 '현(現) 문제점'이며, 사회복지사들은 대부분 이러한 행동을 분석하고 이해하는 데 관여한다.

③ 사회적 차원

- 개인의 가족, 집단, 사회에서의 역할. 대인관계, 사회성, 사회관계, 사회행동 등을 말한다.
- 개인의 사적 고민들은 사회와의 관계 속에서 발생하는 경우가 많고, 사회 환경 속에는 개인의 어려움을 도울 수 있는 자원과 힘이 존재하므로 일반적으로 사회복지사들은 개인과 집단 간의 상호작용에 관심을 갖는다.
- 개인의 일상생활은 사회체계의 다차원적 요소들과 관련되며, 각 개인은 사회체계 속에서 차지하는 역할을 통해 그 체계와 연결된다.

(4) 인간발달의 특징 ★

① 양적 · 질적 변화

- 인간발달은 시간이 경과함에 따라 양적 또는 질적으로 변화한다.
- 양적 변화는 크기나 질량의 변화를, 질적 변화는 본질, 구조 또는 조직상의 변화를 의미한다.

② 상승적·하강적 변화

- 인간발달은 기능과 구조가 발달해가는 상승적 변화와 기능이 위축되고 약화되는 하강적 변화로 나눌 수 있다. 발달에는 상승적·하강적 측면이 모두 포함된다.
- 일반적으로 출생 후 청년기 혹은 성인초기까지는 신체 크기도 커지고 기능도 원활해지며 심리적 기능과 구조가 더 나은 차원으로 변화하는 상승적 변화를 겪는다.
- 성인초기 또는 그 이후부터는 점차 신체적 기능이 약해지고 심리적 기능도 위축되는 하강적, 감퇴적인 변화를 겪는다.

보충자료
하강적 발달과
퇴행의 차이

③ 유전적·환경적 요소의 상호작용

발달은 유전적 요소와 환경적 요소의 상호작용으로 이루어진다. 즉, 발달은 성숙, 성장, 노화, 학습의 모든 측면을 반영한 개념이다.

④ 단계별 발달 양상의 다양성

발달은 전 생애를 통해 다양한 영역에 걸쳐 일어나지만 각 발달단계별로 특히 중요하고 의미 있는 변화를 보이는 영역이 있다. 언어발달은 노년기보다는 유아기와 아동기 이후에, 도덕성은 아동기와 청년기에 더 중요하게 부각된다.

3. 인간발달의 전제와 원리 23회기출 🏆

중요도 ★ ★ ★

발달의 특성 및 원리와 관련해서 점성원리, 적기성과 결정적 시기, 누적성, 불가역성, 기초성 등의 개념을 정확히 이해해야 하며, 각각의 원리에 해당하는 예시도 알아둘 필요가 있다. 23회 시험에서는 인간발달의 개념과 원리를 묻는 문제에서 발달의 원리에 관한 내용이 선택지로 출제되었다.

(1) 인간발달의 전제[2]

- 인간발달은 삶의 모든 단계에서 일어난다.
- 인간발달은 이전 단계의 발달을 기반으로 현재의 경험이 융합되어 이루어지므로 지속성과 변화를 보인다.
- 신체적·인지적·사회적·정서적 영역들의 상호작용으로 인간발달이 이루어지므로 전인적인 인간(whole person)으로 이해해야 한다.
- 인간행동은 개인이 처한 상황과 관계의 맥락 속에서 이해되고 분석되어야 한다.
- 인간은 자신의 발달에 능동적으로 기여한다.
- 인간의 신체적, 심리적, 사회적 발달이 밀접한 상호연관성을 가지고 있으며, 통합적으로 기능한다.
- 인간발달은 일정한 순서대로 진행되는 경향이 있기 때문에 체계적이고 예측이 가능하다.

- 발달영역 간의 상호작용이란 한 영역의 발달이 다른 영역에 직간접적으로 영향을 미친다는 것을 의미한다.

(2) 인간발달의 원리 ★

인간발달은 개인마다 그 정도가 다르지만, 발달의 변화는 체계적이고 규칙적이며 일관성 있는 원리에 따라 진행된다.

① 일정한 순서와 방향성

특정한 나이가 되면 대략 몇 센티미터까지 키가 자라고 몸무게는 어느 정도 되고, 어느 정도의 사고까지 가능하다는 것을 우리는 일반적으로 예측하고 기대하게 된다. 이것은 발달이 일정한 순서로 진행되며 방향성이 존재한다는 것을 의미한다. 인간발달은 상부에서 하부로, 중심 부위에서 말초 부위로, 전체운동에서 특수운동으로 진행된다.

② 연속적 과정

전 생애를 통해 이전 발달에 이어 연속적으로 계속 일어난다.

③ 속도의 불규칙성

발달의 순서는 일정하지만 발달의 속도는 항상 일정한 것이 아니다. 빠르게 진행되는 시기가 있고, 더디게 진행되는 시기가 있다.

④ 유전과 환경의 상호작용

유전적 요인과 환경의 영향은 비중이 다르지만 양쪽의 상호작용으로 진행된다.

⑤ 개인차

발달은 보편적인 성장의 과정을 거치지만 개인차도 존재한다. 연령이 증가할수록, 환경 등 외적인 변수들의 영향이 많을수록 개인차의 폭은 커지고 발달을 예측하기도 어려워진다.

⑥ 분화와 통합의 과정

발달은 점진적으로 분화해가고 전체로 통합되어 가는 과정이다. 신체, 인지, 성격 등 발달의 각 측면은 밀접한 상호작용을 통해 발달하며 통합된다.

발달의 연속성에 관한 논란
발달과정이 지속적으로 전개된다는 점에서 연속적 과정이라고 보기도 하지만, 특정 단계에서 특정 발달이 종료되고 그 다음 단계에서는 다른 차원의 변화가 일어난다는 점에서 불연속적이라고 보기도 한다.

⑦ 점성원리

인간발달이 유전적 요인에 의존한 일련의 단계에 의해 지배되며, 이전 단계의 발달을 토대로 다음 단계의 발달이 이루어진다. 이를 달리 표현하면 특정 단계의 발달은 이전 단계의 발달과업에 영향을 받는다는 것이다.

⑧ 결정적 시기(적기성)

신체 및 심리발달이 가장 용이하게 이루어지는 결정적 시기 혹은 최적의 시기를 말한다. 이 시기를 놓치면 발달과업 획득의 효율성이 떨어질 수 있다.

예 정글북의 모글리(언어 습득 시기를 놓쳐 이후 언어 습득에 어려움을 겪음)

⑨ 기초성

어릴 때의 발달이 바탕이 되어 이후 모든 발달의 기초가 된다는 원리이다.

예 세살 버릇 여든까지 간다.

합격자의 한마디

점성원리는 다음 단계에 주는 영향!
기초성은 어릴 때 발달이 계속 기초가 됨!

한걸음 더 — 점성원리와 기초성의 차이

1. 점성원리

에릭슨은 점성원리에 따라 인간발달이 단계적으로 진행된다고 보았다. 점성원리는 유전적인 요인에 의존한 일련의 단계에 의해 인간발달이 지배되며, '이전 단계 발달을 토대로 다음 단계 발달이 이루어진다'는 원리이다. 점성(epigenesis)이라는 말은 '~위에(upon)'를 의미하는 'epi'와 '출현하다(emergence)'를 의미하는 'genesis'가 결합된 말로서, 기존 발달의 기초 위에 다음 단계의 발달이 출현함을 의미한다. 이를 달리 표현하면 특정 단계의 발달은 이전 단계 발달과업에 영향을 받는다는 것이다. 에릭슨이 구분한 8단계에서 예를 들자면, 1단계에서 기본적 신뢰감이 잘 발달해야 2단계의 자율성이나 3단계의 주도성이 잘 발달된다는 것이다.

2. 기초성

'인생 초기 발달이 일생을 결정하는 기초가 된다'는 원리로 그만큼 인생 초기 발달이 중요하다는 의미이다. 그렇다면 기초성과 점성원리는 어떤 차이가 있을까? 에릭슨의 심리사회이론 발달단계에서, 6단계의 과업성취는 5단계의 발달과업 성취를 토대로 진행되고, 다시 6단계의 심리사회적 위기를 잘 극복했을 때 그것을 토대로 7단계의 발달이 잘 진행된다는 것이 점성원리라면, 기초성은 인생 전체를 볼 때 어린 시절의 발달이 그 나머지 일생에 지대한 영향을 미친다는 원리이다. 예를 들어, 만 8세까지 지능의 80% 정도가 발달하며, 만 6세까지 성격의 기본틀이 거의 형성되기 때문에 어린 시절의 교육환경과 인성교육이 평생을 좌우한다는 말은 바로 이 기초성에 해당하는 예라고 할 수 있다.

⑩ 누적성

어떤 시기의 결손은 계속 누적되어 다음 단계에 영향을 미친다는 원리이다.

예 미숙아로 태어난 경우, 이후 영양분을 충분히 섭취하여도 발달차이가 존재

⑪ 불가역성

특정 시기의 발달이 잘못되면 그 이후에 충분히 보상적 자극이나 경험을 제공받는다고 하더라도 원래의 발달상태로 회복되기 어렵다.

에 어릴 때 잘못 형성된 것은 나이들어 고치기 어렵다.

4. 인간의 발달단계[3]

- 발달단계는 발달과정에서 어떤 측면이 특히 더 발달하는 단계, 혹은 특정한 과제를 성취하는 단계로서 연령대나 기간을 말한다.
- 대개 구분된 나이를 전후해서 발달적 전환이 이루어진다.
- 각 단계의 특징들은 이전 단계 및 이후 단계와 구별된다.
- 각 단계는 발달을 향한 특정한 방향을 가진다.
- 발달단계는 연속적이다. 한 단계에서 성취한 발달은 그 이후 모든 단계에 영향을 미친다.
- 각 단계마다 이전 단계에서 획득한 것은 새로운 것에 도전하기 위한 자원이 된다.

5. 발달과업

(1) 발달과업의 개념

- 인간발달의 각 단계마다 성취해야 할 과업이다. 특정 연령이나 발달단계에 이르면서 수행해야 할 역할이나 해결해야 할 중요한 과업이다.
- 신체적 성숙이나 사회적 기대, 개인적인 노력으로 얻을 수 있다.
- 성장단계에서 반드시 취득해야 하는 기술, 지식, 기능, 태도 등을 포함하며 개인이 환경에 적응하기 위해 필요하다.
- 인간이 환경을 점차 지배하는 기술과 능력으로 구성되며 신체적 · 인지적 · 사회적 · 정서적 기술의 획득을 포함한다.

(2) 발달과업의 특징

- 발달과업은 연령에 따라 변한다. 사회는 연령에 따라 사회적 행동에 대한 기대를 갖기 때문이다.
- 발달과업을 성취하기에 좋은 시기가 있다(적기성, 결정적 시기). 따라서, 그 단계에서 특정한 발달과업을 성취하지 못하면 다음 단계에서 성취하기

가 어렵다(불가역성).

• 발달과업은 사회에서 요구하는 각 연령별 사회 · 정서 발달을 제시해준다.

발달단계별 과업은 이 책의 8장에서 13장에 걸쳐 자세히 학습한다.

발달단계에 따른 주요 발달과업 [4]

단계	주요 발달과업
영아기 (출생~1.5/2세)	신체적 성장, 감각 및 운동기능의 성숙, 즐거움 · 분노 등 감정의 분화, 사회적 애착의 확립
걸음마기 (1.5/2~4세)	자아를 의식하면서 자율적이고 독립적인 존재로 발달, 운동 능력의 정교화, 언어 발달, 자기통제 능력 습득, 상상놀이
학령전기 (4~6세)	초기적 수준의 도덕발달, 성역할개념의 습득, 집단놀이
아동기 (6/7~12세)	왕성한 신체적 활동, 구체적 조작사고, 학습능력과 기술 습득, 사회적 규범의 학습, 팀놀이, 도덕성 발달
청소년기 (12/13~18/19세)	신체적 성숙, 성(性)적 성숙, 형식적 조작사고, 또래집단의 경험, 자아정체감 확립
청년기 (18/19~29세)	친밀감 형성, 부모로부터의 독립, 직업에 대한 준비와 선택, 배우자 선택과 결혼, 출산 및 가정형성, 직업경력 시작
장년기 (30~64세)	신체적 및 인지적 변화에 대한 대응, 부부관계의 유지, 자녀양육과 가정의 운영, 직업관리, 사회적 책임의 수행
노년기 (65세 이후)	노화로 인한 신체적 · 인지적 변화에 대한 적응, 조부모 · 미망인 등 역할변화에 대한 적응, 은퇴에 대한 대응, 죽음에 대한 두려움 극복

2

인간행동, 발달과 사회환경 및 사회복지실천의 연관성

기출회차

1	2	3	4	5
6	7	8	9	10
11	12	13	14	15
16	17	18	19	20
21	22	23		

강의로 복습하는 기출회독 시리즈

Keyword 002

인간행동과 발달에 대한 정확한 지식과 이해는 사회복지실천에 직접 적용된다. 사회복지사의 개입에 기초가 되는 사정단계에서 인간의 행동을 정확히 사정하기 위해서는 각 발달단계와 과업에 대한 이해가 필요하다.

1. 발달과정과 사회복지실천 23회 기출 🏆

인간행동과 발달에 대한 정확한 지식과 이해는 사회복지실천에 직접 적용된다. 사회복지실천의 사정단계에서 사회복지사는 각 발달단계와 발달과업에 비추어 발달의 정상 여부와, 적절한 개입의 때를 결정할 수 있다. 연령별 발달단계에 대한 기초지식을 바탕으로 인간행동을 이해해야 한다.

중요도 ★ ★

인간발달을 이해하는 것은 사회복지실천과 어떤 관련성이 있으며, 어떤 기여를 하는지에 대하여 묻는 문제가 주로 출제되고 있다. 23회 시험에서는 인간발달과 사회복지실천의 관계를 묻는 문제가 출제되었다.

(1) 정상적 · 병리적 발달단계

'정상'은 특정 연령에 적합한 것으로 간주되는 기능이라는 점에서 좁은 의미이다. 정상적인 발달단계는 생애에 정상적으로 일어나는 생리, 심리, 정서, 인지, 사회적 발달을 포함한다.

(2) 인간발달의 이해와 사회복지실천

사회복지사는 발달단계의 올바른 이해를 통해 클라이언트의 발달에 대한 기대를 조절하고 지나친 염려를 줄일 수 있도록 도움을 줄 수 있다. 또한, 잠재적 발달장애를 조기에 사정함으로써 미래의 어려운 상황을 최소화하거나 예방할 수 있다. 그 밖에 인간발달의 이해가 사회복지실천에 부여하는 의의는 다음과 같다.

잠깐!

생활전이(life transition)

'생활(삶)의 전환(변환/이행)'으로도 번역될 수 있다. 학령전기에서 아동기로 이행하면서 초등학교에 입학한다든지, 중년기에서 노년기로 옮겨가면서 은퇴나 상실을 겪는다든지, 사별이나 이혼 등으로 한부모가족이 되는 경우처럼 생활이나 삶의 국면이 이전과 달라지는 변환과정을 의미함

- 인간발달은 인간의 전반적 생활주기를 이해할 수 있는 개념적 준거틀을 제공한다.
- 태아기부터 사망에 이르기까지 각 단계에서 수행해야 할 발달과업을 제시한다.
- 전 생애 동안 경험하는 안정성과 변화과정을 설명할 수 있다.

- 생활전이(life transition)에 따른 안정성과 변화를 파악할 수 있다.
- 특정 발달단계에서 특징적으로 나타나는 발달요인을 설명해준다.
- 발달을 구성하는 다양한 신체, 심리, 사회적 요인을 파악할 수 있다.
- 이전 발달단계의 결과가 다음 단계에 미치는 영향을 파악할 수 있고, 각 단계의 성공과 실패를 설명할 수 있다.
- 발달의 개인차를 파악할 수 있다.

(3) 인간발달의 이해가 사회복지실천에 기여하는 점

- 생애주기를 순서대로 정리할 수 있게 해준다.
- 각 발달단계에서 개인이 수행해야 할 과제들을 제시해준다.
- 각 발달단계에서 그 단계의 발달에 기여하는 요소들을 제시해준다.
- 각 발달단계에서 발달내용을 구성하는 신체적, 심리적, 사회적 요소들과 그 요소들의 관계를 보여준다.
- 출생부터 사망에 이를 때까지 변화하거나 지속되는 과정을 제시해준다.
- 이전 단계의 결과가 각 발달단계의 성공이나 실패에 미치는 영향을 보여준다.
- 특정한 발달단계에서 발달과업을 성취할 수 있도록 지원한다.

(4) 인간발달이론의 유용성 ★꼭!

- 전 생애를 통해 일어나는 변화와 특정 단계에서 발생하는 특징적인 변화를 파악하는 데 도움을 줄 수 있다.
- 다양한 연령층의 클라이언트를 이해할 수 있는 기반을 제공한다.
- 인간의 사회적 기능과 적응수준을 평가할 수 있는 근거를 제공하며, 개인의 적응과 부적응을 판단할 수 있는 기준을 설정하는 데 유용하다.
- 인간과 환경 간의 상호작용을 파악할 수 있다.
- 개인의 성장 과정에서 나타나는 문제의 원인을 이해하는 데 도움을 준다.
- 개인의 발달에 영향을 주는 다양한 신체적 · 심리적 · 사회적 요인을 이해할 수 있다.
- 개인의 적응과 부적응을 판단하기 위한 기준을 제공한다.
- 발달에 영향을 미치는 사회적 영향력을 평가할 수 있는 준거틀을 제공한다.
- 클라이언트의 발달과업과 문제를 파악할 수 있는 준거틀을 제공한다.

2. 성격의 이해와 사회복지실천

성격이론에 기초하여 인간의 성격을 이해하는 것은 사회복지실천에 중요한 지식 기반이 된다. 〈인간행동과 사회환경〉 과목에서 다루고 있는 정신역동이론, 행동주의이론, 인지이론, 인본주의이론 등은 모두 인간의 행동과 성격을 이해하는 데 필요한 기초 이론들이라고 하겠다. 각각의 이론들과 사회복지실천의 연관성은 각 이론 파트에서 설명하도록 하고 여기서는 성격의 정의, 특성, 기능에 대해서만 간단히 정리하도록 하겠다.

(1) 성격의 정의
- 생리적 욕구나 환경적 자극만으로는 설명할 수 없는 개인의 사고, 감정, 행동의 결정요인으로 간주되는 지속적이고 역동적인 통합적 정신기제이다.
- 간단히 말해 성격은 개인의 독특한 성질을 뜻한다.

(2) 성격의 특성
- 개인과 타인을 구분지어주는 개인적 속성이다. 동일한 상황에 처해도 성격 차이에 따라 사람들은 서로 다른 방식으로 반응할 수 있다.
- 상황이 바뀌고 시간이 지나도 성격은 비교적 일관되고 안정된 특성을 보인다.
- 성격은 구성요소별로 기능하는 것이 아니라 전체적이고 통합적이며 조직적으로 기능한다.
- 성격은 인간의 내적 속성이다.
- 성격은 정신·신체적 체계들의 통합과정이다.
- 개인마다 고유한 성격을 가진다.
- 성격은 역동적이다.

(3) 성격의 기능
- 개인이 통합적이고 조직적으로 기능할 수 있게 해준다.
- 인간관계를 형성·유지하거나 사회생활을 도모하고 환경적 요구에 적응할 수 있는 기반을 제공해준다.
- 각 개인을 독특한 존재로 규정해 줌으로써 다른 사람과 구별지어준다.
- 실제로 그 사람이 어떤 사람인가 하는 인간 본성을 이해할 수 있는 기반을 제공해준다.

정신역동이론

한눈에 쏙!   중요도

❶ 프로이트의 정신분석이론

1. 프로이트의 생애	
2. 정신분석이론의 개요	★ ★ ★	23회 기출
3. 심리성적 발달단계	★ ★ ★	23회 기출
4. 방어기제	★ ★ ★	23회 기출
5. 사회복지실천과의 연관성	

❷ 에릭슨의 심리사회이론

1. 에릭슨의 생애	
2. 심리사회이론의 개요	★ ★ ★
3. 심리사회이론의 발달단계	★ ★ ★
4. 사회복지실천과의 연관성	

❸ 아들러의 개인심리이론

1. 아들러의 생애	
2. 개인심리이론의 개요	★ ★ ★	23회 기출
3. 개인심리이론의 성격발달		23회 기출
4. 사회복지실천과의 연관성	

❹ 융의 분석심리이론

1. 융의 생애	
2. 분석심리이론의 개요	★ ★ ★
3. 발달단계와 발달과업	★ ★
4. 사회복지실천과의 연관성	

기출경향 살펴보기

이 장의 기출 포인트

프로이트, 에릭슨, 아들러, 융 이론이 매회 각각 1~2문제씩 출제되고 있다. 각 학자들이 제시한 주요 개념과 발달단계 등을 살펴보되, 한 문제에서 여러 이론을 비교하여 물어보는 종합적인 문제로도 출제될 수 있으므로 '학자-이론명-주요 개념-발달단계' 등을 잘 연결시켜 정리해두어야 한다.

최근 5개년 출제 분포도

연도별 그래프

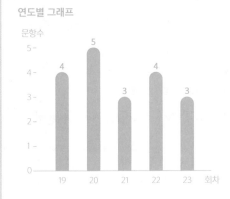

평균출제문항수

3.8 문항

2단계 학습전략

데이터의 힘을 믿으세요!
강의로 복습하는 **기출회독 시리즈**

3회독 복습과정을 통해
최신 기출경향 파악

최근 10개년 핵심 키워드

기출회독 004	프로이트의 정신분석이론	11문항
기출회독 005	에릭슨의 심리사회이론	11문항
기출회독 006	아들러의 개인심리이론	8문항
기출회독 007	융의 분석심리이론	9문항

기본개념 완성을 위한 **학습자료 제공**

기본개념 강의, 기본쌓기 문제, O X 퀴즈, 기출문제, 정오표, 묻고답하기, 지식창고, 보충자료 등을 **아임패스**를 통해 만나실 수 있습니다.

1

기출회차

1	2	3	4	5
6	7	8	9	10
11	12	13	14	15
16	17	18	19	20
21	22	23		

강의로 복습하는 기출회독 시리즈

Keyword 004

프로이트의 정신분석이론

1. 프로이트의 생애

프로이트(Sigmund Freud, 1856~1939)는 1856년 오스트리아의 한 마을에서 태어났다. 그는 4살 때 비엔나로 이주하여 그곳에서 삶의 대부분을 보냈다. 어려서부터 재능이 뛰어났으며 어머니의 지지와 많은 격려를 받고 자랐다.

1873년 비엔나 대학의 의학부에 입학한 후 1881년에 의학박사 학위를 받았고 신경과 의사로 활동하였다.

1885년에는 신경의학자인 샤르코(Charcot)와 함께 최면을 연구하면서 최면적 암시에 의해 히스테리 신경증의 증상을 유발하거나 제거할 수 있다는 것을 알게 되었다. 이것이 계기가 되어 1890년대 중반부터 신경증은 부적절한 성적 발달의 문제라고 생각하게 된다.

1895년에 「히스테리에 관한 연구」를 브로이어와 함께 집필하였고, 1897년에는 자신의 신경증 문제를 분석하여 이러한 신경증 문제가 성적 긴장의 누적에 의해 발생한다고 주장하게 된다. 프로이트는 자신의 꿈을 분석한 『꿈의 해석』이라는 책을 1900년에 발표하였다. 이 책은 초기에 정신병리학회에서 인정받지 못하다가 점차 의료계와 일반인 사이에 알려지며 인정을 받게 되었으며 그 다음 해에 정신분석학회가 창립되었다.

초기에 프로이트의 영향을 많이 받은 아들러나 융, 랭크 등은 프로이트에게서 독립하여 자신의 이론을 각각 발전시키게 된다.

프로이트는 1919년부터 1939년까지 최고의 명성을 누렸는데 생의 마지막은 암과의 사투를 벌이는 힘겨운 시기를 맞았으며 1939년 영국 런던에서 사망했다.[5]

2. 정신분석이론의 개요 _{23회 기출} 🏆

중요도 ⭐⭐⭐

프로이트의 정신분석이론에 관한 전반적인 특징에 관하여 이해해야 한다. 특히, 정신분석이론의 인간관과 지형학적 모형, 구조적 모형 등에 관한 주요 개념은 전반적인 내용을 묻는 문제의 선택지로 자주 출제된다. 23회 시험에서는 프로이트 이론의 전반적인 내용을 묻는 문제에서 지형학적 모형과 구조적 모형의 특징에 관한 내용이 선택지로 출제되었다.

(1) 정신분석이론의 특징

① 내적 갈등의 역동

인간의 마음 혹은 정신은 다양한 힘들이 상호작용하는 에너지 체계로서 에너지를 방출시키고 긴장을 감소시키는 작용을 한다. 인간은 긴장의 감소로써 즐거움을 느끼지만, 사회는 개인의 에너지를 방출시키는 방법을 모두 허용하는 것이 아니고 일정 정도 통제와 제약을 가한다. 에너지를 방출하고 긴장을 감소하고 싶은 개인과 통제를 가하는 사회는 갈등을 겪는다. 인간 내부에서도 내적 갈등이 생긴다. 프로이트는 인간 정신이 가진 에너지의 양이 일정하게 제한되어 있다고 보았다. 즉, 인간 혹은 인간의 정신을 폐쇄체계로 보았다.

인간의 정신에 대한 입장 비교
- 프로이트: 폐쇄체계로 간주(인간의 정신이 가진 에너지 양은 외부와 주고받음 없이 일정함)
- 에릭슨: 개방체계로 간주(인간의 정신은 환경과 에너지를 주고받으며 변화함)

② 정신결정론

- 정신분석이론의 기본적 원리이다. 인간의 모든 정신활동에는 목적이 있으며, 이는 지나온 과거의 발달과정에서 경험한 것에 의해 결정된다고 보는 것이다.
- 과거의 일과 전혀 관계없이 우연히 일어난 일인 것처럼 보인다 하더라도 실제로는 과거의 일과 긴밀하게 관련되어 있으며, 과거가 미래의 사건을 결정한다는 것을 의미한다.
- 인간이 겪는 심리적 문제는 내부에 존재하는 정신적 원인의 작용이다.

③ 과거 경험의 중요성 강조

- 어린 시절의 경험이 중요한 영향을 미친다.
- 유아기에 해결되지 않은 무의식적인 갈등은 성인기에 경험하는 심리적 문제의 중요한 원인이 된다.

④ 무의식과 심리성적 욕구

- 인간의 행동, 사고, 감정은 무의식적 동기를 지니고 있다고 본다.
- 인간의 무의식적 동기 중 심리성적 욕구는 개인 행동에 지대한 영향을 끼친다.

(2) 정신분석이론의 인간관 ⭐^{꼭!}

① 수동적 인간

- 인간의 행동은 무의식적인 본능(성적 본능과 공격적 본능)에 의해 결정된다.

프로이트와 에릭슨의 인간관
- 프로이트: 수동적, 결정론적, 투쟁적 인간으로 가정
- 에릭슨: 능동적, 자율적, 가변적 인간으로 가정

- 인간의 행동은 기본적인 생물학적 충동과 본능을 만족시키려는 욕망에 의해 동기화된다.
- 인간의 자유의지, 책임감, 자발성, 자기결정과 선택할 수 있는 능력을 인정하지 않는다.
- 인간의 자율성을 인정하지 않았으며, 인간은 비합리적이고 통제할 수 없는 무의식적인 생물학적 성적 본능에 의해 지배받는 수동적 존재로 보았다.

② 결정론적 인간

- 인간의 기본적 성격구조는 초기아동기, 특히 만 5세 이전의 경험에 의해 결정된다.
- 인간의 심리적 문제는 출생에서부터 5세까지 어린 시절의 경험이 무의식 속에 잠재되어 있는 심리성적 사건들에 의해 결정된다.
- 인간은 과거의 생활경험에 의한 무의식적 경험으로부터 행동과 선택을 결정하는, 과거 속의 포로와 같은 존재라고 본다.

③ 투쟁적 인간

- 인간은 자신의 행복을 극대화하기 위하여 사회에 지속적으로 대항한다.
- 인간은 무의식적인 내적 충동에 의해 야기된 긴장상태를 제거하여 쾌락을 추구하려는 속성을 지니고 있으며, 이를 방해하는 사회적 요인에 대해 지속적으로 대항하는 존재라고 본다.

(3) 주요 개념 ★꼭!

합격자의 한마디

의식, 전의식, 무의식은 지형학적 모형!
원초아, 자아, 초자아는 구조적 모형!

① 지형학적 모형(의식수준): 의식, 전의식, 무의식

프로이트는 인간의 마음이 사고, 감정, 본능, 충동, 갈등, 동기로 채워져 있다고 하였다. 이 대부분은 무의식 혹은 전의식에 위치하는데, 전의식은 의식의 영역으로 쉽게 바뀔 수 있지만, 무의식은 의식의 영역으로 쉽게 바뀌지 않는다.

- 의식
  - 우리가 자신에게 주의를 기울이는 바로 그 순간에 알아차릴 수 있는 경험과 감각들을 뜻한다. 보고, 듣고, 만지고, 냄새 맡고, 맛보는 것과 같은 여러 가지 감각을 인식하고 슬픔과 고통 같은 것을 그 순간 쉽게 알아차릴 수 있는 정신생활의 영역, 깨어있을 때 작용하는 영역이다.
  - 새로운 생각이 들어오고 오래된 생각이 물러나면서 의식의 내용은 계속 변한다. 프로이트는 우리가 지각하고 있는 의식은 빙산의 일각에 불과

하고 마음의 극히 일부분이며, 바다 깊은 곳에 더 큰 빙산의 몸체가 존재하듯이 의식하지 못한 부분이 더 많다는 것을 강조하였다.

- 전의식
  - 의식과 무의식의 중간 지점에 있으며 이들 사이에서 교량 역할을 한다. 현재는 의식하지 못하지만 조금만 노력하여 회상하려고 마음을 집중하면 전의식에 저장된 기억이나 지각, 생각 등을 의식으로 가져올 수 있다.
  - 전의식은 흔히 이용가능한 기억이다.

- 무의식
  - 정신분석의 초점이 되는 부분이다. 무의식은 정신의 가장 깊은 곳에 위치해 있으며, 우리가 자각하지 못하는 경험과 기억으로 구성된다. 무의식은 인간행동을 결정하는 주된 원인이나, 우리가 인식하거나 직접 확인할 수는 없다.
  - 인간의 지각, 경험, 행동의 상당 부분은 무의식에 의해서 결정된다.
  - 물 위에 떠있는 빙산보다 물 아래에 보이지 않는 더 큰 부분인 무의식은 실상 정신 내용의 대부분에 해당되며 인간행동의 동기가 된다. 의식보다 무의식이 상대적으로 큰 비중을 차지한다.
  - 주로 원초아(id)와 초자아(superego)로 구성되어 있으며, 방어기제도 무의식의 일부분으로 나타난다.
  - 무의식의 특징은 언어화되기 어렵고 논리성이 없으며, 서로 상반되는 경향이 동시에 공존한다.

성격구조와 의식수준의 관계

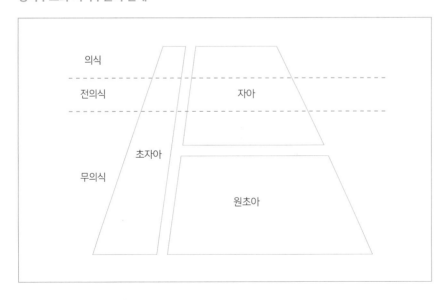

② 구조적 모형(성격구조): 원초아, 자아, 초자아

마음에 대한 프로이트 개념의 두 번째 영역은 원초아(id), 자아(ego), 초자아(superego)의 영역이다. 이것들은 서로 관련되어 상호 영향을 미친다. 원초아는 무의식에 속한다면, 자아와 초자아는 의식과 무의식에 걸쳐 있다. 원초아는 생물학적 요소, 자아는 심리적 요소, 초자아는 사회적 요소에 대응한다고 이해할 수도 있다.

- 원초아(id): 충동자, 쾌락자
  - 원초아를 지배하는 원리는 고통을 피하고 쾌락을 추구하는 쾌락원리이다.
  - 원초아는 출생할 때부터 타고나는 것이다.
  - 본능과 충동의 원천으로 외부 세계와 단절되어 있다.
  - 시간과 경험에 의해서 거의 영향을 받지 않는다.
  - 원초아에서 자아와 초자아가 분화되어 나온다.
  - 배가 고프면 먹을 것이 연상된다거나 생리적 욕구의 해소를 갈망하는 것 등은 원초아 작동의 예이다.
  - 일차과정 사고(비합리적 사고방식, 긴장을 감소시키고, 본능적 충동의 만족에 필요한 대상의 표상을 만들어내는 것, 어떤 것이 현실인지 아닌지를 구별하지 못하는 사고)

- 자아(ego): 실행자, 조정자
  - 자아는 현실원리에 의해 작동한다.
  - 자아는 원초아의 충동적 욕구를 외부세계의 제약을 고려하면서 현실적으로 표현하고 충족시키려고 노력하는 조직적, 합리적, 현실지향적 성격구조를 의미한다.
  - 원초아의 본능적 충동과 초자아의 요구를 통합적으로 소화해내는 기능을 한다.
  - 원초아와 초자아 사이에서 현실적이고 이성적인 균형을 유지하려는 역할을 한다.
  - 초자아와 원초아 사이의 갈등을 조정한다.
  - 현실원리에 따라 사회적으로 수용될 수 있는 방법을 발견할 때까지 쾌락을 추구하는 긴장해소를 유보한다. 이성적인 차원에서 행동의 결과를 평가하고 자신의 행동과정을 결정한다.
  - 생후 4~6개월부터 발달한다.
  - 이차과정 사고 기제(합리적인 사고방식)를 사용한다.

- 초자아(superego): 심판자, 절대자
  - 초자아는 도덕원리에 따라 작동한다. 옳고 그름을 판단하고 결정하여 사회가 인정하는 도덕적 기준에 따라서 행동하도록 유도하는 기능을 한다.

쾌락원리(pleasure principle)
- 원초아를 지배하는 원리
- 인간은 원초아의 욕구가 충족되지 않고 박탈당했을 때 발생하는 긴장을 해소하고 본래의 욕구를 충족하고자 동기화함

일차과정 사고
- 원초아가 긴장을 해소하기 위해 사용하는 기제
- 실제적인 욕구를 충족시켜 줄 수는 없음
  예 '목이 마르다'라는 긴장이 발생하면 물이나 음료수 병을 떠올림으로써 욕구를 충족시키는 것

현실원리(reality principle)
- 환경을 지배하여 불안을 통제하려는 자아의 수단
- 자아는 만족을 추구할 수 있는 방법을 발견할 때까지 만족을 연기함

이차과정 사고
- 현실적인 계획을 세울 때까지 만족을 지연시키는 사고과정
- 합리적 사고과정
  예 목이 마를때 '물'의 심상을 떠올리는 것이 아니라 기다리면 물을 가져다 주리라는 것을 기대하는 것

- 초자아는 현실적인 것보다는 이상적인 것을 추구하고 쾌락보다는 완전함을 추구한다.
- 자아와 함께 행동을 통제하는 기능을 한다.
- 3~5세 사이(남근기)에 발달하는 초자아는 부모가 아이에게 전달하는 사회의 가치와 관습을 말한다. 초자아의 발달에는 양육자의 양육태도와 같은 사회화 과정이 중요한 역할을 한다.
- 정신구조의 최고단계로서 흔히 양심이라고 말한다.
- 초자아는 성격의 도덕적인 부분이며, 심판자로서 자아와 함께 작용하여 개인이 스스로 자신의 행동을 조절할 수 있게 해준다.

자아 및 초자아 발달 시기
- 자아: 우리 교재에서는 생후 4~6개월부터 발달한다고 설명했지만, 생후 1년 경부터 원초아에서 분화된다고 설명하는 교재도 있다.
- 초자아: 우리 교재에서는 3~5세부터라고 설명했지만, 생후 1년 경부터 형성되기 시작해 5~6세에 크게 발달한다고 설명하는 교재도 있다.

초자아의 두 측면, 양심과 자아이상

양심 (conscience)	• 벌을 통해 발달하며 자아가 죄책감을 느끼도록 작용함 • 마음의 도덕적 가르침 • 어린 시절에 영향을 주었던 부모나 양육자가 비난이나 벌을 주었던 일들이 토대가 되어 그와 같은 행동이나 생각을 할 때 죄책감을 느끼는 것 • 잘못된 행동에 대한 처벌을 통해 형성됨. 처벌적 측면
자아이상 (ego ideal)	• 상을 통해 발달하며 자아가 긍지를 느끼도록 작용함 • 긍정적인 이상형이라는 의미 • 부모나 타인으로부터 받은 칭찬이 토대가 되어 그에 대한 자아이상을 추구하게 됨 • 잘한 행동에 대한 칭찬이나 수용을 통해 형성됨. 보상적 측면

보충자료
초자아의 발달과정

불안의 형태

자아가 원초아의 요구와 현실의 압력, 초자아의 규범 사이에서 갈등을 경험할 때 이러한 갈등은 불안한 긴장상태를 만들어낸다. 불안이란 지나친 원초아의 욕구나 초자아의 규제로 인한 갈등으로 인해서 자아가 과도한 부담을 느낄 때 발생하는 부정적 감정을 의미한다. 이러한 불안을 해소하기 위해 방어기제가 작동한다. 자아를 위협하는 근원(외적 환경/현실, 원초아, 초자아)에 따라 불안의 형태를 분류할 수 있다.

- 현실불안: 현실세계의 위험에 대해 자아가 느끼는 두려움, 고통스러운 심리적 체험을 의미한다.
  예 내일 당장 시험이 있는데, 지금까지 시험 준비를 충분히 하지 않았기 때문에 느끼는 불안
- 신경증적 불안: 원초아의 욕구, 즉 성적 본능이나 공격적 본능이 표출되는 것에 대해 자아가 조절할 수 없을 것이라는 위협을 느낄 때 발생하는 불안이다. 원초아와 자아 사이의 충돌이나 갈등으로 발생하는 불안이다.
  예 수업시간에 선생님으로부터 야단을 맞고, 대들고 싶은 충동을 참는 경우 등에 느끼는 불안
- 도덕적 불안: 원초아적 욕구를 충족시키는 것이 사회적, 도덕적 규범에 위배될 수 있는 경우에 나타난다. 원초아와 초자아, 자아와 초자아 간의 갈등이나 충돌에서 유발된다. 불안의 원인을 의식 수준에서 이해하는 것이 가능하다. 사회적·도덕적으로 용납되지 못하는 성적 충동, 공격적 욕구, 미움, 원한 등의 충동이 개인과 사회의 가치관에 모순되는 경우 느끼는 불안을 의미한다.
  예 아동이 부모의 지갑에서 몰래 돈을 꺼내 쓸 때 부모의 처벌을 두려워하는 경우 생기는 불안

③ 인간의 본능

- 신체적 흥분이나 요구가 소망(wish)의 형태로 나타나는 것으로써 선천적인 신체적 흥분상태를 말한다.
- 모든 인간의 행동은 이러한 본능에 의해서 결정된다. 즉, 모든 행동의 궁극적인 원인이 된다.
- 본능은 직접 영향을 줄 수도 있고, 우회해서 행동에 영향을 주거나 가장될 수도 있다.
- 본능은 태어나면서 나타난다.
- 삶의 본능과 죽음의 본능은 서로 영향을 미치며 서로 융합되기도 한다. 예를 들어, 음식물을 섭취하는 것은 배고픔을 해결한다는 면에서 삶의 본능을 표현하지만, 그것을 위해 음식물을 파괴하여 섭취한다는 점에서 죽음의 본능이기도 하다.

삶의 본능과 죽음의 본능

삶의 본능 (에로스, eros)	• 생동적 삶을 가능하게 해주고 종족번식을 책임지는 각종 힘을 포함 예 성, 배고픔, 갈증 등 • 생명을 유지시키고 발전시키며, 타인과 사랑을 나누고 창조적 발전을 도모하는 본능 • 성본능: 삶의 본능 중 인간의 성격발달에 가장 큰 영향력을 미침 • 리비도(libido): 삶의 본능이 가지고 있는 에너지. 성적 에너지와 같은 뜻으로 쓰기도 함
죽음의 본능 (타나토스, thanatos)	• 인간행동의 파괴적 혹은 부정적인 힘 • 모든 유기체는 자신의 근원인 무생물 상태로 되돌아가려는 충동이 있기 때문에 죽고자 하는 무의식적인 소망이 있음 • 인간이 가지는 잔인성과 공격성, 자살, 살인, 전쟁 등 일상생활에서의 공격성을 의미함 • 프로이트는 처음에는 삶의 본능(자기보존욕구와 성욕)만을 제시했지만, 1차 세계대전을 목격한 후 초기 이론을 수정하여 죽음의 본능을 에로스와 대립되는 개념으로 추가하였음

④ 리비도(libido)

- 인간행동과 성격을 규정하는 에너지의 원천, 성적 에너지를 말한다.
- 리비도의 작동원리를 경험적, 과학적으로 증명해내는 것은 한계가 있다.
- 리비도가 집중되면 성적 긴장이 발생하고, 이 긴장을 해소함으로써 만족과 쾌감을 느낀다.
- 프로이트는 성의 개념에는 신체적 사랑, 정서적 충동, 자기애, 부모의 자식에 대한 사랑, 그리고 우정의 감정까지 포함된다고 본다.
- 삶의 본능 중 성격에 가장 큰 영향을 미치는 것이 성 본능이므로 에로스와 리비도를 거의 같은 의미로 사용하기도 한다.

- 프로이트는 리비도 개념을 초기에는 자아본능(자기보존의 본능)에 대립하고 있는 성 본능(종족보존의 본능)에 따른 성적 에너지라고 보았고, 후기에는 사랑과 쾌감의 모든 표현이 포함된 것으로 보았다.
- 리비도는 인간발달단계에 대응한 성감대(입, 항문, 성기 등)와 충족의 목표 및 대상을 가지는데, 충족을 얻지 못할 경우 불안을 낳는다.

3. 심리성적 발달단계 ^{23회 기출}

(1) 리비도 중심의 발달단계
- 프로이트는 인간의 성격이 성적인 욕구와 관련하여 발달한다고 믿기 때문에 이를 심리성적 발달이라고 한다.
- 리비도가 신체의 어느 특정 부위에 집중되느냐에 따라, 즉 리비도의 흐름에 따라 심리성적 발달단계를 5단계로 구분한다.
- 리비도는 처음에는 입(구강기), 그 다음에는 항문(항문기), 그리고 마지막에는 성기(남근기)에 집중된다. 프로이트는 성격형성에서 가장 중요한 단계를 5단계 중 구강기, 항문기, 남근기 세 단계라고 보았다. 이는 만 5세경까지의 시기에 해당된다. 이후 잠복기를 거쳐 2차성징이 나타나는 생식기로 이어진다.

(2) 고착(fixation)
- 모든 사람이 모든 발달단계에서 성공을 거두는 건 아니다. 지나치게 만족하기도 하고 또는 좌절하기도 하는데, 다음 단계로 진행하지 못하고 특정 단계에 머무르는 것을 고착이라 한다.
- 리비도가 그 에너지를 방출하지 못하고 축적되면 신경증이 나타난다.
- 고착이 일어나면 성인기 성격에 나쁜 영향을 미치므로 최적의 정신건강을 유지하기 위해서는 각 단계의 위기를 원만하게 해결해야 한다.
- 고착이 일어난 경우 적절한 방어기제를 사용해야 한다.

잠깐!

고착
리비도가 어떤 대상을 향해 정지해 있는 것

(3) 심리성적 발달의 5단계 ^{꼭!}

① 구강기(oral stage, 출생~18개월)
- 개념 및 특성
  - 유아의 일차적 활동은 젖을 먹는 것에 집중되어 있다. 입, 입술, 혀 같은 기관에 활동이 집중해 있으므로 이 시기를 구강기라 한다.

잠깐!

구강기 특징
- 리비도가 입에 머묾
- 빠는 쾌감에서 깨무는 쾌감으로 이동
- 최초의 양가감정
- 고착 결과: 구강수동적, 구강공격적 성격

- 생존을 위해 타인에게 전적으로 의존하며, 만족을 얻는 수단은 의존이다.
- 음식섭취와 관련된 신체 부위인 입, 혀, 입술 등이 주요 성감대이다.
- 리비도가 추구하는 방향은 타인이 아닌 자기 자신에게만 국한된다.
- 구강기는 초기와 후기로 나누는데, 초기는 생후 6개월까지로 주로 빠는 행위에서 쾌감을 느끼고, 후기는 깨무는 것에서 쾌감을 느낀다.
- 생후 8개월 정도가 되면 이가 나기 시작하면서 좌절감을 경험할 때 깨물고 싶은 충동을 느낀다. 이러한 과정에서 공격성이 발달하며, 후반기로 갈수록 이유에 대한 욕구불만 때문에 양육자에게 최초의 양가감정을 느낀다.
- 구강기 동안 신체적·정서적으로 무시당하거나 박탈당한 아이는 성인이 된 후 충족되지 못한 보살핌에 대해 강한 갈망을 경험하기 쉬우며, 타인에 대한 불신으로 대인관계가 어려울 수 있다.

- 성격 유형
  - 구강수동적 성격: 유아가 먹는 것이 너무 과도하거나 혹은 불충분한 경우 발달하는 성격이다. 낙천적이고 타인에게 의존적이며, 희생을 감수하면서도 인정받고 싶어한다.
  - 구강공격적(구강가학적) 성격: 이가 나면서 깨물고 뜯음으로써 불쾌 또는 불만족을 표현한다.

보충자료

양가감정

구강기의 성격 유형

성격 유형	성인기에 표출되는 행동 유형
구강수동적 성격	수동적, 미성숙, 과도한 의존, 잘 속는 경향
구강공격적(구강가학적) 성격	논쟁적, 비판적, 비꼬기를 잘함, 타인을 이용하거나 지배하려 함

② 항문기(anal stage, 18개월~3세)

- 개념 및 특성
  - 리비도의 초점이 구강영역에서 항문영역으로 옮겨간다. 배변으로 생기는 항문자극에 의해 쾌감을 얻으려 하는 시기이다.
  - 변을 참거나 내보내는 배설과 관계된 활동들이 즐거움을 주는 동시에 공격의 무기가 된다.
  - 항문기는 변을 내보내는 데서 즐거움을 얻는 전반기와 변을 방출하지 않고 보유하는 데서 즐거움을 얻는 후반기로 구분할 수 있다.
  - 배변훈련이 너무 엄격하면 유아는 일부러 지저분한 행동을 하기도 하고 성인이 되면 권위에 대한 불만을 불결, 무책임, 무질서, 고집, 인색, 난

잠깐!

항문기 특징
- 리비도가 항문에 집중
- 배변훈련
- 변을 참거나 내보내는 쾌감
- 고착 성격: 항문공격적, 항문보유적 성격

폭, 분노, 적개심을 보이는 행동으로 표출하기도 한다.
- 항문기 경험으로 아동은 구강기의 전적인 의존에서 벗어나 자기조절, 자립, 자부, 자존 등을 경험하고 배우게 된다. 또한 적절한 배변 훈련은 창조성과 생산성의 기초가 된다.
- 성격 유형
  - 항문공격적(항문폭발적) 성격: 유아는 배변훈련을 통해 통제하려는 부모 내지는 사회와 갈등을 겪게 된다. 즉, 본능적 충동은 외부 간섭과 통제의 경험을 싫어해 일부러 더 어지럽히거나 지저분하게 함으로써 부모에게 반항한다.
  - 항문보유적 성격: 배변훈련에 대한 다른 형태의 저항은 변을 보유하는 것이다. 변을 방출하지 않고 가지고 있는 것은 부모를 기다리게 하고 애태우는 방법이자 수단이다. 성공하면 아이는 이런 행동유형을 반복하게 되어 항문보유적 성격이 될 수 있다. 성격은 질서정연하고 깔끔하고 체계적이다.

항문기의 성격 유형

성격 유형	성인기에 표출되는 행동 유형
항문공격적(항문폭발적) 성격	무질서, 어지르기, 낭비, 사치, 무절제, 반항적, 공격적
항문보유적 성격	깔끔, 질서정연, 조직화, 절약, 인색, 쌓아두기, 수동공격적

③ 남근기(phallic stage, 3~6세)

- 개념 및 특성
  - 리비도는 성기에 집중된다. 아동의 주요 활동은 성기를 자극하고, 자신의 몸을 보여주거나 혹은 다른 인간의 몸을 보면서 쾌감을 얻는 것이다.
  - 이 시기의 아동은 자기중심적인 성향이 있더라도 사랑하고 사랑받기를 원하며 특히 칭찬을 갈망한다.
  - 남아는 오이디푸스 콤플렉스를, 여아는 엘렉트라 콤플렉스를 경험한다.
  - 남아: 오이디푸스 콤플렉스로 인한 거세불안(아버지가 근친상간적 행동을 거세를 통해 벌할 것이라는 두려움)을 경험한다. 억압과 반동형성 방어기제로 이 불안을 극복하려 하며, 자신을 아버지와 동일시하여 아버지의 태도, 가치, 행동패턴을 닮으려고 노력한다.
  - 여아: 엘렉트라 콤플렉스로 인한 거세불안과 남근선망을 경험한다. 프로이트는 여아의 콤플렉스 극복과정은 제시하지 않았다.
- 성격 유형
  - 남근기에 고착된 성인 남성은 대부분 경솔하며, 과장되고 야심적, 강한

남근기 특징
- 성격발달에서 가장 중요한 시기
- 오이디푸스 콤플렉스의 결과 초자아가 발달
- 거세불안에 대한 자아의 방어기제: 억압, 동일시, 반동형성

자부심, 난잡한 성행위, 자기 증오 등의 성격유형을 갖는다.

- 남근기에 고착된 성인 여성은 성관계에서 순진하고 결백해 보이지만, 난잡하고 유혹적이며 경박하다. 특히, 남성의 성적 무기력과 여성의 불감증의 원인도 남근기 고착에서 나온다.[6]

한걸음 더 오이디푸스 콤플렉스와 엘렉트라 콤플렉스

오이디푸스 콤플렉스

남자아이가 어머니를 성적으로 사랑하게 되면서 경험하는 딜레마. 이때 남자아이는 아버지를 경쟁자로 생각하고 적대적인 감정을 가짐. 또한 아버지와의 관계 때문에 아이는 점차 거세불안을 느낌

엘렉트라 콤플렉스

여자아이가 아버지와 성적으로 사랑에 빠지고 그 때문에 어머니에게 적개심을 품음. 이때 여자아이도 거세불안을 느끼는데, 이는 남근이 없다는 인식에서 출발하기 때문에 남자아이가 느끼는 거세불안과는 다름. 여자아이는 유아기 때 남근이 거세되었다고 믿고 그것 때문에 어머니를 비난함. 그리고 남자아이보다 열등하다고 생각하는데, 이를 남근선망이라고 함

④ **잠복기**(latency stage, 6~12세)

- 잠재기라고도 한다.
- 성적 충동을 억압, 성적 본능과 관련이 없는 사회적 기술을 습득하는 시기이다.
- 리비도가 특정 부위에 집중되지 않고 잠재되어 있는 시기이다.
- 이 시기의 리비도는 승화되어 지적 관심, 운동, 동성 간의 우정, 공부 등으로 표출된다.
- 지금까지 발달한 초자아가 더욱 강화되면서 오이디푸스적 욕망을 제지한다.[7]
- 리비도는 친구에게로, 특히 동성친구에게로 향하며 동일시 대상도 친구가 된다.

⑤ **생식기**(genital stage, 12세~성인기 이전)

- 성적 관심과 충동이 다시 증가하는 시기이다.
- 충분히 사랑과 일을 할 수 있는 시기이다.
- 2차 성징이 나타나며 이전 시기에 확립했던 성적 주체성에 의해 성인으로 성장한다.
- 생식기의 성격발달을 통해 근면을 배워야 하고, 즉각적인 만족을 지연시켜야 하며, 책임감을 길러야 한다.

프로이트의 심리성적 발달단계와 성격특성

단계	연령	특성	주요 내용
구강기	출생~18개월	음식섭취	• 입이 자극과 상호작용의 초점 • 수유와 이유
항문기	18개월~3세	• 배변훈련 • 대상관계가 발달	• 항문이 자극과 상호작용의 초점 • 배설과 배변훈련
남근기	3~6세	• 거세불안, 오이디푸스 콤플렉스 • 남근선망, 엘렉트라 콤플렉스	• 생식기가 자극의 초점 • 성역할과 도덕발달
잠복기	6~12세	• 성 본능 잠재 • 성 본능과 관련없는 기술 습득 • 동성끼리 어울림, 경쟁의식, 사회화	• 성적 활동이 잠재되는 시기 • 신체발달과 지적 발달
생식기	12세~ 성인기 이전	정신적 · 신체적 성숙이 거의 완성됨	• 생식기가 자극의 초점 • 성숙한 성적 관계로 발전

4. 방어기제
23회 기출

중요도 ★ ★ ★

방어기제는 정신분석이론에서 매우 중요한 내용이다. 방어기제 각각의 종류에 대한 개념과 함께 해당하는 예시를 통해 명확하게 이해해야 한다. 단순히 방어기제의 개념을 묻는 문제뿐만 아니라 하나의 사례를 제시하고 그에 해당하는 방어기제를 찾는 문제도 출제된 바 있다. 23회 시험에서는 프로이트 이론의 전반적인 내용을 묻는 문제에서 방어기제의 종류에 관한 내용이 선택지로 출제되었다.

(1) 방어기제의 개념

• 자아의 무의식 영역에서 일어나는 심리기제로서, 인간이 고통스러운 상황에 적응하려는 무의식적인 노력이다.

• 과도한 불안에서 자아를 보호하기 위해 작동하는 기제, 자아에게 보내는 위험 신호이다.

• 자아가 불안에 대응하고 대처하는 데에 동원하는 심리적 책략이다.

(2) 방어기제의 특징

• 주로 갈등이나 불안, 좌절, 죄책감 등으로 심리적 불균형이 초래될 때 심리 내부의 평형상태를 유지하기 위해 일어난다. 내적 긴장을 완화하기 위한 심리적 기교이다.

• 방어기제는 자존감을 유지하고 실패나 박탈 혹은 죄책감을 줄이려는 시도이다.

• 불안과 고통에서 개인을 안전하게 지킨다는 점에서 긍정적이지만 지나치게 의존하거나 무분별하게 사용할 때는 병리적 증상을 초래할 수 있다.

• 방어기제는 때로 긍정적인 사회적 결과를 가져오기 때문에 정상적으로도 방어기제를 사용한다.

• 대부분의 경우 한 번에 한 가지 이상의 방어기제가 동시에 사용된다.

• 정신치료에서는 방어기제를 제거하는 것만이 목표가 아니라 더 적응적으로 생활할 수 있도록 돕기 위해 특정 방어기제를 강화하기도 한다.

- 방어기제는 성격발달과 밀접하게 연관되며 성격의 성숙수준을 나타낸다. 예를 들어, 투사나 부정은 성격의 미성숙을 보여주며, 억압이나 승화는 보다 성격의 성숙된 수준을 나타낸다.
- 방어기제 병리성은 1) 방어기제의 강도, 2) 한 가지 방어기제를 사용하는지 혹은 여러 가지 방어기제를 사용하는지와 관련된 균형, 3) 사용한 방어기제가 연령 측면에서 적절한지 여부, 4) 위험이 사라지고 나서도 방어기제를 사용하는지 혹은 사용하지 않는지를 통해서 판단한다.

(3) 방어기제의 종류 [8] ⭐꼭!

보충자료
방어기제의 사례

① 억압(repression)

- 방어기제 중에서 가장 일차적이고 가장 많이 사용된다. 억압이란 의식에서 용납하기 어려운 생각, 욕망, 충동 등을 무의식 속에 머물도록 눌러 놓는 것이다. 억압을 통해서 자아는 위협적인 충동, 감정, 소원, 환상, 기억 등 위험적 요소들이 의식화되는 것을 막는다. 특히 죄책감, 수치심 또는 자존심을 상하게 하는 경험일수록 억압 대상이 된다.

  예 어려운 과제가 있을 때 그 과제를 아예 잊어버리는 경우

- 비슷한 개념인 억제(suppression)는 무의식이 아닌 의식적인 차원에서 이루어진다는 차이점이 있는데, 억압은 무의식적인 억제로, 억제는 의식적인 억압으로 볼 수 있다.

  예 어두운 밤 골목길을 지날 때 무서움을 떨치기 위해 노래를 흥얼거리는 경우

② 취소(원상복구, undoing)

자신의 성적 혹은 공격적 욕망이나 충동으로 상대에게 피해를 주었다고 생각해 무의식적으로 죄책감을 지워버리려고 상대가 입은 피해를 원상복구하려는 행위를 말한다.

예 순간적으로 화가 난 엄마가 아이를 때리고는 곧바로 "엄마가 잘못했다. 아팠지? 미안해……" 하며 쓰다듬어주는 경우

③ 반동형성(reaction formation)

- 무의식 속의 받아들여질 수 없는 생각, 욕구, 충동 등을 정반대의 것으로 표현하는 경우로 원래의 생각, 소원, 충동 등을 의식화하지 못하게 하는 기제이다. 겉으로 드러나는 태도나 언행이 마음속의 요구나 생각과 정반대인 경우의 방어기제를 말한다.

  예 적개심과 공격성을 덮기 위해 무골호인(無骨好人)으로 행세하는 경우, 미운 놈 떡 하나 더 준다는 속담, 사랑을 미움으로 표현하는 경우, 남편이 바람을 피워 다른 여자와의 사이에서 태어난 아이를 키우

면서 과잉보호하는 본부인의 경우, 좋아하는 여성을 괴롭히는 경우

- 역전(reversal) : 심리적 위협을 느끼게 되는 상황과 관련하여 주체인 자신을 객체로 혹은 객체인 자신을 주체로 바꾸어 놓는 것이다. 반동형성의 하나로 설명되기도 한다.

> **예** 역전 기제로 심리치료자가 되기도 한다. 보살핌을 받고 싶지만 그러한 감정을 드러내는 것이 부끄럽거나 어른스럽지 않다고 생각해 다른 누군가를 보살피면서 그 대상이 느끼는 만족감에 무의식적으로 동일시한다.

④ 동일시(identification)

동일시 또는 동일화는 주로 부모, 형, 윗사람, 주위의 중요한 인물들의 태도와 행동을 닮는 것으로, 불안을 없애기 위해 오히려 불안의 원인이 되는 그 사람과 똑같이 되려는 것이다.

> **예** 거세불안을 느끼는 아동이 아버지와 행동을 같게 하는 경우

⑤ 투사(projection)

자신이 용납할 수 없는 충동, 생각, 행동 등을 무의식적으로 다른 사람이 이러한 충동, 생각, 행동을 느끼거나 행한다고 믿는 것이다. 투사는 관계망상이나 피해망상을 불러일으키는 등 환각이나 착각, 망상 형성의 중요한 기제이다.

> **예** 바람을 피우고 싶은 욕구가 강한 남편이 그것을 배우자에게 뒤집어씌움으로써 배우자를 의심하고 부정하다고 불평을 늘어놓는 경우, 누군가를 살해한 범인이 실은 상대가 자기를 해칠 것 같은 느낌이 들었다고 하는 경우

⑥ 자기에게로 향함(turning against the self)

공격적인 충동이 타인이 아닌 자신에게로 향하는 것이다. 부모님이나 존경하는 사람에게 어떤 공격적인 언행을 한다는 것은 받아들일 수 없는 것이므로 대신 자신에게 화풀이하거나 자신을 해치는 것을 말한다.

> **예** 어머니로부터 심한 꾸지람을 받은 아이가 자신의 머리를 벽에 부딪쳐 자해하는 경우

⑦ 전치(전위/치환, displacement)

실제 어떤 대상에 대한 감정을 다른 대상을 상대로 표출하는 것이다. 상대적으로 덜 위험하고 직접적이지 않은 대상에게 감정을 표출하는 것으로, 감정과 대상 사이에 아무 관련이 없지만 감정을 표현하는 사람의 내면에서 상징적인 전환이 일어난다.

> **예** 종로에서 뺨 맞고 한강에서 화풀이 한다. 직장 상사에게 화가 나는 일이 생겼는데 집에 있는 동생에게 괜히 시비를 건다.

⑧ 대리형성(대치, substitution)

- 받아들여질 수 없는 소망, 충동, 감정 또는 목표를 좀 더 받아들여질 수 있는 것으로 대치되는 기제이다. 이는 목적하던 것을 못 갖는 데에서 오는 좌절감과 불안을 최소화하기 위해 원래의 것과 비슷한 것을 가짐으로써 만족하는 것을 말한다.

  예 오빠에게 강한 매력을 느끼는 여동생이 오빠와 비슷한 용모를 가진 사람과 사귀는 경우, 꿩 대신 닭

- 상환(restitution): 잃어버린 대상을 다른 대상으로 대치하는 것으로 대리형성의 특수한 형태를 말한다. 즉 상환행위는 죄책감으로부터 벗어나려는 기제이다.

  예 무의식에 있는 죄책감을 씻기 위해서 사서 고생하는 것, 가족들은 굶고 있는데 월급 전부를 기부하는 것

⑨ 부정(denial)

의식수준으로 표출되면 도저히 감당할 수 없는 생각이나 욕구를 무의식적으로 부정하는 현상이다. 현실 혹은 사실을 받아들이는 것을 거부함으로써 불안을 피하고자 한다.

예 가까운 사람의 죽음을 받아들이는 것이 너무 고통스러워 그 사람이 잠시 여행을 간 것이라고 믿는다.

⑩ 합리화(rationalization)

자신의 언행 속에 숨어 있는 용납하기 힘든 충동이나 욕구에 대해 사회적으로 그럴듯한 설명이나 이유를 대는 것이다. 그 설명이나 이유는 합리적이고 이성적이며 자아가 받아들일 수 있는 내용으로 꾸민다. 거짓말이나 변명과 다른 점은 전적으로 무의식의 차원에서 이루어진다는 것이다.

예 사랑하기 때문에 이별한다. 부모가 자식을 사랑하기 때문에 체벌을 한다.

- 합리화의 하위유형
  - 신포도형(sour grapes): 어떤 목표를 달성하려 했으나 실패한 사람이 자신은 처음부터 그것을 원하지 않았다고 변명함
  - 달콤한 레몬형(sweet lemons): 자기가 현재 가지고 있는 것이야말로 바로 자신이 진정 원하던 것이라고 스스로 믿음
  - 투사형(projection): 자신의 결함이나 실수의 책임을 다른 대상에게 전가함
  - 망상형(delusion): 원하는 일이 마음대로 되지 않을 때 자신의 능력에 대해 허구적 신념을 가짐으로써 실패의 원인을 합리화함

⑪ 보상(compensation)

실제적인 것이든 상상 속의 것이든 자신의 성격, 외모, 지능 등의 결함을 다

잠깐!

투사와 투사형 합리화
투사형 합리화는 자신의 결함을 그럴듯하게 설명하려고 시도하는 방어기제이며, 이 과정에서 그 설명을 다른 사람의 탓으로 돌리는 방식을 채택한다. 즉, 투사는 그 자체가 방어기제인 반면, 투사형 합리화는 합리화를 사용하는 과정에서 투사의 방식을 사용하는 것이다.

른 것으로 보상받기 위해 자신의 강점을 지나치게 강조하는 것이다. 또한 어떤 분야에서 특별히 뛰어나다는 인정을 받음으로써 다른 분야에서의 실패나 약점을 보충하고자 하는 경우도 해당된다.

예 키 작은 사람이 보상심리로 공격적이고 과장된 행동을 하는 나폴레옹 콤플렉스, 지적으로 열등감이 있는 사람이 외모를 가꾸는 데 지나치게 열중하는 경우, 가난한 사람이 가난에 대한 콤플렉스가 있어서 과도하게 치장을 하거나 사치하는 경우, 많이 못 배운 부모가 자식들의 공부 뒷바라지에 헌신하는 경우

⑫ 퇴행(regression)

심한 스트레스 또는 좌절당했을 때, 현재의 발달단계보다 더 이전의 발달단계로 후퇴하는 것을 말한다.

예 사랑을 독차지하던 아이가 동생이 태어나 사랑을 빼앗기게 되자 갑자기 대소변 가리기가 안 된다든지, 더욱 심한 어리광을 부리게 되는 것. 어른들도 어릴 적 친구들을 만나면 마치 아이들처럼 즐거워하고 들뜨게 되는데 이것 또한 일시적인 퇴행이라 할 수 있음

⑬ 승화(sublimation)

본능적인 에너지, 특히 성적 · 공격적 에너지를 개인적으로나 사회적으로 용납되는 형태로 유용하게 돌려쓰는 것을 말한다. 프로이트는 전치에서 대치물이 높은 수준의 문화적인 목적을 가지고 있는 경우에 승화라고 하였으며, 이는 인류의 문명발달의 원동력이 되었다고 본다. 방어기제들 중 가장 적절하고 건전한 방법이다.

예 강한 공격적 욕구를 가진 사람이 격투기 선수가 되거나, 심한 열등감을 가진 사람이 열심히 공부해서 학자로 성공하는 경우와 잔인한 공격적 충동을 가진 사람이 유명한 생체해부학자가 되는 경우

⑭ 전환(conversion)

심리적 갈등이 감각기관(눈, 코, 입, 귀 등)과 수의근계통(몸의 근육 중 손이나 발 등과 같이 자신의 의지로 움직일 수 있는 근육) 증상으로 나타나는 것이다.

예 시험공부를 너무 못한 사람이 시험지를 받아들자 눈이 안 보이는 경우. 너무 싫어하는 사람을 만나야 할 일이 생겼을 때 다리에 마비가 오는 경우

전환과 신체화
- 전환: 감각기관, 수의근계통 증상으로 표출
- 신체화: 감각기관과 수의근계통 이외의 증상으로 표출

⑮ 신체화(somatization)

심리적 갈등이 감각기관이나 수의근계통 이외의 신체증상으로 나타나는 것이다.

예 시험공부를 너무 못한 사람이 시험 전날 밤부터 복통으로 고생하는 경우. "사촌이 땅을 사면 배가 아프다"의 경우

⑯ 기타 방어기제

- 상징화: 곧바로 의식화하기에는 어려운 어떤 억압된 대상을 의식화해도 무난한 중립적인 대상으로 바꿈으로써 상징성을 부여하는 것으로, 꿈의 분석

에서 중요함

> **예** 태극기나 무궁화는 대한민국을 상징함. 꿈속에서 길게 튀어나온 것들, 즉 뱀이나 지팡이 등은 남근 (penis)이 상징화된 경우. 불임 여성이 예쁜 꽃송이를 아기처럼 안고 행복해하는 꿈

- 유리(격리/분리): 가슴 아픈 사건이나 생각은 기억하나 그 기억에 수반된 감정은 기억되지 않는 것으로, 기억과 감정을 분리하여 감정을 억압

> **예** 몇 년 전 갑자기 돌아가신 아버지에 대한 충격을 생생히 기억하면서도 그에 수반된 감정은 억압되고 의식화되지 않는 경우

- 지성화(지식화, 주지화): 불편한 감정을 최소화하기 위해 감정을 분리시키고 이성만 사용하여 지적인 분석으로 대처하려는 것이나, 추상적 논리만 있어 문제해결에는 도움이 되지 않음

> **예** 마음에 드는 여학생에게 제대로 말도 못 붙이는 남학생이 친구들과 "사랑이 뭐냐?", "인생이 뭐냐?" 등의 토론을 벌이는 것, 사춘기에 철학이나 종교에 심취하는 경우 등

- 해리: 의식세계에서 받아들이기 힘든 성격의 일부가 자아의 지배를 벗어나 하나의 독립된 기능을 수행하는 경우

> **예** 지킬 박사와 하이드와 같은 이중인격, 몽유병, 기억상실증, 잠꼬대 등

- 저항: 자아가 관여하기에는 너무나 괴롭고 불안한 억압된 자료들이 의식수준으로 떠오르는 것을 막는 것

> **예** 상담자가 클라이언트의 중요한 문제에 접근할 때 침묵하거나 울어버리거나 "기억이 잘 나지 않는다"고 하며 상담을 지연시키거나 그 다음 상담 시간에 나타나지 않는 경우

- 유머: 곤란한 상황이나 불쾌한 기분을 농담으로 풀어 자신의 불안감을 해소
- 금욕주의: 본능이나 충동을 스스로 금욕하며 만족
- 대비(예견, 예측): 미래에 발생할 불안 사건을 예견하여 미리 대비
- 내면화(내사, 내적 투사): 자기보다 강한 사람, 존경하는 인물 등 다른 사람의 태도, 가치, 행동 등을 마치 자신의 것처럼 동화시키고 동일시하는 무의식적 과정이며, 자아를 보호하거나 정체성을 형성하기 위해 사용
- 수동 공격성: 적개심이나 불만을 가지는 대상에 대한 공격적인 감정이나 분노 등을 간접적인 방식으로 표현

> **예** 애매모호한 화법으로 말하기, 정보 공유하지 않기, 모르쇠로 일관하기, 일 미루기, 고집 부리기 등

5. 사회복지실천과의 연관성

(1) 정신분석이론에 대한 평가 [9]

① 정신분석이론의 의의

- 성격발달에 관한 최초의 포괄적이고 과학적인 이론을 정립하였다.
- 성격심리학 발달에 지대한 공헌을 하였다.

- 인간발달단계 특징과 심리적 기제를 체계적으로 설명하였다.
- 심리적 문제를 가진 사람에 대한 인식을 증가시켰다.
- 상담기법에 지대한 영향을 미쳤다.
- 발달이론을 형성하여 인간행동을 사정하는 데 많은 도움을 주었다.

② 정신분석이론에 대한 비판

- 지나치게 결정론적이고, 비합리적인 인간관을 가지고 있다는 비판을 받았다.
- 인간의 기본적인 성격구조는 영유아기에 어떤 경험을 했는가에 따라 결정되며, 현재보다는 과거를 중시하는 입장을 보였다.
- 인간의 성장 잠재력, 사회적 관계에 대한 욕구, 문제해결 능력 등을 과소평가하고 있다는 비판을 받았다.
- 인간의 성격발달에 있어 인간의 성적 욕망을 지나치게 강조하였다. 특히 유아기의 성욕을 강조하였으며, 성적 에너지가 성감대를 찾아 신체 부위를 옮겨가는 과정을 발달로 보았다.
- 인간을 성욕이나 과거의 경험 및 무의식에 지배되는 수동적이고 소극적인 존재로 간주, 즉 인간이 학습이나 자유의지에 의해서 어느 정도 변화될 수 있는 적극적 존재라는 사실을 간과하였다.
- 프로이트는 성차별적 관점을 지니고 있다고 비판받았다. 즉, 여성이 남근 선망을 가지고 있다는 것과 초자아의 발달이 남성보다 부족하다는 것은 남성 지배적 사회에서 동등한 권리가 부여되지 않은 탓이지 여성의 문제가 아니라는 여권주의자들의 강한 반론을 받게 되었다.
- 남아의 오이디푸스 콤플렉스와 여아의 엘렉트라 콤플렉스 및 여성의 열등감에 대한 프로이트의 편견은 비교문화연구 결과 보편성이 증명되지 않았다. 즉, 문화의 특수성에 따라 이러한 갈등을 경험하지 않고도 발달이 이루어질 수 있으며, 남녀의 성역할이 전도되기도 한다는 것이다.
- 신경증환자만을 대상으로 그들의 심리치료과정에서 도출된 사실에 기초한 경험적 연구이기 때문에 정상인의 발달에 적용하기가 어렵고 과학적인 검증이나 설명이 불가능하다.
- 발달에 영향을 미치는 생물학적 요인을 과도하게 강조한 나머지 대인관계적·사회적 요인의 영향을 고려하지 않았다.

(2) 정신분석이론이 사회복지실천에 미친 영향

- 개인의 과거 경험을 중심으로 개별적으로 접근하는 진단주의학파에 영향을 미쳤다. 특히 고든 해밀튼, 플로렌스 홀리스 등이 개별사회사업을 발달시

진단주의학파는 리치몬드의 『사회진단』에서 시작된 것으로, 프로이트의 정신분석이론을 사회복지실천에 적극적으로 받아들여 클라이언트의 문제를 조사, 진단, 치료하는 의료모델을 강조하였다. 이와 관련해서는 <사회복지실천론> 3장에서 기능주의학파와 함께 자세히 다룬다.

키는 데 큰 영향을 미쳤다.

- 문제에는 일정한 원인이 있다는 직선적 원인론(linear casuality)을 채택함
  으로써 사회복지실천이론의 과학적 토대를 제공하였다.
- 불안을 해결하려면 무의식의 수준에서 근원적 원인이 무엇인가를 이해해야
  한다는 것을 깨우쳐 주었다.
- 지나치게 인간의 정신 내적 현상을 강조함에 따라 기계론적이고 결정론적
  인 인간관을 강조하게 되어 부정적인 영향을 미치기도 하였다.

(3) 정신분석이론의 실천적 기법

- 정신분석적 치료자의 핵심 역할은 클라이언트의 전이반응과 저항을 이해하
  는 것이며, 이때 필요한 치료자의 기술은 클라이언트의 말을 잘 경청하는
  것이다.
- 정신분석 치료의 핵심 가정은 개인의 생애 초기 부모와의 관계, 그리고 형
  제자매들과의 관계에서 형성된 무의식적인 기반에 대한 철저한 이해 없이
  는 그 개인이 현재 안고 있는 문제를 결코 해결할 수 없다는 것이다.
- 치료목적은 갈등, 즉 억압된 정서와 동기를 의식 수준으로 끌어올려서 그 갈
  등을 보다 합리적이고 현실적인 방식으로 처리할 수 있게 만드는 것이다.

① 자유연상

- 클라이언트 스스로 일상생활의 상념과 선입견을 제거하고 어떤 감정이나
  생각도 억압하지 않고, 마음에 떠오르는 생각이나 느낌을 무엇이든 자유롭
  게 말하도록 하는 방법이다.
- 프로이트는 자유연상이 차단되거나 저항이 발생하는 것은 개인이 민감한
  영역들을 무의식적으로 통제하기 때문에 초래된 결과라고 가정하고, 치료
  를 위해서 바로 이 민감한 영역들을 파헤쳐 밝혀내야 한다고 믿었다.

② 해석

- 클라이언트의 행동이 지닌 의미를 설명하고 때로는 가르치기도 하는 것이
  다. 행동에 대해 단순히 설명하는 것이 아니라 자아로 하여금 더 깊은 무의
  식의 자료를 탐색할 수 있도록 도와주는 기능을 한다.
- 적절한 해석을 하기 위해 치료자는 클라이언트의 준비상태를 민감하게 지
  각하고 있어야 한다.
- 해석유형에는 내용해석, 저항해석(방어해석), 전이해석, 꿈의 해석 등이
  있다.

③ 꿈의 분석

- 프로이트는 꿈이야말로 '무의식에 이르는 왕도'라고 보았다. 즉, 프로이트에게 있어 꿈은 무의식적 소망 또는 두려움이 위장된 형태로 나타난 것이다.
- 치료자는 꿈을 분석함으로써 클라이언트의 무의식에 억압된 의미와 욕구를 살피고, 해결되지 않은 문제에 대해 통찰할 수 있도록 한다.

④ 저항의 분석과 해석

- 저항은 클라이언트가 무의식적 욕구를 표출함으로써 치료적 발전을 저해하고 방해하는 것이다.
- 치료자는 클라이언트가 보이는 저항을 지적하고 해석함으로써 클라이언트가 이에 대한 통찰을 더 깊이 할 수 있도록 도와주어야 한다.

⑤ 전이의 분석과 해석

- 전이는 치료과정에서 클라이언트가 치료자에게 보이는 반응을 말한다.
- 클라이언트가 실제로는 자신의 생애에서 소중한 사람들에 대해 느끼는 사고와 정서를 치료자에 대해서 느끼는 태도인 것처럼 표현하는 것이다.
- 전이의 분석은 클라이언트로 하여금 과거 자신의 미해결된 문제가 현재 자신에게 어떻게 영향을 미치는지 통찰할 수 있는 기회를 부여한다. 통찰된 미결사항을 적절히 해석하고 훈습함으로써 클라이언트에게 자신을 변화시킬 수 있는 기회를 갖게 한다.

역전이

역전이는 치료자가 클라이언트에게 보이는 반응을 일컫는 말로 역전이가 치료의 흐름을 방해하지 않도록 치료자는 자신의 정신분석에 철저해야 하며 객관성을 잃지 말아야 한다.

⑥ 훈습(철저학습, working through)

- 억압된 갈등에 대한 초기 해석이 제공된 후에 지속되는 저항을 극복하기 위해 분석작업을 계속하는 것으로써 극복과정이라고도 한다.
- 정신분석 치료에서 치료자는 클라이언트가 자신의 문제를 확실히 해결하여 성격구조가 변할 수 있을 때까지 클라이언트의 무의식적 자료를 재해석해주고, 분석과정에서 해석된 것을 통합하도록 도와주며, 변화과정에서 유발되는 저항을 극복하도록 도와주는 일련의 과정이 필요한데, 이러한 과정을 훈습이라고 한다.
- 치료자는 자료가 점점 의식화되어 가는 것과 관련하여 클라이언트가 계속 탐색할 수 있도록 상황을 반복적으로 설명하고 이해시킨다. 클라이언트가 잘 이해하도록 문제에 대해 조리 있게 설명하고 반복적으로 전달하며, 클라이언트의 통찰이 발달하고 자아통합이 확대되도록 도와주어야 한다.

2

에릭슨의 심리사회이론

기출회차				
1	2	3	4	5
6	7	8	9	10
11	12	13	14	15
16	17	18	19	20
21	22	23		

강의로 복습하는 기출회독 시리즈

Keyword 005

1. 에릭슨의 생애

에릭슨(Erik Erikson)은 1902년 독일의 프랑크푸르트에서 태어났다. 에릭슨의 부모는 그가 태어나기 전 이혼했고, 어머니는 3살 때 소아과 의사와 재혼했다. 어머니와 계부는 유태인이었으나 에릭슨은 외모가 전혀 달라 주위에서 이방인이라는 별명을 가졌으며, 의학을 전공하라는 계부의 권유에도 불구하고 고등학교 졸업 후 유럽여행과 이탈리아 전국을 방황하는 시간을 보냈다. 에릭슨은 이 시기를 유예기간이라고 회고한다.

에릭슨의 가족배경과 청년기의 방황경험이 그의 심리사회이론에, 특히 자아정체감이나 심리사회적 유예기간과 같은 주요 개념들을 정립하는 데 큰 영향을 미쳤다.

1927년 에릭슨은 안나 프로이트가 설립한 어린이연구소에 참여함으로써 방황을 마쳤고, 1927년부터 1933년까지 어그스트 에익혼의 지도로 정신분석 훈련을 받았다. 이후 1933년 미국으로 이주하여 아동분석가로 개업했고, 1936년부터 1939년까지 인간관계연구소와 예일대학 의대 정신과에서 일했다. 1942년 캘리포니아 대학교 교수로 임용되었다가 1960년 교수직을 사임했다. 1950년 그의 첫 저서 『아동기와 사회(Childhood and Society)』가 출판되었으며, 이 책은 에릭슨을 자아심리학의 대변자로서 인정하게 만들었다. 에릭슨은 인간발달의 사회적 맥락을 강조함으로써 프로이트의 심리성적 발달의 5단계를 확장하여 8단계 이론을 정립했다. 인간발달의 전생애적 접근을 시도한 최초의 인물이다.

2. 심리사회이론의 개요

(1) 심리사회이론의 특징 ★^{꼭!}

중요도

주요 개념의 내용을 묻는 문제와 전반적인 내용을 묻는 문제 형태로 자주 출제된다. 에릭슨의 심리사회이론에 관한 전반적인 특징에 관하여 이해해야 하며, 특히 프로이트 이론과 비교하여 특성을 정리해두어야 한다.

- 심리사회이론은 인간의 발달이 심리사회적인 측면에서 이루어진다고 본다. 이 이론은 주로 자아의 성장에 관한 것이며 자아 기능을 강조했기 때문에 자아심리학이라고도 한다.

- 에릭슨은 프로이트로부터 정신분석의 영향을 많이 받았기 때문에 신프로이트학파라고도 불리지만 프로이트이론과 근본적으로 다른 점이 있다. 에릭슨은 문화와 사회를 인성발달의 가장 중요한 결정 요인으로 추가했다. 에릭슨은 프로이트의 중심 개념을 받아들였으나, 발달단계에 성인시기를 포함함으로써 프로이트의 발달이론을 확대했다.

- 인간행동의 기초로서 원초아(id)보다 자아(ego)를 더 강조한다. 자아는 환경에 대한 유능성과 지배감을 확보하려고 하기 때문에 발달에 중요한 역할을 한다. 에릭슨은 자아를 성격의 자율적 구조로 보고 있다. 자아는 원초아로부터 분화된 것이 아니라 그 자체로 형성되며 환경에 대해 적극적이고 창조적으로 대응한다는 것이다.

- 인간행동은 무의식에 의해서 결정되는 것이 아니라 의식 수준에서 통제 가능한 자아에 의해서 동기화된다.

- 발달과정에서 자아에 영향을 주는 환경적 영향을 중요하게 생각하였다.

- 발달단계에서 외부 환경에 대처하고 적응하는 과정을 중요하게 다룬다.

- 프로이트는 부모가 아동 성격발달에 주는 영향을 강조한 반면, 에릭슨은 개인과 부모의 관계를 비롯해서 가족에게 영향을 미친 역사적 · 사회적 상황에까지 관심을 갖는다. 즉, 성격형성에 미치는 심리사회적 환경을 강조하는 것이며, 심리사회이론으로 불리는 이유도 여기에 있다.

- 자아는 신체, 심리, 사회적 상호작용을 통하여 전 생애에 걸쳐 발달한다고 보았다.

- 환경(상황) 속의 인간이라는 관점 형성에 크게 기여하였다.

- 프로이트는 성격발달을 심리성적 5단계로 제시했는데, 발달은 생식기까지이며, 성인기에 해당하는 발달 연령이다. 하지만 에릭슨은 성격발달을 전 생애로 확장했다. 즉, 유아기부터 노년기까지 설명함으로써 발달에 대해 더 넓은 조망을 가졌다.

성격발달에 관한 프로이트와 에릭슨 이론

	프로이트	에릭슨
인간행동의 기초	• 원초아(id) - 무의식 • 인간행동의 동기를 원초아에 둠 • 성격발달의 본능적 측면을 주로 강조	자아(ego) - 의식
자아	• 원초아(id)에서 분화됨 　(원초아의 에너지가 현실세계에서 만족을 추구하는 데 사용되기 시작하면서 자아가 형성됨) • 원초아를 위해 봉사. 즉, 원초아 욕구를 보다 현실적으로 충족할 수 있게 조정하는 역할을 담당 • 인간행동의 기초로 원초아를 강조	• 원초아에서 분화된 것이 아니라 그 자체로 형성됨 • 자아가 독립적으로 기능함 　(자아는 성격의 자율구조) • 인간행동의 기초로 자아를 강조
성격발달	• 아동의 성격발달에 미치는 부모의 영향 강조 • 아동초기의 경험 중시 • 성인기는 이미 성격 형성이 종결되어 발달이 완료된 상태 • 단계별 욕구를 만족시켜야만 발달의 다음 단계로 이행 가능 • 성격은 인생 초기에 형성된다는 점 강조	• 성격은 자아의 지배력과 사회적인 지지로 형성됨 • 전 생애 발달 강조 • 성인기는 발달과정의 한 상태 • 성격은 전 생애에 걸쳐 계속적으로 발달하며, 특히 청소년기의 자아정체감 형성기가 중요 • 단계별 발달과업이 성취되었을 때와 위기를 극복하지 못했을 때를 양극개념으로 설명
사회문화적 환경의 영향	환경은 발달의 추진력으로 작용하지 않음	• 발달에서 환경이 중요하다는 점을 인식 • 개인은 부모와 사회적 환경의 영향으로 일생 동안 성장하고 발달함
인간관	무의식에 지배되는 수동적 인간관	잠재가능성이 있는 능동적 인간관
심리적 문제	초기 외상이 성인기에 정신병리의 원인	초기문제를 부적절하게 처리하면 성장 후 어려움을 겪음
기타	인간의 심리성적 갈등의 양상과 그 해결을 무의식적 작용을 통해 설명하고자 함	자아가 형성되는 아동의 심리역사적 환경의 영향 강조

(2) 주요 개념 ★ ^{꼭!}

① 자아정체감(ego identity)

• 자아정체감이란, 총체적인 자기지각을 말한다.
• 에릭슨은 자아정체감을 시간적 동일성과 자기연속성을 인식하는 것으로 보았다. 이는 시간이 경과하면서 변하는 자기 자신을 이제까지의 자신과 같은 존재로 지각하고 수용하는 것을 말한다.
• 자아정체감은 개인의 자아가 그의 인격체를 통합하는 방식에 있어서 동질성과 연속성이 유지되고 있다는 사실을 인식하는 동시에 자기 존재의 동일성과 독특성을 지속하고 고양시켜 나가는 자아의 자질을 의미한다.
• 자아정체감을 지닌 사람은 개별성, 통합성, 지속성을 경험한다.

잠깐!

자아정체감
• 자신의 독특성에 대해 비교적 안정된 느낌을 갖는 것
• 행동이나 사고 혹은 정서의 변화에도 불구하고 변화하지 않는 부분이 무엇이며, 자신이 누구인지 아는 것

- 다른 사람과 같은 동기, 흥미, 가치 등을 공유하더라도 자기를 다른 사람과 분리된 독특한 개인으로 자각하여 자기일관성, 자아정체감을 이룩하고자 한다.
- 정체감 발달은 평생의 과정인데, 초기 정체감 형성은 아동기의 동일시 경험에서부터 시작되어, 특히 청소년기 후기에 가장 중요한 이슈로 등장한다.
- 자아정체감을 형성한 사람은 신념, 가치관, 정치적 견해, 직업 등에서 스스로 의사결정을 할 수 있다.
- 정체감 성취단계에 도달하기 위해 사람들은 일정 기간 격렬한 결정과정을 겪는다.

② 점성원리(epigenetic principle)
- 인간발달이 점성원리를 따른다는 것은 8단계의 단계별 성격이 앞서 전개된 발달단계의 결과로부터 발달한다는 것을 의미한다.
- 발달은 기존의 발달 위에서 이루어지며, 특정 단계의 발달은 이전 단계에서 성취한 발달과업의 영향을 받는다.
- 각 단계별 진보는 그 이전 단계의 성공 또는 실패에 따라 부분적으로 정해진다. 이는 장미꽃 봉오리와 각 꽃잎이 일정한 시간과 일정한 순서에 따라, 그 유전적 특질에 따른 본질이 정해놓은 대로 피어나는 것과 같다.
- 각 단계는 본질적으로 심리사회적인 일정한 발달과업들을 내포하고 있다. 에릭슨은 그 과업들을 '위기'라고 칭했는데, 이는 프로이트 전통을 따르고 있지만 프로이트의 위기가 함축하는 것보다 더 확대된 의미이다.
- 다양한 발달과업은 두 가지 대립항으로 나타난다. 예를 들어, 유아의 과업은 '신뢰-불신'이라고 불린다. 언뜻 보면 유아가 학습해야 할 신뢰와 불신이 명확한 것 같지만 거기에는 균형이 필요하다. 주로 신뢰를 학습해야 하지만 불신도 조금은 학습할 필요가 있다. 그럼으로써 속기 쉬운 바보로 성장하지 않게 되는 것이다.
- 각 단계는 발달의 결정적 시기(최적의 시기)가 있다. 아동을 성인기로 재촉할 필요가 없고 아동들을 삶의 요구사항들로부터 보호하거나 그 속도를 늦춰서도 안 된다. 각 발달과업은 때가 있는 것이다.

③ 위기
- 인간의 각 발달단계마다 사회는 개인에게 어떤 심리적인 요구를 하는데 이것을 '위기'라고 칭한다.
- 개인은 위기에서 야기되는 스트레스와 갈등에 적응하려고 노력하며 다음 위기에 적응할 준비를 한다. 각 단계의 심리사회적 위기를 성공적으로 극

복하면 긍정적 자아특질이 강화되고 개인의 성격이 발달한다.
- 에릭슨의 이론은 개인의 성숙과 사회의 요구 사이의 상호작용의 결과로 성격이 일생 동안 어떻게 발달하는가에 주목한다.

3. 심리사회이론의 발달단계

(1) 개념 및 특징 ★ 꼭!

- 에릭슨은 8단계로 이루어진 심리발달이론을 제시했다. 이 이론은 생물학적인 성숙과 사회적 요구 사이에서 인간의 성격이 생애 동안 어떻게 진화하는가에 주목한다. 에릭슨의 8단계는 부분적으로는 프로이트가 제안한 단계에 근거하지만, 또 부분적으로는 에릭슨의 광범위한 문화연구에 기초한다.
- 각 단계마다 심리사회적 갈등 혹은 위기를 경험하게 된다.
- 이전 단계에서의 갈등을 성공적으로 해결하고 그로 인한 긍정적인 특질을 잘 형성했느냐가 다음 단계에 영향을 미친다.
- 위기를 만족스럽게 해결하게 되면 긍정적 자아특질이 강화된다. 반면 만족스럽게 해결하지 못하면 부정적 자아특질이 강화된다.
- 발달은 심리사회적 위기가 일어나는 8단계로 구분할 수 있으며, 성격은 각 단계의 위기를 해결한 결과이다.

에릭슨의 심리사회발달 8단계와 주요 관계 및 사건

단계	연령	심리사회적 위기 (긍정적 자아특질 : 부정적 자아특질)	중요한 관계범위	중요 사건	프로이트 발달단계
1단계	출생~ 18개월	신뢰감 : 불신감 (희망 : 위축)	어머니	스스로 먹기	구강기
2단계	18개월~ 3세	자율성 : 수치심과 의심 (의지력 : 강박증)	부모	스스로 용변보기	항문기
3단계	3~6세	주도성 : 죄의식 (목적의식 : 의지부족)	가족	운동	남근기
4단계	6~12세	근면성 : 열등감 (유능성 : 무력감)	이웃, 학교(교사)	취학	잠복기
5단계	12~20세	자아정체감 : 역할혼란 (성실성 : 거절)	또래집단 외 집단 지도력의 모형들	또래집단	생식기
6단계	20~24세	친밀감 : 고립감 (사랑 : 배타적/기피)	우정, 애정, 경쟁, 협동의 대상들	애정 관계	
7단계	24~65세	생산성 : 침체 (배려 : 거부)	직장, 확대가족	부모역할과 창조	-
8단계	65세 이후	자아통합 : 절망 (지혜 : 경멸)	인류, 동족	인생회고와 수용	-

(2) 발달단계[10] ⭐

① 1단계: 영아기 – 기본적 신뢰감 vs 기본적 불신감 ⇒ 희망

- 출생부터 약 18개월까지로 프로이트의 구강기에 해당한다.
- 잠을 자고, 먹고, 배변을 하는 등 기본적인 생리적 욕구가 원활히 충족되고 긴장 없이 이루어지면 자신과 타인, 세상에 대한 기본적 신뢰가 생겨난다.
- 협력을 배우며 신뢰와 불신이 형성되는 시기이므로 무엇보다 양육자 수유의 일관성이 중요하다.
- 양육자의 태도나 감정에 일관성이 없고 적절한 보살핌을 받지 않으면 아이들은 불신감을 가지게 된다.
- 어머니를 신뢰할 수 없는 아이들은 타인과 세상을 불신하며 신뢰를 형성하지 못한다. 불신은 아이의 사회적 상호작용을 위축시킨다.
- 부모의 양육방식뿐만 아니라 부모의 실제적인 행동방식도 아이에게 영향을 미친다. 부모의 친사회적인 방식 행동은 아이의 친사회적 행동을 증가시킨다. 아동기의 공격성향도 대부분 가족 내에서 생성된다.
- 건전한 성장발달은 신뢰와 불신의 적절한 균형으로부터 온다.
- 신뢰 대 불신의 갈등이 성공적으로 해결되어 얻어진 심리사회적 능력은 희망이다. 유아에게 희망은 가장 최초의 덕(德)이다.
- 기본적 신뢰감 발달에 심한 결함이 있을 때 나타나는 행동결과는 유아에게는 급성 우울증이고 어른은 편집증이다.

② 2단계: 유아기(걸음마기) – 자율성 vs 수치심과 의심 ⇒ 의지력

- 프로이트 항문기에 해당하는 시기로 18개월에서 3세까지이다.
- 신체 및 지적인 면이 빠르게 발달하여 언어와 사회적 기준을 배우기 시작한다.
- 괄약근이 발달하여 대소변 가리기를 훈련한다.
- 지나친 훈육에 의해서 배변훈련 과정에서 자율성이 침해받을 때 수치심을 느끼게 된다. 아이들은 배변훈련을 통해 자신의 몸을 조절하는 법을 배운다. 발달과업을 성취하는 데 실패하면 자신의 선택과 행동에 대한 의심이 생기고 이는 수치심으로 연결된다.
- 확고하고 친절하며 점진적인 대소변 가리기 훈련을 받은 아동은 자존감을 잃지 않으면서 자기통제 감각을 발달시켜 자율성을 획득한다.
- 이 단계는 전적으로 의존적이던 아동이 자율성을 발달시키는 단계이다.
- 아동은 부모의 보호로부터 벗어나는 것을 배워야 자율성을 성공적으로 획득하게 된다.

- 에릭슨은 이 단계의 심리사회적 위기를 만족스럽게 넘기느냐의 여부는 아동의 활동들을 자유롭게 조절하도록 허용하는 부모의 의지에 달려있다고 말한다.
- 자율성 대 수치심의 갈등이 성공적으로 해결되어 얻어진 심리사회적 능력은 의지력이다. 하지만 위기극복에 실패한 아동은 자신과 타인에 대한 불신감을 갖게 되고 강박적 행동이 나타날 수 있다.

③ **3단계: 유아기(학령전기) – 주도성(솔선성) vs 죄의식 ⇒ 목적**

- 프로이트 남근기에 해당하는 단계로, 대략 3~6세에 해당한다.
- 아이의 주도적인 행동에 대해 잦은 처벌과 지나친 훈육은 아이에게 죄의식을 느끼게 하여 긍정적인 성격 형성을 방해한다.
- 아이들에게 스스로 선택할 수 있는 기회를 주지 않거나 무시하는 태도를 보이면 죄책감 혹은 자책감을 가지게 된다.
- 죄의식을 갖게 된 아이는 무슨 일에나 잘 체념하고 자신에 대해 무가치감을 갖게 된다.
- 주도성 대 죄의식의 단계를 성공적으로 극복한 결과는 목적 획득이다. 아이는 존경하는 성격과 직업을 가진 사람과 동일시하며, 그러한 사람이 되기를 꿈꾸는, 이른바 목적을 갖게 된다. 죄의식이 지배적인 아이는 목적의식이나 용기가 없다.
- 지속적인 죄의식은 성인기에 소극적 성격, 성적 무기력, 불감증, 정신병리적 행동 등을 유발할 수 있다.

④ **4단계: 학령기(아동기) – 근면성 vs 열등감 ⇒ 능력**

- 대략 6~12세까지로, 프로이트 이론의 잠복기와 생식기 초기에 해당한다.
- 자아성장의 결정적 시기이다. 인지 및 사회적 기술을 습득하는 과정에서 학습과 적응이 순조롭게 이루어지면 근면성이 발달하고, 반대로 실수나 실패를 자주 하게 되면 열등감이 형성된다.
- 주어진 일들을 잘해내지 못하거나 자신의 성취에 대한 적절한 칭찬과 보상을 받지 못하면 열등감을 가지게 된다.
- 이 시기를 훌륭하게 보낸 아동은 사회환경에 적극적인 영향력을 발휘할 수 있는 자신감과 능력을 갖게 되고, 이 단계의 과업을 성공적으로 달성하지 못하면 열등감이 형성되어 계속적 실패를 경험할 수 있다.
- 이 단계에서는 부모 외에도 교사의 역할이 아동의 근면성을 성취하는 데 크게 기여한다.

⑤ 5단계: 청소년기 – 자아정체감 vs 역할혼란 ⇒ 성실성

• 12~20세까지의 청소년기는 아동기에서 성인기로 옮겨가는 전환기로, 이 시기 주요 발달과업은 자신이 누구인지를 탐구하고 자신의 정체성을 형성하는 시기이다.

• 자신의 다양한 역할을 통합하지 못하고 상충하는 역할들에 적응하는 데 어려움을 겪고 방황하는 것이 바로 역할혼란이다. 이런 경우, 자신의 정체성은 혼돈스럽고 불확실하다.

• 이 시기의 정체감 혼란은 다양한 방식으로 표현될 수 있다. 책임 있는 성인처럼 행동하기를 미루거나, 어설프게 계획한 행동에 자신을 몰입하거나, 성인기의 책임을 회피하려고 어린아이의 유치함으로 퇴행하는 것이다.

• 정체성 혼란기의 방어기제는 자기아집, 관용하지 않는 고립, 회피, 사랑에 빠지는 것 등이다.

• 최종의 정체감을 성취하기 이전에 일정 기간 자유 시험기가 있는데, 이를 '심리사회적 유예(psychosocial moratorium)'라고 한다. 이는 젊은이들에게 가치, 믿음, 역할 등을 시험해 볼 자유를 허락하며, 각자의 장점을 극대화하여 사회로부터 긍정적인 인정을 획득함으로써 사회에 최상으로 적응할 수 있게 한다.

심리사회적 유예기
청소년이 성인이 되기 전 사회적, 직업적 역할을 탐색하며 성인의 역할과 책임을 연기시키는 시기

• 다양한 자기탐색의 노력을 통해서 자기 자신에 대한 강한 확신을 가지게 된다. 자신에 대한 확신을 가지지 못하면 자신의 역할에 대한 혼란을 느끼고 미래에 대한 불안을 경험한다.

⑥ 6단계: 성인 초기(청년기) – 친밀감 vs 고립감 ⇒ 사랑

• 20~24세까지를 말하며 중요한 발달과업으로 에릭슨은 친밀감 형성을 들고 있다.

• 친밀감은 자기 자신의 정체성을 잃지 않으면서 다른 사람과 주고받고 나누는 능력을 말한다.

• 이전 단계인 청소년기에서 자아정체감을 확립한 사람은 타인과 쉽게 친밀한 관계를 형성할 수 있다. 친밀한 관계형성은 이전 단계의 확실한 자기의식 확립과 밀접하게 연결되어 있다.

• 자아정체감을 확립하지 못해서 친밀감 형성의 기본이 되는 관계형성이나 접촉을 기피하게 되는 경우 고립감을 형성하게 된다.

⑦ 7단계: 성인기(중년기) – 생산성 vs 침체 ⇒ 배려

• 24~65세까지의 기간으로 어느 때보다 경제적으로 안정되어 있고 다양한 삶의 경험을 통해 지혜를 터득하며 가정과 사회에서 중요한 역할을 수행하

는 인생의 황금기이다.

- 이 시기의 주요 과업은 자녀양육이다. 뿐만 아니라, 부하직원이나 동료들을 잘 보호하고 직업이나 여가활동에 참여함으로써 얻게 되는 창조성도 포함된다.
- 친밀감이 확립되지 않은 사람의 경우에는 경제적 생산활동이나 다음 세대를 위한 생산적 활동에 지장을 받아서 침체감이 형성된다.
- 자녀를 출산하여 양육하거나 후진 양성, 보다 나은 세상을 만들기 위한 성취를 위해 노력한다. 다음 세대에 기여할 만한 방법 모색에 실패할 경우 침체를 경험한다.
- 젊은 시절의 목표를 달성하지 못했다는 무능력, 사회에 의미 있는 기여를 못했다는 회의로 인해 침체를 경험하고 자신의 삶이 잘못된 것이라고 인식하여 소위 중년의 위기를 경험한다.
- 이 시기의 심리사회적 위기를 잘 극복하면 자아는 타인을 돌보는 능력, 즉 배려(care)라는 특질을 획득하게 된다. 그러나 타인을 돌보는 데에 소홀하거나 타인에게 충분한 관심을 기울이지 못하면 거부(거절, rejection)를 경험하거나 권위주의가 형성되며, 이로 인해 인간관계가 황폐화됨에 따라 절망이나 공허함 등을 느낄 수 있다.

⑧ 8단계: 노년기 – 자아통합(자기완성) vs 절망 ⇒ 지혜

- 65세 이후부터 사망에 이르는 기간이다.
- 새로운 심리사회적 위기의 출현보다는 이전의 7단계를 종합하고 통합 및 평가하는 기간이다.
- 노년기는 신체적·사회적 상실에 직면하는 시기이다.
- 노인은 더 이상 자신이 사회에 필요한 존재가 아니라는 사실을 인식하며 자아통합(ego integrity)이라는 과업에 직면하게 된다.
- 자아통합이란, 자신의 인생을 수용하고 갈등, 실패, 실망 등을 성공, 기쁨, 보람 등과 함께 전체 삶 속에 포함시키는 것을 의미하며 이의 성취는 두려움 없는 죽음을 보장해 준다.
- 이 단계의 갈등을 성공적으로 극복하면 지혜, 자기수용, 지나온 생이 옳고 적합했다는 느낌, 죽음을 위엄과 용기로 직면할 수 있는 능력이 생긴다.
- 반면 이 단계 과업을 실패하면 인생이 무의미하다고 느껴지고 죽음에 대한 두려움과 지나온 삶에 대한 회한으로 절망감에 빠지기 쉽다.

한걸음 더

자아특질(ego quality)

에릭슨은 개인이 각 단계별 심리사회적 위기를 해결하면 기본적 강점 또는 자아특질이 형성된다고 보았다. 개인이 성장과정에서 발생하는 심리적 위기를 만족스럽게 해결하면 긍정적 자아특질이 강화되고 보다 건전한 발달이 이루어진다. 그러나 반대로 갈등이 지속되거나 위기가 만족스럽게 해결되지 못하면, 자아발달은 손상을 받고 부정적 자아특질이 강화된다. 다음의 표는 에릭슨이 제시한 성격의 심리사회적 발달의 8단계에 해당하는 긍정적 자아특질과 부정적 자아특질을 정리한 것이다.

	단계	긍정적 자아특질	부정적 자아특질
1	신뢰감 - 불신감	희망	사회적 관계로부터의 철퇴 경향
2	자율성 - 수치심(의심)	의지	강박증
3	솔선성 - 죄의식	목적의식	의지와 용기의 부족, 금지의 감정
4	근면성 - 열등감	유능성	비활동성
5	자아정체감 - 정체감 혼란	성실	거절
6	친밀성 - 고립(소외)	사랑	배타성
7	생산성 - 침체	타인을 보호할 수 있는 능력	거부, 권위주의
8	자아통합 - 절망	지혜	경멸

4. 사회복지실천과의 연관성

(1) 심리사회이론에 대한 평가 [11]

① 심리사회이론의 의의

- 생애주기를 통한 전 생애의 발달변화를 강조하였다.
- 사회적 · 문화적 요인을 배경으로 인간발달을 이해하게 함으로써 정신분석학을 확대, 발전시켰다.
- 성숙의 개념을 보다 폭넓은 의미로 이해하고 활용할 수 있도록 하였다.
- 정신분석이론을 확대시켜 자아의 성장가능성을 제시하였다.
- 인간의 건강한 발달에 관한 새로운 통찰력을 부여하였다.

② 심리사회이론에 대한 비판

- 자아발달의 여러 측면들을 프로이트의 성적 신체부위에 너무 무리하게 연결시키려 하였다. 에릭슨은 신체부위마다 자아가 외부세계와 상호작용을 하는 특징적 양식이 있다고 보았지만 그렇지 않다. 예를 들면, 유아의 자율

성을 획득하려는 많은 노력이 보유와 배설의 항문 통제방식과 관계가 있다고 보기는 어렵다.

- 발달단계의 구분에 대한 정확한 과학적 근거를 제시하지 못했다.
- 개념이 매우 불명확하여 이론에 대한 실증적 연구가 부족하다. 예를 들어, 노년기에도 성장의 가능성이 있다는 새로운 통찰력을 제시하고 있지만 구체적으로 과정이 어떻게 일어나는지 그리고 성숙이 어떻게 성인기의 다른 단계들에 영향을 미치는지 설명하지 못하고 있다.

(2) 심리사회이론과 사회복지실천과의 연관성

- 에릭슨의 심리사회이론은 인간의 정상적인 위기와 사건을 좀 더 정확하게 이해할 수 있는 준거틀을 제시한다. 예를 들어, 에릭슨의 발달단계 제2단계인 초기아동기는 환경에 대한 자율성과 통제를 성취하려는 시기이다. 따라서, 이 시기 아동은 탐구와 활동으로 가득하다. 이러한 통찰을 바탕으로 부모는 아이에게 적합한 기대를 갖게 되고, 적절한 행동 통제기술을 개발할 수가 있다. 사회복지사는 이러한 부모의 통찰력을 돕는 역할을 한다.
- 에릭슨 이론을 청소년 클라이언트를 위해 사회복지실천에 적용하는 데에는 대략 다음과 같은 관점이 필요하다.
  - 사회복지사는 사회환경 내의 인간행동의 역동성을 이해하고 청소년기와 청년기의 특징적 상호관계를 이해한다.
  - 사회복지사는 청소년기의 갈등을 매우 자연스러운 현상으로 보고 클라이언트 자신의 느낌이나 행동에 대해 통찰력을 가질 수 있도록 돕는다.
  - 부모와 자식 간의 갈등은 청소년기의 보편적인 일로 이해한다.
  - 사회복지사는 비행청소년을 돕고 사회 재적응 프로그램에 지속적으로 참여시킨다.
  - 가족상담소나 청소년기관을 통해 상담서비스를 제공하기도 하고 복지관이나 학교에서 반사회적 행동을 한 청소년들을 집단 지도하기도 하며, 감별소나 보호관찰소 등에서 교정사회복지사로 활동하기도 한다.
  - 다양한 정신장애의 발발가능성, 자살의 가능성 등 청소년의 위기적 상황을 이해하고 클라이언트에게 적절하게 개입해야 한다.

(3) 실천적 기법[12]

- 에릭슨이 주로 사용한 치료기법으로서는 치료자가 자유로운 입장에서 주의를 집중하여 경청하는 것, 부적절한 추론을 억제하고(추적), 내담자가 치료적 명확화(curative-clarification)를 추구할 수 있도록 허용하고, 해석하는 것이 포함된다.

- 내담자의 자기분석을 통하여 발달역사를 재구성할 수 있다는 에릭슨의 치료적 전제는 노인에 대한 치료와 서비스에 많은 영향을 미쳤다. 노인에 대한 회상요법은 노인들로 하여금 의식적으로 과거를 회상하게 하여 자신의 생애사, 발달사를 통찰하며 자기분석을 하고 현재화하여 재구성함으로써 자아통합을 이룰 수 있도록 돕는다.

3

아들러의 개인심리이론

기출회차

1	2	3	4	5
6	7	8	9	10
11	12	13	14	15
16	17	18	19	20
21	22	23		

강의로 복습하는 기출회독 시리즈

Keyword 006

1. 아들러의 생애

신프로이트학파 학자 중 하나인 알프레드 아들러는 1870년 비엔나 인근지역인 펜지히에서 5남 2녀 중 셋째로 태어났다. 병약했던 아들러는 동생이 태어나기 전까지는 어머니의 사랑을 독차지했으나, 동생의 출생으로 어머니에 대한 애정은 동생에게 빼앗기고, 결국 그 애정은 회복되지 않았다. 병약했던 아들러는 형과 친구들과의 관계에서 열등감을 경험할 수밖에 없었으나 아버지의 꾸준한 격려로 학교생활에서는 우수한 성적을 올리게 되었다.

정신과 의사가 된 아들러는 1902년부터 1911년까지 프로이트와 같이 활동하였다. 하지만 이후 프로이트의 주요 개념인 리비도에 거부감을 갖고, 1911년 프로이트와 결별한 후 사회적 상호작용을 중시하는 '개인심리학(individual psychology)'을 발전시켰으며, 1937년에 사망했다.

아들러의 성장과정의 경험은 열등감과 보상추구, 출생서열, 사회적 관심 등 오늘까지도 적용될 수 있는 이론을 만들어 냈다고 평가되고 있다.

중요도 ★ ★ ★

아들러는 특별한 성격구조나 발달단계를 제시하지 않았으므로 이론의 전반적인 개요가 중요하다. 아들러 이론에서는 주요 개념을 묻는 문제가 가장 많이 출제되었고, 그 외에는 이론의 전반적 특징을 묻는 문제들이 출제되었다. 23회 시험에서는 아들러 이론의 전반적인 내용을 묻는 문제에서 주요 개념(우월성 추구, 가상적 목표), 인간관 및 특징 등이 선택지로 출제되었다.

2. 개인심리이론의 개요 23회기출 🏆

(1) 개념 및 특징

- 개인심리학에서는 인간이 성적 만족보다는 우월감을 추구하며 여기에 많은 사람들이 관심을 두고 있다고 보았다. 이러한 우월감 추구는 타인에 대한 열등감에서 기인한다고 설명한다.
- 열등감과 보상을 위한 노력이 모든 발달의 근원이 된다고 보았다.
- 아들러는 인간을 사회적 존재이며 목적론적인 존재로 보았으며, 이러한 인간을 이해하려고 했다.
- 아들러는 상담을 통해 잘못된 생활양식을 긍정적인 관점으로 바꾸고 사회적 관심을 발달시키면서 좀 더 나은 생활양식을 개발할 것을 강조했다.
- 아들러는 가족구성원의 생활양식과 가족구조, 출생서열 등에 많은 관심을

가졌다. 이러한 개념들은 사회복지실천에 있어 가족상담이나 가족치료 등에 이론적 기반을 제공한 것으로 평가되고 있다.

(2) 개인심리이론의 인간관 ⭐ꞁ

- 아들러는 프로이트의 정신역동이론이 생물학적 요인이나 본능을 지나치게 강조한다고 생각하여 그의 이론에 반대했지만, 생애 초기의 경험이 성인기에 많은 영향을 준다는 믿음은 공통적이다.
- 프로이트와의 차이점은 과거에 대한 탐색에 초점을 두는 것이 아니라 과거 경험이 현재에 미치는 영향에 더 관심을 두었다는 것이다.
- 유전인자나 타고난 환경 등의 선천적인 요인보다는 우리가 가진 능력을 어떻게 활용하는지가 더 중요하다고 본다.
- 가치, 신념, 태도, 목표, 관심, 현실적 지각과 같은 내적 결정인자를 강조하는 인간관, 총체적이고 사회적이며, 목표지향적인 인간관이 특징이다.[13]
- 인간을 합리적이고 창조적인 존재로 본다.
- 개인의 창조적 자아의 중요성을 강조한다.

(3) 주요 개념 ⭐ꞁ

① 열등감과 보상

- 열등감
  - 열등감은 개인이 잘 적응하지 못하거나 해결할 수 없는 문제에 직면했을 때 생기는 것으로, 좀 더 안정을 추구하려는 데서 생겨난다.
  - 아들러는 자기완성을 위한 필수요인으로 열등감을 제시함으로써 열등감을 긍정적인 것으로 보았다. 또한 열등감이 근본적으로 모든 인간의 우월 추구에 대한 동기유발의 근거가 된다고 보았다. 열등감은 누구에게나 존재하며, 인간이 성숙해지고 자신의 잠재력을 실현하는 데 필요하다.
- 보상
  - 보상은 잠재력을 발휘하도록 인간을 자극하는 건전한 반응이다. 인간은 항상 좀 더 나아지기를 원하기 때문에 본질적으로 열등감을 경험하게 된다. 좀 더 나은 상태로 나아가기 위해 신체적 · 정신적인 기술을 훈련하여 부족한 점을 충족하려는 시도가 바로 보상이다.
  - 열등감에 대한 보상 시도가 성공적이지 못할 경우 병적 열등감에 빠지게 된다. 반대로 과잉보상으로 인해 자신의 신체적 · 지적 · 사회적 기술을 과장하는 병적 우월감을 갖게 되기도 한다.

아들러는 "인간이 된다는 것은 자신이 열등하다는 것을 느끼는 것을 말한다"고 할만큼 열등감의 개념을 중시했다.

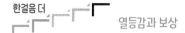

한걸음 더

열등감과 보상

- 아들러가 강조한 것은 객관적 열등이 아니라 주관적 열등감이다.
- 아들러가 말하는 인간행동의 동기는 바로 열등감이다.
  - 열등: 선천적·후천적으로 약하거나 기능이 저조한 것. 객관적 상태로 외적인 평가기준에 근거함
  - 열등감: 주관적 평가
    - 예 "나는 너보다 키가 작지만(→ 열등의 차원), 그것 때문에 너에 대해 열등감을 가지진 않아(→ 열등감의 차원)"
  - 보상: 열등감을 긍정적으로 해결하는 과정

② 우월성 추구(우월을 향한 노력)

- 인간은 출생에서 사망까지 우월감을 추구하기 위해 노력하는데, 개인으로서는 완성을 향해 노력하고 사회의 일원으로서는 문화를 완성하기 위해 노력한다. 이는 열등감을 보상하려는 욕구에서 나온다.
- 부족한 것은 채우고, 미완성인 것은 완성하려고 하는 경향성이다.
- 자기완성 혹은 자아실현이라는 맥락에서 이해할 수 있다.
- 인간생활의 궁극적인 목적은 바로 우월하게 되는 것이다. 우월은 모든 인간이 갖는 기본적인 동기로서 선천적이다.
- 출생 시 잠재력으로 존재하며 5세 때부터 현실화된다.
- 향상의 욕구는 보편적이고, 정상적인 사람이나 신경증적인 사람 모두에게 공통이다.
- 우월의 목표는 부정적(파괴적) 경향과 긍정적(건설적) 경향을 취할 수 있다.
- 완성을 위한 노력은 상당한 정력과 노력을 요구한다.
- 우월성을 추구하는 경향은 개인적 수준뿐 아니라 사회적 수준에서도 일어난다.
- 우월에 대한 추구는 잠재력으로 존재하며, 잠재력을 현실화하는 것은 각 개인에게 달려 있다.

③ 생활양식

- 생활양식은 개인의 독특한 특징을 포괄하는 개념이며 개인의 생활양식은 생각하고 느끼고 행동하는 모든 것의 기초가 된다.
- 인생과업의 해결방법은 개인의 생활양식에 달려 있다는 것을 강조했다.
- 긴박한 위기 상황에서 개인의 진정한 생활양식이 나타난다.
- 생활양식의 형성에 가족 내에서의 경험이 중요하다.
- 아들러에 의하면 모든 사람이 해결해야 하는 3가지 인생과업이 있는데, 그

것은 일, 우정, 사랑/결혼(이들은 항상 상호관련됨)이며, 이러한 과업을 해결하는 방법은 개인의 생활양식에 달려 있다.
- 가족관계, 기타 중요한 사회경험이 기본 생활양식을 만들며 경험이나 사건 자체가 아닌 그것을 대하는 태도가 중요하다.
- 인간은 의미 있는 삶의 목표를 추구하기 위해 독특한 생활양식을 발달시킨다.
- 생활양식은 개인적인 관점이나 개인 고유의 목표를 추구하는 행동들로 구성된다.
- 생활양식 유형이 곧 성격유형으로, 사회적 관심과 활동수준에 따라 지배형, 획득형, 회피형, 사회적으로 유용한 유형으로 나눈다.[14]
  - 사회적 관심이란 타인을 향한 감정이입 능력, 사회의 안녕과 발전을 위해 다른 사람들과 협력하고자 하는 성향을 말한다. 사회적 관심이 높을수록 이타적이며 낮을수록 이기적이다.
  - 활동수준이란 개인의 문제를 해결하고자 하는 힘이며, 높을수록 활동적이고 결단력이 있으며 낮을수록 무기력하고 우유부단한 성향을 보인다.

아들러의 성격(생활양식) 유형

성격유형	활동수준	사회적 관심	성격특성
사회적으로 유용한 유형	높음	높음	심리적으로 건강한 사람의 표본이다. 사회적 관심이 많아서 자신과 타인의 욕구를 충족시키는 한편 인생과업을 완수하기 위해 다른 사람들과 협동한다.
지배형	높음	낮음	독단적이고 공격적이며 활동적이지만, 사회적인 인식이나 관심은 거의 없다. 인생과업에 있어서 반사회적이며 타인의 안녕은 아랑곳하지 않고 행동한다.
획득형	중간	낮음	기생적인 방법으로 외부세계와 관계를 맺으며 다른 사람에게 의존하여 대부분의 욕구를 충족한다.
회피형	낮음	낮음	사회적 관심도 거의 없고 인생에 참여하려 하지도 않는다. 모든 문제를 회피함으로써 한 치의 실패가능성조차 모면하려는 것이 목표이다.

④ 사회적 관심
- 사회적 관심은 각 개인이 이상적인 공동사회의 목표를 달성하고자 할 때 사회에 공헌하려는 성향을 말한다. 가족관계 및 다른 아동기 경험에서 발달하며 어머니가 사회적 관심의 발달에 가장 큰 영향을 준다.
- 심리적 성숙의 주요 기준이 되며, 선천적으로 갖는 특징이지만 의식적으로 개발하는 것도 필요하다. 적절한 지도와 훈련으로 사회적 관심을 달성해야 한다.
- 부부관계가 자녀의 사회적 관심 발달에 지대한 영향을 미친다.

- 사회적 관심은 장래의 모든 적응력의 중요한 관건으로 한 개인의 심리적 건강을 측정하는 유용한 척도이다.
- 사회적 관심의 발달은 사회적 환경에서 이루어지며, 발달에 가장 영향을 주는 사람은 어머니(그 다음이 아버지)이다. 아들러는 자녀에게 사회적 관심을 키워주는 능력은 3가지 중요한 인생과업(일, 우정, 사랑과 결혼)에서 만족을 느끼는 사람만 갖는다고 보았다.

⑤ 창조적 자기(creative self)
- 목표를 직시하고 결정하고 선택하고, 개인의 목표와 가치관에 부합하는 모든 종류의 배려를 나타내는 능력을 의미한다.
- 인간은 스스로 자신의 삶을 만들어가며 자신에게 적합하게 환경을 창조하는 존재이다.
- 창조적 자기는 개인심리학을 대표하는 개념으로, 생의 의미를 제공하는 원리이다.
- 창조적 자기에 의해 인간은 자신에게 주어진 유전적인 조건과 환경, 경험 등에 대하여 자신의 관점으로 해석하며 이로써 자신의 생활양식을 만들어 간다.

⑥ 가상적 목표
- 개인이 추구하는 궁극적 목적은 현실에서 결코 검증되거나 확인될 수 없는 가상적 목표이다. 각 개인의 우월성 추구는 그들이 채택하는 가상적 목표에 의해 결정된다.
- 개인의 가상적 목표는 자기 스스로 결정한 것이므로 자신의 창조력에 의해 결정되고 각 개인마다 독특하다. 따라서, 한 개인의 가상적 목표를 이해하게 되면 그의 다른 행동이 지니는 의미도 알 수 있고 생활양식도 이해할 수 있다.

3. 개인심리이론의 성격발달 23회 기출

아들러는 성격구조나 발달단계를 제시하지는 않았다. 대신에 아들러는 부모와 자녀와의 관계, 가족의 크기, 형제와의 관계, 가족 내에서의 아동의 출생순위 등 다양한 요소들이 성격의 발달에 영향을 준다고 주장하면서 잘못된 생활양식을 왜곡시킬 수 있는 상황을 설명하였다.[15]

(1) 생활양식을 왜곡하기 쉬운 상황

아들러는 병적 열등감에 이르기 쉬운 어린 시절 환경을 다음의 세 가지로 제시하였다. 이러한 환경은 생활양식을 왜곡하기 쉽다.

① 신체적으로 병약하거나 허약한 아동

- 불완전한 신체기관은 목표를 달성하거나 능력을 형성하는 데 불리한 조건이 되기 때문에 성격형성에 중요한 역할을 한다.
- 병약하거나 허약한 경우 기술 습득이 힘들거나 숙달할 수 없기 때문에 열등감을 경험할 수 있다. 이러한 아동은 자신에게만 관심을 집중하고 타인에게 기여하는 것의 의미를 알기 어렵다.

② 응석받이

- 좌절에 대처하는 방법을 배우지 못했기 때문에 문제가 생기면 퇴행하고 다른 이에게 도움을 요구하는 것이 하나의 생활양식이다.
- 응석받이의 관심은 오직 자신이며, 협동의 의미를 모른다.
- 자기 중심적인 사람이 되거나 자신의 미성숙함을 신경증적 양식으로 나타내기도 한다.

③ 거부당하는 아동

- 거부는 물리적인 폭력일 수도 있고 심리적인 것일 수도 있다.
- 거부당한 아동은 거부에서 비롯된 불신감으로 세상이 적대적이고 위협적이라고 보기 때문에 반항적이다.
- 신뢰감을 갖고 사람을 접해본 경험이 없기 때문에 사랑이나 협력 등을 알 기회가 적어 다른 사람에게 유익한 행동을 함으로써 애정이나 존경을 받게 된다는 것을 이해하지 못한다.

(2) 출생순위와 성격의 특징

아이들은 출생순위에 따라 부모의 기대치, 관심 정도, 양육태도 등 그들이 경험하는 환경은 다르며 그들의 성격 형성에 주요한 변인이다.

① 첫째 아이

- 집안에서 매우 독특한 위치를 갖는데, 첫 아이로서 부모의 모든 사랑과 관심을 받으면서 자라 일반적으로 버릇이 없다.
- 둘째가 태어나면서 '폐위된 왕'이 되는데, 이러한 변화로 보통 열등감을 경험하게 된다.

• 윗사람들에게 동조하는 생활양식을 발달시키면서 성장한다. 성장 후 권위를 행사하고 싶어하고 규칙과 법을 중시하는 경향이 있다.

② 둘째 아이 또는 중간 아이

• 태어날 때부터 형이나 누나라는 속도 조정자가 있어서 형과 누나의 장점을 능가하기 위해 자극받고 도전받는다.
• '경쟁'이 바로 둘째 아이의 가장 큰 특성이다.
• 항상 자기가 형보다 뛰어나다는 것을 증명하기 위해 노력한다. 아들러는 이들이 달리는 꿈을 자주 꾼다고 하였다.

③ 막내 아이

• 응석받이로 자라거나, 경제적 상황이 어려울 경우에는 천덕꾸러기일 수 있고, 과잉보호를 받을 가능성이 많다.
• 자신보다 힘도 세고 능력 있는 형제들에게 둘러싸여 있는 경우에는 독립심이 부족하고 동시에 열등감을 경험할 수 있다.
• 막내에게는 형들을 능가하려는 강한 동기가 작용한다는 이점이 있다.

④ 독자

• 경쟁할 형제가 없는 독특한 위치에 있기 때문에 응석받이로 자랄 수 있다.
• 자기중심적이거나 혹은 소심하고 의존성이 현저하게 나타나며 경쟁의 경험도 거의 없다.
• 독자는 노력 없이도 관심을 받고 자랐기 때문에 자신의 중요성에 대해 과장된 견해를 가질 수 있다.
• 어린 시절부터 가족 관심의 초점이 되지만, 후에 자신이 관심의 주요 대상이 아니라는 것을 깨닫게 된다.

4. 사회복지실천과의 연관성

(1) 개인심리이론과 사회복지실천과의 연관성

아들러의 개인심리이론은 가족분위기, 가족형태, 가족구성원의 생활양식 등에 초점을 두고 있다. 따라서, 아들러의 이론은 사회복지실천에 있어서 가족상담에 유용한 지식기반을 제공한다. 더불어 집단 경험을 통해 잘못된 생활양식을 바꾼다는 주요 개념은 집단사회사업에서 유용하게 활용되고 있다.[16]

(2) 실천적 기법 [17]

개인심리이론의 치료자들은 대개 절충적으로 개입기법을 선택한다. 특수한 절차에 구애되지 않고 특정 내담자에게 가장 알맞은 기법을 자신의 임상적 판단에 따라 광범위하게 적용한다.

① 즉시성

'지금-여기'에 무엇이 일어나고 있는지에 초점을 둔다. 내담자는 상담과정에서의 태도, 행동 등이 자신의 일상적인 생활양식임을 깨닫게 된다.

② 격려

격려는 내담자의 신념을 변화시킬 수 있는 가장 강력한 방법으로, 내담자가 자기 신뢰와 용기를 갖도록 원조하는 기법이다.

③ 역설적 개입

내담자의 의도와 반대되는 방향으로 개입하는 것을 의미하며, 여기에는 문제행동을 지속하게 하는 증상처방과 문제행동의 변화가 일어난 내담자에게 재발의 염려가 있으니 천천히 변화하라고 지시하는 제지(restraint) 등이 속한다.

④ 마치 ~처럼 행동하기(as if) 기법

내담자가 마치 자신이 그런 상황에 있는 것처럼 상상하고 행동하도록 하는 역할극 기법이다.

⑤ 수프(soup) 엎지르기 기법

치료자가 내담자가 보는 앞에서 어떤 행동의 유용성을 감소시킴으로써 지속되는 자기파멸적 행동, 부적절한 게임을 종식시키는 기법이다.

⑥ 단추누르기 기법

내담자에게 의도적으로 유쾌한 감정이나 불유쾌한 감정을 갖도록 하고, 그런 경험에 수반되는 감정에 대해 토론하는 기법이다.

⑦ 과제부여 기법

내담자의 문제해결을 위하여 치료자가 특정한 과제를 개발하여 내담자에게 이를 부과하고 이행하도록 하게 함으로써 내담자가 성취감을 맛보게 하고 새로운 일에 대한 자신감을 갖고 도전할 수 있도록 하는 기법이다.

4

융의 분석심리이론

기출회차

1	2	3	4	5
6	7	8	9	10
11	12	13	14	15
16	17	18	19	20
21	22	23		

강의로 복습하는 기출회독 시리즈

Keyword 007

1. 융의 생애

20세기 가장 뛰어난 심리학적 사상가로 알려진 칼 구스타프 융은 1875년 스위스에서 태어났다. 융은 어린 시절 부모의 갈등으로 외롭게 보냈다고 한다. 이러한 환경은 꿈, 환상, 공상 등에 몰두하게 하는 중요한 계기가 되었다.

융은 의학 전공분야를 결정할 때 식탁이 쪼개져 있고 빵을 자르는 칼이 산산조각이 나는 신비로운 경험을 하게 되어 정신의학을 전공으로 결정했다고 한다.

1900년 바젤대학에서 의학학위를 받은 후, 프로이트의 『꿈의 해석』을 읽고 감명받아 1907년 프로이트를 방문하여 진지한 대화를 나누기도 했다.

프로이트는 융을 자기의 후계자로 정하기도 했지만 1914년 두 사람은 학문적 관점의 차이로 결별하게 된다. 프로이트와 융이 결별한 중요한 이유는 프로이트의 범신론에 대한 융의 반대였으며, 프로이트의 성이론과 융의 정신분석론의 심리요법에서도 그 차이점이 드러난다.

프로이트와의 결별 후 상징적인 꿈과 환상을 정신병적 상태에 가까울만큼 경험했던 융은 자신의 체험에 근거해서 무의식과 상징에 대한 탐구를 계속했다. 융은 1961년 사망했다.

중요도

융 이론에서는 아들러 이론에서와 마찬가지로 전반적인 개요와 주요 개념을 묻는 문제가 주로 출제되므로 무엇보다 개념을 정확히 구분하는 것이 중요하다.

2. 분석심리이론의 개요

(1) 개념 및 특징

• 인간행동은 의식과 무의식의 상반되는 두 가지 힘에 의해서 형성된다.
• 무의식을 개인무의식과 집단무의식으로 구분하였다.
• 융은 아동기보다는 성인기의 발달에 더 관심을 두었다.

(2) 인간관 ★꼭!

• 융은 인간을 생물학적·심리적·사회문화적 존재로 보았으며, 의식과 무의식 간의 본질적인 대립양상을 극복하고 하나로 통일해나가는 전체적 존

재로 본다. 즉, 인간은 역사적이면서도 동시에 미래지향적인 존재이다.

- 인간은 자기실현을 위해 앞으로 나아가고자 하는 경향을 지닌 성장지향적 존재이다.
- 무의식의 중요성을 인정하면서도 의식의 중요성을 간과해서는 안 된다고 주장하였다. 즉, 인간을 무의식의 영향을 받지만 의식에 의해 조절될 수 있는 가변적 존재로 보았다.
- 프로이트는 인간을 불변적이고 결정론적인 존재로 보았지만, 융은 가변적 존재로 보고 인간의 정신구조는 살아가는 과정을 통해 후천적으로 변할 수 있다고 보았다.

한걸음 더

프로이트와 융 이론의 주요 내용 비교

구분	프로이트	융
리비도	성적 에너지에 국한	정신에너지로 확장
발달단계	5단계로 구분, 유년기 강조	4단계로 구분, 중년기 강조
정신구조	의식, 전의식, 무의식	의식, 무의식(개인무의식, 집단무의식)
인간관	인간은 과거의 경험에 의해 영향을 받으며, 불변적이고 결정론적인 존재임	인간은 과거의 영향을 받으며 현재를 살아가지만 미래의 목표와 가능성을 달성하기 위하여 노력하고 자신의 행동을 조절하는 존재임

(3) 기본 가정

- 정신 또는 성격은 부분들의 단순한 집합이 아니라 하나의 전체성을 이룬다.
- 인간행동은 의식과 무의식 수준에서 서로 상반되는 두 가지 힘에 의해 동기화된다.
- 인간행동은 과거에 의해 일정 부분 결정되지만, 미래의 목표와 가능성에 따라 조정된다.
- 성격발달은 전 생애에 걸쳐 일어나는 개성화 또는 자기실현의 과정이며, 인생 전반기와 후반기에 각기 다른 특성을 보인다.
- 발달은 타고난 소인 또는 잠재력을 표현해 나가는 것이지만, 후천적 경험에 따라 서로 다르게 표현된다.
- 개인은 독립된 존재가 아니라 역사적으로 연결되어 있으며, 사회적 규범이나 문화의 요구에 적응해가며, 개인은 자기실현과정을 통하여 사회 발전에 기여한다.
- 심리적 안녕상태는 의식과 무의식이 조화를 이루어 정신의 전체성을 유지

하는 상태를 말한다.

- 정신병리를 파악함에 있어서는 원인과 함께 병리가 지니는 의미를 동시에 파악해야 한다.
- 클라이언트에 대한 원조 목표는 무의식의 의식화를 통해 개성화(개별화)를 촉진하여, 정신의 전체성을 회복할 수 있도록 하는 것이다.

(4) 성격발달에 관한 견해

- 융은 성격발달을 개성화의 과정을 통한 자기실현과정이라고 본다.
- 융에 따르면, 인간은 타고난 잠재력인 자기를 실현하기 위해 인생 전반기에는 자기(self)의 방향이 외부로 지향되어 분화된 자아(ego)를 통해 현실 속에서 자기를 찾으려고 노력한다. 그러나 인생 후반기에는 자기의 방향이 내부로 지향되어 자아는 다시 자기에 통합되면서 성격발달이 이루어지는데, 이 과정을 개성화(individuation)라고 하였다.
- 인생 전반기(40세 전후까지)는 투사와 동일시를 통하여 자아가 자기로부터 분리되어 나감으로써 자아를 강화하고 확대하는 시기이다.
- 인생 후반기는 무의식의 내용을 의식화하고 이해함으로써 자아가 자기에게 접근하는 과정, 즉 자아가 성격의 전체이고 주인인 자기로 변화되어 가는 과정이라 할 수 있다.

(5) 융의 무의식 구분 ★ 꼭!

융은 무의식을 "내가 알고 있으나 그것에 관하여 내가 지금 생각하고 있지 않는 모든 것, 내가 언젠가 한번 의식하고 있었으나 지금은 잊어버린 모든 것, 나의 감각에 의해 언젠가 포착되었으나 나의 의식적인 마음에 의해 주목받지 못했던 모든 것, 내가 주의를 별로 기울이지 않고, 또 비자발적인 마음에서 그것을 느끼고 생각하며 기억하고 바라며 행하고 있는 모든 것, 나의 내면 속에서 구형되고 있는 모든 미래사, 그리하여 언젠가는 나에게 의식화될 그 모든 것, 이것이 모두 무의식의 내용이다"라고 설명한다. 프로이트와 달리 융은 정신을 의식과 무의식으로 구분하고, 무의식은 개인무의식과 집단무의식이라는 두 개의 층으로 구성되어 있다고 보았다.

① 개인무의식

- 본질적으로 의식 속에 더 이상 남아 있지는 않지만 쉽게 의식의 영역으로 떠오를 수 있는 자료의 저장소를 의미한다. 개인이 살아오면서 억압한 모든 성향과 감정을 포함하며, 융의 개인무의식에는 프로이트가 구분한 전의식의 내용도 포함된다.

개인무의식과 집단무의식
- 개인무의식: 무의식의 상부(표면)에 위치. 개개인 경험의 소산
- 집단무의식: 무의식의 하부(심층)에 위치. 선조들로부터의 유전

- 개인무의식은 개개인의 과거 경험으로부터 형성된다. 무의식의 상부(표면)에 위치한다.

② 집단무의식

- 개인적 경험과는 상관없이 조상 또는 종족 전체의 경험 및 생각과 관계된 원시적 감정, 공포, 사고, 원시의 성향 등을 포함하는 무의식을 의미한다. 즉 모든 인류에게 공통적으로 유전된 무의식이다.
- 융의 분석심리학이론 중 가장 핵심적인 개념이며, 성격구조 중 가장 접촉하기 어려운 가장 깊은 수준, 즉 정신의 심층(하부)에 위치한다.
- 집단무의식에는 인류의 축적된 경험과 정서가 다양한 원형의 모습으로 내재되어 있다.
- 원형이 의식으로 표출되는 과정에서 시대와 문화에 따라 다른 모습으로 변할 수 있다.
- 국가와 민족에 따라 조금씩 차이는 있지만 태양이나 영웅에 대한 유사한 신화나 전설이 이어져 내려온다.
- 역사와 문화를 통해 공유해 온 심연의 무의식 영역이다.
- 인류 역사의 산물인 신화, 민속, 예술 등이 지니고 있는 영원한 주제를 통해 간접적으로 관찰될 수 있다.

한걸음 더

융의 개인무의식과 집단무의식 [18]

융은 무의식이 개인무의식과 집단무의식이라는 두 층으로 구성되어 있다고 보았다. 인간의 정신구조는 의식, 개인적 무의식, 집단적 무의식의 층으로 이루어져 있고, 개인적 무의식은 자기보다 상층부에 위치한다.

음영의 대부분이 개인 무의식이며, 아니마와 아니무스도 부분적으로는 개인 무의식에 속한다. 개인 무의식에는 하나의 공통된 주제와 관련된 정서, 기억, 사고가 집합을 이루는 콤플렉스가 존재한다. 콤플렉스는 무의식이므로 자아는 콤플렉스의 지배를 받지만 이를 깨닫지 못한다.

집단무의식은 무의식 깊숙이에 위치하며, 원형이라고 하는 강력한 정서적인 상징으로 구성되어 있다.

(6) 주요 개념 ⭐

융 이론의 정신구조

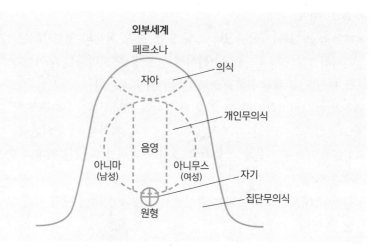

① 자아(ego)

- 의식의 심층을 형성하고 있는 의식적 마음으로, 우리가 의식할 수 있는 지각, 기억, 사고, 감정 등으로 되어 있다.
- 자아는 개인의 의식이 타인으로부터 분리되는 과정, 즉 의식의 개성화과정에서 생긴다.
- 자아가 의식으로 인지하고 받아들이지 않으면 보이지도, 들리지도, 생각나지도 않는다. 이러한 의미에서 자아는 선택적이다. 무수히 많은 경험을 해도 대부분은 의식에 도달하기도 전에 자아에 의해 제거된다. 자아가 의식여부를 결정하는 것은 심적 기능에 의해 결정된다.
- 의식을 전부라고 여기며 의식의 판단에 따라 행동하므로 무의식과는 단절되어 있다. 무의식은 꿈, 사건 등을 통해 자아에게 무의식이 존재한다는 것을 알리려고 한다.
- 융은 이상적인 발달의 결과, 강하고 구조화가 잘 된 자아가 이루어진다고 주장한다.

② 자기(self)

- 자아가 의식된 나라면, 자기는 의식과 무의식의 세계를 모두 포괄하는 진정한 나를 의미하며 통합성을 추구하는 원형이다.
- 집단무의식 내에 존재하는 타고난 핵심 원형으로서 모든 의식과 무의식의 주인이며, 모든 콤플렉스와 원형을 끌어들여, 성격을 조화시키고 통일시키

융의 자아와 자기 개념의 차이
- 자아: 일상적·경험적인 나, 의식세계의 중심
- 자기: 본래적·선험적인 나, 의식과 무의식을 모두 포괄하는 인격과 정신의 중심

는 본래적이고 선험적인 '나'이다.
- 자기는 개성화를 통해 성격이 충분히 발달될 때까지, 즉 중년기 때까지는 거의 드러나지 않는다.
- 자아와의 협력으로 자아실현이 가능하다.
- 자아(ego)가 의식세계의 중심이라면 자기(self)는 의식과 무의식을 모두 포괄하는 전체 인격과 정신의 중심이다.

③ 원형(archetype)

- 집단무의식의 구조적 요소는 인간의 근원적 행동조건인 원형이다.
- 〈인간행동과 사회환경〉 교재에 표현된 원형의 다양한 정의
  - 시간, 공간, 문화나 인종의 차이와 관계없이 모든 인간에게 보편적으로 존재하는 인류의 가장 원초적인 행동유형
  - 인간이 갖는 표상불가능한 무의식적, 보편적, 집단적, 선험적 이미지
    예 출산, 죽음, 권력, 마법, 영웅, 신, 악마, 대지, 거인, 나무, 태양, 달, 바람, 강 등
  - 각 세대에서 같은 경험을 반복하고, 발전시키도록 경향짓는, 에너지가 고도로 충만된 자동적 핵심기능
  - 오랫동안 반복되어 온 경험이 마음 속에 축적되어 나타난 무의식적 이미지
  - 원형들은 집단무의식 속에서 별개의 구조를 이루고 있지만 서로 결합되기도 한다(**예** 영웅 원형과 악마 원형의 결합 → 무자비한 지도자 유형의 성격). 따라서 모든 원형이 여러 가지 형태로 결합되어 작용하는 점이 개인마다 성격이 다르게 되는 한 요인이 된다.
- 원형은 그 수가 무수히 많고 언제 어디서 생겨났는지 알 수 없으며 이미 형성되어 있다.
- 원형은 직접적으로 알 수 없다. 그러나 세계 여러 민족들의 신화, 예술, 꿈, 환상 등에서 발견되는 원형적 이미지를 통해 알아볼 수 있다. 이러한 원형적 이미지를 통해 사람들은 내부 심층의 열망과 무의식적 경향을 표현하려 한다.

④ 페르소나(persona)

- 자아의 가면이다. 사회적으로 자신에게 주어진 역할과 기대에 부응하기 위해 취하는 태도나 모습을 말한다.
- 자아가 외적 세계에 적응하기 위해 사용하는 공적 얼굴이며, 초자아와 유사하게 사회가 요구하는 규범, 도덕적 윤리이다.
- 외부 세계에 적응하고 타인과 원만한 관계를 맺을 수 있게 해준다.
- 융은 페르소나에 갇힌 삶이 아니라 진정한 자기를 발견하고 실현해가는 삶

을 강조했다.

⑤ 아니마(anima)와 아니무스(animus)

- 융은 사회화 과정을 통해서 남성은 그의 여성성을 무의식의 세계로 억압하여 더욱 남자다워지고, 여성은 그의 남성성을 억압함으로써 여성스러운 측면을 부각시킨다고 주장했다.
- 남성이 억압시킨 여성성을 아니마(anima)라고 하고, 여성이 억압시킨 남성성을 아니무스(animus)라고 한다.
- 남성이 여성적 본성을 억압하고 경멸하면 자신의 창조력과 전체성을 고립시키게 된다. 그 역의 경우도 마찬가지이다. 융은 성숙한 인간이 되기 위해서는 자신의 내부에 잠재해 있는 이성(異性)을 이해하고 개발하는 것이 필요하다고 보았다.

⑥ 음영(혹은 그림자, shadow)

- 동물적 본성을 포함하여 스스로 의식하기 싫은 자신의 부정적 측면을 말한다. 사회생활을 위해서는 음영의 동물적 본성을 자제하고 페르소나를 발전시켜야 한다.
- 반면, 음영은 동물적 본능의 근원 외에도 자발성, 창의력, 통찰력 등 완전한 인간성에 필요한 요소의 원천이 되기도 한다. 음영을 너무 억압하면 창조성과 같은 본성이 희생된다. 따라서 자아와 음영의 적절한 조화를 이뤄 생기와 활력이 넘치도록 해야 한다.
- 융은 의식적인 자기상이 부정적이라면, 무의식적인 음영은 긍정적인 모습이 된다고 하였다. 음영의 통찰은 자기자각과 성격통합의 첫 걸음이 된다. 하지만 음영의 통찰이 어려운 것은 투사와 관련되기 때문이다. 융은 인간 사이에 일어나는 모든 갈등은 음영의 투사로 인해 생긴다고 보았다.

⑦ 개성화(individuation)

- 고유한 자기 자신이 되는 것으로써 무의식적 내용을 의식화하고 통합해 가는 과정이다. 개인의 의식이 타인으로부터 분화되어 가는 과정이기도 하다.
- 개성화의 목표는 가능한 한 완전히 자기 자신을 아는 것, 즉 '자기인식'에 있다.
- 성격발달은 개성화의 과정을 통한 자기실현이다. 자기실현을 위해서는 자기가 충분히 발달하고 드러나야 하는데, 자기는 중년기에 이르기까지 표면화되지 않는다. 자기(self)가 어느 정도 완전히 드러나기 위해서는 성격이 개성화를 통해 충분히 발달되어 있어야 한다.

- 개인의 자신을 정확히 인식하지 못하고 자기를 실현한다는 것은 불가능하므로, 융은 자기실현을 달성하는 것보다 더 중요한 것은 정확한 자기인식이라 하였다.

⑧ 리비도(libido)

- 정신이 작용하는 데 사용되는 에너지, 즉 정신에너지를 일컫는다.
- 융은 프로이트가 말한 성적 에너지에 국한하지 않고, 인생 전반에 걸쳐 작동하는 생활에너지 혹은 모든 지각, 사고, 감정, 충동의 원천이 되는 에너지로 리비도의 개념을 확장하였다.

⑨ 콤플렉스(complex)

- 특수한 종류의 감정으로 이루어진 무의식 속의 관념덩어리(정서, 기억, 사고의 집합)이다.
- 정서적 색채가 강한 관념과 행동적 충동이다.
- 콤플렉스는 우리의 사고의 흐름을 훼방하고 우리로 하여금 당황하게 하거나 화를 내게 하거나 우리의 가슴을 찔러 목메게 하는 마음속 어떤 것으로, 우리의 사고를 방해하거나 의식의 질서를 교란시킨다.
- 개인무의식에 많은 기억을 축적하는 과정에서 발생한다.
- 콤플렉스를 의식화하는 것이 인격 성숙의 과제이다.
- 예를 들어, 흔히 "그 사람이 그렇게 당황하는 건 바로 아픈 데를 찔렸기 때문이야"라고 말할 때, 바로 이 '아픈 곳'에 콤플렉스가 위치하고 있다고 볼 수 있다.

(7) 융이 제시한 성격 유형(심리적 유형) ⭐

융은 자아성향(외향성-내향성)과 정신기능(사고, 감정, 직관, 감각이라는 네 가지 기능)이라는 두 가지 기준을 근거로 성격유형을 8가지로 분류하고 있다. 이러한 융의 성격유형 분류에 근거하여 마이어스와 브릭스(Myers & Briggs)는 16가지의 성격 유형을 제안하고 이를 측정할 수 있는 성격검사인 MBTI검사를 개발하였다.

① 자아의 태도

융은 자아의 기본적인 태도가 태어날 때부터 결정된다고 보고, 이를 외향성과 내향성으로 구분했다. 정신에너지인 리비도가 주로 외부 대상을 향하면 외향성, 외부 대상 그 자체보다는 그것과 관련된 내적 정신구조나 성찰을 향하면 내향성이라 할 수 있다.

자아의 태도

외향형	• 정신에너지인 리비도가 객관적 세계를 지향한다. • 특징: 폭 넓은 대인관계, 사교적, 정열적, 활동적
내향형	• 리비도가 주관적 세계를 지향한다. • 특징: 깊이 있는 대인관계. 조용하고 신중함. 이해한 다음에 경험함

② 자아의 정신기능

정신기능이란 외부세계와 내면세계를 지각하고 이해하기 위해 사용하는 사고, 감정, 직관, 감각을 말한다. 판단이나 평가를 필요로 하는 기능인 사고와 감정은 합리적 기능으로, 이성적 판단을 필요로 하지 않는 지각의 두 형태인 감각과 직관은 비합리적 기능으로 분류된다.

자아의 정신기능

비합리적 기능	감각형	• 오감에 의존하며 실제의 경험을 중시한다. • 지금, 현재에 초점을 맞춘다. • 정확하고 철저하게 일을 처리한다.
	직관형	• 육감 내지 영감에 의존한다. • 미래지향적이고 가능성과 의미를 추구한다. • 신속하고 비약적으로 일을 처리한다.
합리적 기능	사고형	• 진실과 사실에 큰 관심을 가진다. • 논리적이고 분석적이며 객관적으로 판단한다.
	감정형	• 사람과 관계에 큰 관심을 가진다. • 상황적이며 정상을 참작한 설명을 한다.

3. 발달단계와 발달과업

중요도 ★ ★

융은 성격발달을 아동기, 청년기 및 성인초기, 중년기, 노년기의 4단계로 기술하였다. 융의 분석 심리이론은 중년기와 노년기의 성격발달을 중요하게 다루고 있음을 기억해두자.

(1) 아동기: 출생~사춘기

초년의 생존을 위한 활동에 리비도의 영향을 중요시했다. 5세 이전에 성적 리비도가 나타나기 시작하여 청년기에 최고에 이른다.[19]

(2) 청년 및 성인초기: 사춘기~약 40세 전후

- 융은 이 시기를 생의 전반기로 보았다. 외적·신체적으로 팽창하는 시기이며, 성숙함에 따라 자아가 발달하고 외부세계에 대처하는 능력을 발휘한다.
- 젊은이들은 다른 사람과의 교제를 통하여 가능한 한 사회의 보상을 많이 얻으려고 노력한다.
- 가정을 이루며 경력을 쌓고 사회적 성공을 얻기 위해 노력하며 남자는 남성적 측면을, 여자는 여성적 측면을 발달시킨다.

- 이 시기의 과업은 외적 환경의 요구에 확고하고 완고하게 대처하는 것이다. 따라서 내향적인 사람보다는 외향적인 사람이 더 순조롭게 이 시기를 보낸다.

(3) 중년기 🌟

중년기는 대부분 삶에서 요구하는 것에 비교적 잘 적응하여 상당한 만족감을 얻는 시기이므로 가정과 사회에 있어서 중요한 위치에 있고 경제적으로 안정되어 있다. 그럼에도 불구하고 절망과 비참함을 경험할 수 있는 시기로서, 융은 중년기에 인생의 의미를 잃어 공허함을 느끼는 문제의 원인을 찾아냈다.

① 중년기의 문제 원인

- 인생의 전반기에 삶의 기반을 위해 많은 에너지를 투자하지만 삶의 기반이 이미 마련된 40대에는 더 이상 인생의 도전이 없어져 버린다. 40대에는 정신적 변화가 생겨 추구하던 목표와 야망의 의미를 잃게 되어 우울감과 침체감을 경험한다.
- 외부세계에 쏟았던 에너지를 자기 내면으로 돌리도록 자극받으며 지금껏 실현되지 않은 잠재력을 발휘하고자 하는 충동을 느낀다.
- 중년기의 많은 변화는 결혼생활에 문제를 초래할 수 있다.
- 중년기는 더 이상 금전, 위신, 명예, 혹은 지위에 지배받지 않는다.

② 중년기의 개성화

- 개성화(individuation)는 중년기에 자아를 외적 · 물질적 차원으로부터 내적 · 정신적 차원으로 전환시키는 것을 의미한다.
- 생애 후반기에는 정신에너지의 흐름이 내부로 향한다. 자신의 내면세계에 대한 탐색이 강화되면서 자아가 자기에 통합되면서 개성화를 이루게 된다.
- 개성화를 위해 요구되는 것은 다음과 같다.
  - 자기(self) 국면을 인식하는 것: 자신답게 되는 것 혹은 자기인식으로 해석할 수 있다. 이는 중년기에야 이루어진다.
  - 무의식은 진정한 인간 자신을 드러내주므로 무의식의 소리를 직면하고 받아들인다.
  - 성인초기의 물질적 목표와 그것을 달성하게 했던 성격 특성을 버린다.

중년기의 개성화
엄격한 의미의 개성화 과정은 인생 후반기의 자기 실현을 의미함

③ 중년기 성격 원형의 본질적 변화

개성화 기간 중 페르소나(persona), 그림자(shadow), 아니마(anima), 아니무스(animus)의 변화가 생긴다.

- 페르소나의 변화: 페르소나를 분해하거나 혹은 밀어낸다. 인간의 사회적 역할은 중년기에도 계속되는데, 인간이 지니고 있는 사회적 성격에도 불구하고 그것은 인간의 본성을 나타내지 않을 수 있다. 따라서, 중년기의 인간은 페르소나의 하부까지 도달하여 페르소나가 덮고 있는 자기(self)를 인식한다.
- 그림자의 변화: 중년기는 개성화된 인간으로서 파괴적이기도 하고 건설적이기도 한 그림자의 힘을 모두 알아야만 한다. 그것은 인간 본성의 어두운 면인 파괴성, 이기심 같은 동물적이고 원시적인 충동이다. 이것들의 힘을 안다는 것은 거기에 굴복하거나 지배받는 것이 아니라 그 존재를 인정한다는 것이다.
- 아니마와 아니무스의 화해: 중년기에 남성은 아니마(여성적)의 특성을, 여성은 아니무스(남성적)의 특성을 표출할 수 있어야 한다. 이는 이전의 자아상에서 가장 큰 변화를 겪는 부분이다. 어느 한쪽의 독점적인 성격을 다른 쪽으로 대치하여 균형을 이루는 것이 중요하다. 융은 아니마와 아니무스가 자유롭게 표현될 때, 남성은 어머니로부터 여성은 아버지로부터 자유로워진다고 했다.[20]

(4) 노년기[21]
- 나이가 들수록 명상과 회고가 많아지고 내면적 이미지가 큰 비중을 차지하게 된다.
- 노년기는 죽음 앞에서 생의 본질을 이해하려는 시기이다.
- 내세에 대한 이미지가 없다면 건전한 방식으로 죽음을 맞이하기 어렵다.

4. 사회복지실천과의 연관성

(1) 분석심리이론에 대한 평가[22]

① 분석심리이론의 의의
- 현대 심리학뿐 아니라 정신의학, 철학, 종교학 등 다양한 학문 분야의 발전에 기여하였다.
- 특히 내적 경험의 중요성, 인간 본성의 양면성, 상징주의, 중년기 발달에 대한 관심 등은 지금까지도 중요하게 다루어진다.

② 분석심리이론에 대한 비판

- 개념이 너무 어려워 이해하기 쉽지 않다. 개념의 명료성이 다른 정신역동 이론에 비해 부족하며, 이론 간 관련성이 애매하다. 이론이 체계적으로 구성되어 있지 못하며 신비로움과 초자연적인 것과 깊이 관련되어 있어서 모호하다.
- 환자의 치료과정에서 나타난 경험적 자료를 바탕으로 연구한 것이기 때문에 과학적인 검증이 어렵다. 또한 그의 이론은 문화, 종교, 신화, 상징, 연금술, 신비 등과 관련된 자료를 활용하여 연구한 것이기 때문에 실증적인 검증이나 설명이 어렵다.

(2) 사회복지실천과의 연관성

- 융은 사회복지분야에 직접적인 관심을 가진 적은 없다. 다만, 그의 이론은 인간행동과 발달에 대한 이해를 넓히는 데 도움을 주었으며, 특히 중년기의 마음에 관한 연구는 사회복지실천에 있어 유용한 지침을 제시해준다.
- 중년기는 인생의 반이 지났다는 인식 때문에 심리적 위기를 경험하게 된다. 나이에 따른 변화를 무시하기 어렵고 자신의 인생목표에 대한 심리적 부담을 느낀다. 중년기 사람들의 자아성찰은 자신에 대한 평가뿐 아니라 직업, 결혼, 대인관계 등의 변화를 가져오게 된다.
- 융은 중년기 때에는 무의식적으로 남아 있는 성장을 위해 잠재력을 개발해야 한다고 했다. 이러한 현상 때문에 중년기 사람들은 새로운 이익과 가치를 개발하고 국가나 사회적인 일에 능동적으로 참여할 수 있다. 따라서, 사회복지사는 중년기 사람들이 과거 자신의 경험과 판단에 집착하지 않고 자신에게 다가오는 현실 상황을 극복하는 새로운 사고와 대처방식을 발견하고 이를 수용할 수 있도록 도움을 주어야 한다.

(3) 실천적 기법 [23]

① 단어연상검사(word association)

융이 인간심리에 대한 연구를 시작한 초기에 개발된 것이다. 100개의 자극단어를 불러주고 각각의 단어를 듣고 가장 먼저 머리에 떠오르는 단어를 대답하게 하여 반응시간과 반응하는 단어를 기록한 다음에 이를 반복한다. 검사가 끝난 후 내담자가 느낀 감정을 공유하는 시간을 갖는다.

② 재구성기법(life-history reconstruction)

내담자로 하여금 과거 경험에 대해 회상하도록 하여, 증상이나 병리를 일으킨 발달 유형을 파악하여 생애를 재구성하는 기법이다.

③ 전이분석(transference analysis)

내담자가 치료자에게 투사하는 전이감정을 분석하여, 내담자의 개인적 역사와 무의식, 사회문화적이고 원형적인 집단무의식을 파악하고, 내담자의 자기지각과 자기실현을 조장하는 치료기법이다. 꿈의 분석에서 꿈이 무의식에 이르는 왕도라는 점에서 견해가 같으나 꿈이 어떤 정신구조의 지나친 발달을 보상함으로써 상반되는 정신과의 균형을 유지하도록 도와준다고 보았다.

④ 확충법(amplification)

내담자의 무의식에 지속적으로 반복되는 주제, 문제를 발견할 수 있다고 보고, 꿈이 보여주려는 의미를 파악하기 위한 기법이다.

⑤ 적극적 상상(active imagination)

구체적인 상황에서 출발하여 무의식에 잠재되어 있는 심상들을 의식으로 끌어올리기 위한 기법이다. 프로이트의 자유연상이 갖는 한계를 지적하면서, 장면이나 대상에 대해 관찰하고 그것을 말하도록 하여 무의식적 내용을 표현할 수 있게 하는 방법으로 제시된 기법이다.

정신역동이론의 주요 내용 비교

구분	프로이트	에릭슨	아들러	융
인간관	• 무의식에 의해 지배되는 수동적·불변적 존재 • 결정론적 인간관	• 잠재가능성이 있는 능동적 존재 • 자아를 통해 사고, 감정, 행동을 조절할 수 있는 합리적 존재	• 성장지향적 동기를 지닌 주관적 존재 • 총체적·사회적·목표지향적 인간관	자기실현을 위해 앞으로 나아가고자 하는 성장지향적·가변적 존재
성격 발달	• 5단계 • 유년기 강조	• 8단계 • 청소년기 강조 • 전 생애 발달	• 발달단계를 제시하지 않음 • 가족상황과 사회적 요인에 따른 개인의 지각에 의해 성격이 형성	• 4단계 • 중년기 강조
주요 개념	지형학적 모형(의식, 전의식, 무의식), 구조적 모형(원초아, 자아, 초자아), 인간의 본능, 리비도 등	자아정체감, 점성원리, 위기 등	열등감과 보상, 우월성 추구, 생활양식, 사회적 관심, 창조적 자기, 가상적 목표 등	자아, 자기, 원형, 페르소나, 아니마와 아니무스, 음영, 개성화, 리비도, 콤플렉스 등
특징	원초아의 본능을 기초로 인간행동을 설명	자아, 사회문화적 요인 강조	열등감을 인간행동의 동기로 봄	성격구조를 자아(의식의 중심), 개인무의식, 집단무의식으로 나누어 접근

3장 인지행동이론

한눈에 쏙!   중요도

❶ 피아제의 인지발달이론

1. 피아제의 생애

2. 인지발달이론의 특징 ★★★

3. 인지발달단계 ★★★　23회 기출

4. 도덕성 발달단계 ★★★　23회 기출

5. 인지발달이론과 사회복지실천

❷ 스키너의 행동주의이론

1. 스키너의 생애

2. 행동주의이론의 특징 ★★★　23회 기출

3. 행동주의이론과 사회복지실천

❸ 반두라의 사회학습이론

1. 반두라의 생애

2. 사회학습이론의 특징 ★★★

3. 사회학습이론과 사회복지실천

기출경향 살펴보기

3장은 각각의 이론마다 제시된 주요 개념들을 명확하게 정리해두어야 한다. 피아제의 인지발달단계, 콜버그의 도덕성 발달단계, 스키너의 강화와 처벌 · 강화계획, 반두라 이론의 주요 특징 및 관찰학습 과정 등이 자주 출제되고 있다. 특히, 피아제의 인지발달단계는 출제빈도가 높고 이후의 생애주기 영역(아동기, 청소년기 등)과도 지속적으로 연계되므로 꼼꼼하게 정리해야 한다.

최근 5개년 출제 분포도

연도별 그래프

문항수

5 -
4 -
3 -
2 -
1 -
0 -

| 19 | 20 | 21 | 22 | 23 | 회차 |
| 3 | 4 | 3 | 4 | 4 | |

평균출제문항수

3.6 문항

2단계 학습전략

데이터의 힘을 믿으세요!
강의로 복습하는 **기출회독 시리즈**

3회독 복습과정을 통해
최신 기출경향 파악

최근 10개년 핵심 키워드

기출회독 008	피아제의 인지발달이론	13문항
기출회독 009	스키너의 행동주의이론	11문항
기출회독 010	반두라의 사회학습이론	8문항
기출회독 011	콜버그의 도덕성 발달이론	3문항

기본개념 완성을 위한 **학습자료 제공**

기본개념 강의, 기본쌓기 문제, O X 퀴즈, 기출문제, 정오표, 묻고답하기, 지식창고, 보충자료 등을
아임패스를 통해 만나실 수 있습니다.

기출회차				
1	2	3	4	5
6	7	8	9	10
11	12	13	14	15
16	17	18	19	20
21	22	23		

강의로 복습하는 기출회독 시리즈

Keyword 008, 011

피아제의 인지발달이론

1. 피아제의 생애

장 피아제는 1896년 스위스에서 출생했다. 중세 역사학자인 아버지의 학구열을 이어받아 매우 학구적이었으며, 21세에 생물학 박사학위를 받았다.

피아제는 아동의 지능검사 중 일관되게 틀린 답의 유형을 찾아 어른과는 다른 아동들의 사고 특성이 있다고 여기게 되었다. 피아제는 아동이 얼마나 많이 아는가보다는 어떻게 사고하는가에 관심을 두고 1980년 사망할 때까지 인지이론의 발달에 큰 업적을 남겼다.

피아제는 1925년 큰딸의 출생 후부터 자녀들의 인지행동을 관찰했으며, 1940년대부터는 아동의 수학적 · 과학적 개념에 대해 주로 연구했다.

중요도

발달단계에 대한 피아제의 전제, 주요 개념을 중심으로 이론의 전반적인 특징을 정리해두도록 하자.

2. 인지발달이론의 특징

(1) 기본 가정

- 모든 인간은 똑같은 방법으로 생각하는 방법을 배운다.
- 유아기와 아동기 초기에는 생각하는 것이 매우 기본적이고 구체적이다.
- 성장하면서 사고는 더욱 복잡하고 추상적이 된다.
- 인지발달단계는 개인이 생각하는 일정한 원칙과 방식의 특징이 있다.
- 인간의 일생을 통하여 인지적 성장과 변화가 일어날 수 있다고 가정한다.
- 인간은 인지적 특성에 따라서 환경적 자극을 인지적으로 재해석하고 환경에 반응한다고 가정한다.
- 인간의 환경에 대한 적응은 동화와 조절의 상호작용에 의해 발생한다.
- 인간의 심리구조는 평형상태를 유지하려는 경향이 있다.
- 사고, 감정, 행동의 상호관련성을 강조한다.

(2) 인간에 대한 관점

- 인간의 감정이나 행동은 인지 혹은 생각에 의해 통제될 수 있다.

- 인간은 매우 주관적인 존재이기 때문에 객관적인 현실이란 존재하지 않는다. 각 개인이 자신의 삶을 해석하는 방식에 따라 각기 다른 주관적인 현실만이 존재한다. 성격이나 행동은 환경적 요인에 의해서만 결정되는 것이 아니라 사람이 환경적 요인들을 어떻게 받아들이고 해석하느냐 하는 주관적 경험에 의해 결정된다고 본다.
- 각 개인의 정서, 행동, 사고는 개인이 현실세계를 구성하는 방식에 따라 다르다.
- 인간 본성에 대해 결정론적인 시각을 거부한다. 변화와 성장가능성을 인정한다.
- 인간의 의지는 환경과 상호작용하면서 변화하고 발달한다. 이 과정에서 인간의 능동적 역할이 중요하다.

(3) 인지발달의 기본요인

인지발달을 위해서는 내적 성숙, 직접경험, 사회적 전달이 서로 잘 조화되어야 하고, 평형상태가 유지되어야 한다. 이 4가지 요인이 인지발달의 단계를 결정한다.

① 유전적 요인(내적 성숙)

신생아가 외부세계의 문제에 적응하는 최초의 상태를 결정할 뿐만 아니라 성장, 발달의 각 시점에서 어떤 새로운 발달 가능성을 전개할 것인지 결정한다.

② 신체적 경험(직접적 경험)

자발적 · 심리적인 지적 발달에 기여한다.

③ 사회적 전달(교육)

외부로부터 지식을 전수 받는 것으로써, 인지발달의 심리사회적 측면에 기여한다.

④ 평형화(동화와 조절의 통합과정)

인지발달의 핵심기능이다.

(4) 인지발달단계에 대한 피아제의 전제(발달의 원칙) ⭐

- 발달단계에 있어서 각 단계에 도달하는 개인 간 연령의 차이는 있을 수 있으나 발달순서는 뒤바뀌지 않는다.
- 모든 아동은 단계를 순서대로 통과하여 발달하며 단계를 뛰어넘을 수 없다.

- 다음 단계로 이동하는 과도기에는 두 단계의 인지적 특징이 함께 나타날 수 있다.
- 형식적 조작기에 도달한 아동이나 고도로 인지발달이 된 성인도 때로는 낮은 단계의 사고를 행한다.

(5) 주요 개념 ★^{꼭!}

① 인지(cognition)

인지란 아는 것(knowing)에 관련된 모든 과정을 지칭하는 데 사용되는 일반적인 용어 혹은 유전학적인 용어이다. 인지는 아는 것에 관련된 모든 정신적인 활동 또는 상태, 그리고 마음의 기능을 포함하며, 지각력, 주의력, 기억력, 상상력, 언어기능, 발달과정, 문제해결 능력 등을 포함한다. 인지이론가 중에서 가장 널리 알려진 사람은 피아제이다.

② 인지 능력(cognitive abilities)

광범위한 의미에서 인지 능력은 사람들에게 마음으로 무언가를 하게 만드는 인간의 모든 성격 또는 특성을 말한다. 인지 능력은 처음 언어를 획득하는 능력과 같이 인류 전체의 특성으로 간주될 수 있고, 혹은 구술 능력이나 추론 능력 등과 같이 개인이나 집단을 구별하는 특성으로 간주될 수 있다.

③ 보존(conservation)

피아제는 연령대가 다른 아이들에게 액체가 들어 있는 두 개의 컵을 보여주었다. 그 컵은 크기와 모양이 같으며 동일한 양의 액체가 들어 있다. 피아제는 이 중 한 컵의 액체를 길고 좁은 다른 컵에 부었다. 그러자 6세 이하의 아이들은 길고 좁은 컵에 더 많은 액체가 들어있다고 말했다. 그러나 6세 이상의 아이들은 컵의 모양과 상관없이 동일한 액체가 들어있다고 했다. 6세 이하의 아이들은 컵의 크기를 결정하는 데 있어서 눈의 지각에 직접 의지하는 경향이 있고, 6세 이상의 아이들은 문제를 비교적 논리적으로 생각할 수 있다. 즉, 6세 이상의 아이들은 훨씬 추상적인 인지 수준을 보였다. 질량은 양적 차원에서는 동일하지만, 모양 차원에서는 변할 수 있는데 이 개념을 보존이라 한다.

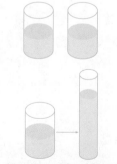

잠깐!

보존개념

6세 이하의 아이들은 동일한 양의 액체라도 길고 좁은 용기에 들어 있는 액체의 양이 더 많다고 말한다.

④ 도식(schema)

- 도식은 사물이나 사건, 자극에 대한 전체적인 윤곽이나 개념을 말하며, 세상을 인식하고 이해하는 가장 바탕이 되는 정신적 틀을 의미한다.
- 도식은 인간의 행동이나 사고를 조직하고 환경에 적응하게 하는 심리적 구

조로, 인간은 물리적 · 사회적 환경과의 상호작용을 통하여 계속해서 도식을 재구성하고 확장해간다.

- 일종의 대상에 대한 청사진이라고 할 수 있으며 어린 아동이 소를 보고 "야! 큰 개다"라고 말했다면 그 아동은 '네 발 달린 짐승은 개'라는 도식만 있고, 소에 대한 도식이 아직 없기 때문에 소의 특징을 개의 도식에 맞추어 표현한 것이다.

⑤ 적응(adaptation)

직접적인 환경과의 상호작용을 통해 도식이 변화하는 과정으로서, 동화와 조절이라는 수단을 통해 진행된다.

- 동화(assimilation)
  - 새로운 정보나 자극을 기존의 도식으로 받아들이는 과정으로 기존의 도식으로 새로운 경험, 자극, 사물을 이해하는 것을 말한다.
  - 인간은 새로운 환경이나 사건을 접하면 그에 관한 정보를 받아들여서 자신의 사고방식으로 통합한다.
  - 인지구조의 양적 변화를 가져온다.
- 조절(accommodation)
  - 기존의 도식으로 이해할 수 없는 완전히 새로운 경험과 사물을 대하게 되면서 기존의 도식 자체를 변경하는 것이다. 즉, 도식을 수정하여 자극이나 정보를 받아들이는 것을 의미한다.
  - 아이들이 좀 더 높고 추상적인 인지 수준에서 생각하기 위해 자신의 지각과 행동을 바꾸는 과정을 말한다. 이때 아이들은 새로운 정보를 동화할 뿐 아니라 자신의 기본틀을 조절한다.
  - 인지구조의 질적 변화를 가져온다.
- 평형화(equilibrium)
  - 동화와 조절을 통해 균형 상태를 이루는 것을 말한다.
  - 모든 도식(인지구조)은 평형상태를 지향한다. 기존의 도식으로는 납득할 수 없는 낯선 경험을 만날 때 인지 불평형 상태가 초래되는데, 인지 불평형 상태를 해소하고, 사고과정과 환경 간의 조화로운 관계를 모색하게 된다.
  - 이때 동화, 조절 등을 사용하며 다시 평형상태를 회복하게 되는 과정이 바로 새로운 환경에 대한 적응과정이라고 할 수 있다.

- 동화: 자신이 이미 가지고 있는 도식에 맞게 새로운 대상을 받아들이는 인지적 과정
- 조절: 외부 사물을 인지할 때, 주어진 상황에 맞게 기존의 인지구조를 변화시키는 것

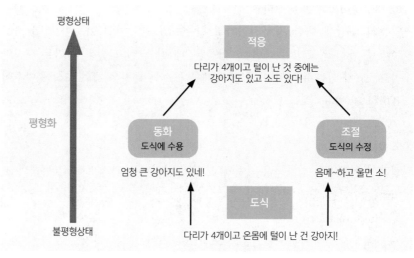

피아제의 인지발달 과정

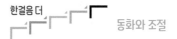
동화와 조절

피아제는 지능의 내용에 주목했던 다른 심리학자와는 달리, 그 발달과정에 초점을 맞추었다. 그에 의하면 모든 스키마(도식, 인지구조)는 '평형'을 지향하는 경향이 있다. 즉, 인간이 나타내는 모든 지적 활동의 목표는 인지적 불평형을 해소함으로써 사고과정과 환경 간의 조화로운 관계를 모색하는 것이다. 아동은 무수한 인지적 불평형을 해소하며, 새로운 평형을 추구하는 가운데 지적 발달을 이루게 된다. 이러한 평형을 이루기 위한 생물학적 경향은 동화, 조절이라는 심리현상으로 나타난다.

1. 동화

동화란 새로운 정보를 취하여 이를 기존의 도식 혹은 사고의 구조 안에 통합하는 것을 말한다. 예를 들어, 성인들은 책을 읽음으로써 정보를 동화하며, 유아는 어떤 새로운 대상을 잡음으로써 그 것을 동화시켜 자신의 파악 도식에 집어넣으려고 한다. 그러나 어떤 대상들은 우리가 가진 인지구조(도식)에 맞지 않는 경우도 있다. 그럴 경우 우리는 조절을 이용해 우리의 인지구조(도식)를 변화시켜야 한다.

2. 조절

아이들은 새로운 정보를 동화할 뿐 아니라 나아가 자신이 가진 인지틀을 바꾸어 조절하기도 한다. 즉, 조절이란 자신이 가진 기존의 도식이나 구조가 새로운 대상을 동화하는 데 적합하지 않을 때 그 대상에 맞게 기존의 도식이나 구조를 바꾸어 가는 인지과정을 말한다. 예를 들어, 아이는 자기가 들어야 할 물건이 클 때에는 기존의 잡는 방식을 적절하게 바꾸어 그 물건을 잡는다. 이러한 조절을 통해 유아는 외부세계에 대처하는 방법을 점차 효율적이고 정교하게 구성해가기 시작한다.

⑥ 조직화(organization)

• 심리적, 신체적인 과정을 삶의 성장과정에서 하나의 일관된 전체로 종합하는 것이다.

- 성숙과 더불어 상이한 도식들을 자연스럽게 서로 결합하는 것이다.
- 심리적인 측면에서는 떠오르는 생각을 조리 있게 종합하는 것이다.
- 서로 다른 감각에서 얻은 정보들을 상호 연관짓는 것이다.

    예 유아가 곰 인형을 보고 잡는 것은 보는 행동과 잡는 행동을 조직한 것이다.

3. 인지발달단계 23회 기출 🏆

중요도 ★ ★ ★

피아제 이론의 인지발달단계는 단독으로 혹은 생애주기 영역과 교차되는 형태로 출제되어 출제 빈도가 매우 높은 영역이다. 23회 시험에서는 피아제 이론의 인지발달단계 중 구체적 조작기의 특성을 묻는 문제가 출제되었다.

피아제의 인지발달단계

	감각운동기	전조작기	구체적 조작기	형식적 조작기
연령	0~2세	2~7세	7~11/12세	12세~성인기
프로이트	구강기, 항문기	항문기, 남근기	잠복기	생식기
에릭슨	영아기	초기아동기, 학령전기	학령기	청소년기
주요 특징	• 대상의 획득 → 대상 영속성 • 자극에 대한 반응 • 직접적 신체감각과 경험으로 환경 이해 • 대상영속성 발달 시작 • 인과관계 인식 • 목적지향적 행동	• 상징의 획득 → 언어 습득 • 직관적 사고 • 물활론적 사고 • 상징놀이 • 대상영속성 확립 • 자아중심성 • 보존개념 시작 • 중심화(집중성) • 비가역적 사고 • 타율적 도덕성(4~7 세)	• 현실의 획득 → 원인 과 결과 • 객관적 · 논리적 사고 • 분류화(유목화) • 서열화 • 자아중심성 극복: 조망수용 능력 습득 • 보존개념 확립 • 탈중심화 • 가역적 사고 • 조합기술(덧셈, 뺄셈) • 자율적 도덕성 -7~10세 과도기	• 사고의 획득 → 현실 과 환상의 구별 • 추상적 사고 • 가설-연역적 추론 • 체계적 사고 • 조합적 사고 • 변인들의 관련성 파악 • 미래사건 예측

(1) 감각운동기(sensorimotor period, 0~2세) 꼭! ⭐

감각운동기는 간단한 반사반응을 하고 기본적인 환경을 이해하는 시기이다. 외부세계에 대한 정보를 습득하기 위해 빨기, 쥐기, 때리기와 같이 반복적 반사활동을 한다.

① 특징적 활동

- 감각이나 손가락을 입에 넣고 빠는 등의 운동을 통해서 자신의 주변세계를 탐색한다.
- 빨기, 잡기와 같은 반사와 운동 능력이 빠르게 발달한다.
- 동일한 대상에 대해서도 여러 다른 감각적인 정보를 받아들일 수 있다.
- 목적지향적 행동을 한다. 유아는 우연히 간단한 반응을 나타내는 것이 아니라, 단순하지만 어떤 목적을 달성하기 위해 의도적인 행동을 수행한다.
- 대상이 영원하다는 것, 즉 대상영속성을 이해하기 시작한다. 유아는 어떤

대상이 시야에서 사라지거나 들리지 않아도 계속 존재한다고 믿는다.

• 유아는 대상을 더 이상 지각할 수 없다고 느끼는 순간부터 그 대상을 잊어 버린다.

• 대개 2세가 되면 볼 수 없고 들을 수 없는 어떤 대상의 이미지를 생각할 수 있으며, 그것을 활용하여 간단한 문제를 해결할 수 있다.

② 감각운동기의 하위 6단계 [24]

단계	특징
반사활동기 (출생~1개월)	• 외부세계에 대한 대처로서, 쥐기, 빨기, 때리기, 차기와 같은 반사적 행동에 의존 • 가장 우세한 반사는 빨기반사 • 자신과 외부세계의 구분이 없으며, 다양한 반사도식들을 사용함으로써 환경의 요구에 더 잘 적응할 수 있게 됨
1차순환반응 (1~4개월)	• 1차순환반응은 영아의 여러 신체부분들이 서로 협응하는 것 • 우연한 행동이 재미있는 결과를 초래하게 되면 계속해서 그 행동을 반복함 📕 우연히 손가락을 빨게 되었는데 손가락을 빠는 것이 재미있다고 여겨지면 손가락을 자꾸만 입 속에 넣으려고 함 • 영아의 관심은 자기 신체 • 순환반응: 빨기, 잡기와 같은 감각운동의 반복
2차순환반응 (4~8개월)	• 2차순환반응은 자신이 아닌 외부에서 흥미로운 사건을 발견하고, 이를 다시 반복하려고 할 때 일어남 📕 우연히 딸랑이를 흔들어서 소리가 났을 경우, 잠시 멈추었다가 다시 한 번 그 소리를 듣기 위해 딸랑이를 흔드는 행동을 되풀이 함 • 영아의 관심은 자신의 신체 외부에 있는 대상과 사건
2차도식들의 협응 (8~12개월)	• 영아의 관심은 자신의 신체가 아닌 주위환경에 있으며, 목표를 달성하기 위해 두 가지 행동을 협응하게 됨 📕 엄마의 옷을 잡아당겨서 엄마를 다른 곳으로 데려감 • 대상영속성 개념이 발달하기 시작 📕 방해물(엄마손)을 치우고, 숨겨진 물건을 찾기 시작함 • 대상영속성 개념으로 인해 인과개념을 이해함. 결과를 얻기 위한 목적지향적 행동을 함 📕 장난감을 잡으려고 했을 때 엄마가 손을 뻗어 장난감을 가로막으면, 엄마의 손을 치우고 장난감을 잡음
3차순환반응 (12~18개월)	• 실험적 사고에 열중함. 새로운 원인과 결과의 관계에 대해서 이를 가설화하여 다른 결과를 관찰하기 위해 다른 행동들을 시도함 📕 처음에는 장난감 북을 북채로 쳐보다가 다음에는 연필, 블록, 망치 등으로 두들겨 봄
통찰기 정신적(상징적) 표상 (18~24개월)	• 눈앞에 없는 사물이나 사건들을 정신적으로 그려내기 시작하고 행동을 하기 전에 머릿속에서 먼저 생각함 • 이전 단계처럼 시행착오과정을 통해서 문제를 해결하는 것이 아니라 행동하기 전에 상황에 대한 사고를 하기 때문에 문제를 더 빨리 해결함 📕 물컵을 들고 방문을 열어야 할 때는 물컵을 내려놓고 문을 엶 • 상징적으로 표현되는 것을 이해하는 초보적인 능력이 나타남 📕 손 씻는 흉내를 내면서 "비누"라고 말하거나 종이를 먹는 척하면서 "아 맛있어"라고 함 • 지연된 모방(눈 앞에 없는 모델을 모방하는 것)을 할 수 있음 📕 엄마가 하는 행동을 보아 두었다가 일정한 시간이 지난 후 그 행동을 재현할 수 있음

※ 주: 교재에 따라서는 2차순환반응단계와 2차도식들의 협응단계를 각각 4~10개월, 10~12개월로 구분하기도 함

(2) 전조작기(pre-operational period, 2~7세)

① 특징

- 사물에 대해 상징적 표상을 사용한다. 말(words)은 대표적인 상징적 표상이다.
- 상징적 사고가 본격화되면서 가상놀이(상상놀이)를 즐긴다.
- 대상과 상황이 존재하지 않아도 언어를 이용하여 지속적인 사고가 가능하다.
- 감각운동기에 형성되기 시작한 대상영속성이 확립된다.
- 사고는 가능해졌지만 아직 논리적이지는 못하기 때문에 조작이라고 보기는 어렵다. 따라서, 이 시기를 전조작기라고 부른다. 전조작기 사고를 나타내는 대표적인 예는 상징놀이와 물활론(모든 사물에는 생명력이 있으며 생각을 하고 감정이 있다고 믿음), 자아중심성이다.
- 보존개념을 어렴풋이 이해하기 시작하지만 아직 획득하지 못한 단계이다.
- 어떤 대상의 외양이 바뀌어도 그 속성이 바뀌지 않고 보존된다는 것을 이해하지 못하며 전체와 부분의 관계를 확실하게 구분하지 못한다. 긴 순서대로 나열하거나 넓거나 많은 순서대로 나열하는 것을 하지 못하고 어떤 것의 원인과 결과에 대한 인과관계를 이해하지 못한다.

② 전조작기의 하위단계

- 전개념적 사고단계(preconceptual thinking stage, 2~4세): 내적 표상을 여러 형태의 상징 또는 기호로 표현하는 시기로, 상상놀이가 가능하다.
- 직관적 사고단계(intuitive thinking stage, 4~7세): 직관적 사고를 한다. 직관적 사고란 유아가 아직 사물이나 사건의 여러 측면에 주의를 기울일 줄 모르기 때문에 그 속에 내재된 규칙이나 조작을 이해하지 못하고 사물이나 사건이 갖는 단 한 가지의 두드러진 지각적 속성만으로 그것들을 판단하는 것을 말한다. 이를 전도추리 경향이라 한다. 직관적 사고로 인해 보존개념이 획득되지 못하며, 분류, 서열화가 획득되지 못한다.

③ 논리적 사고를 방해하는 전조작기의 인지 특성

- 자아중심성(egocentrism): 단지 자신만을 인식하며 다른 사람의 욕구와 관점을 인식하지 못하는 것을 자아중심성이라 하고, 아동은 이 때문에 다른 사람의 입장에서 사물을 볼 수 없다. 다른 사람의 욕구와 관점을 인식하지 못하는 것으로 이기적인 것과는 다르다. 자아중심성은 성인과의 관계보다 또래와의 상호작용을 통해 극복해야 한다.

잠깐!

상징놀이
물리적으로 존재하지 않으나 아이의 내적인 표상에 따라 대상을 만들고 놀이를 함 📖 긴 자를 총이라고 놀이를 하거나 병원놀이, 학교놀이 등

물활론(animism)
생명이 없는 대상에게 자신의 감정과 의식을 부여하는 것 📖 인형의 다리가 부러지면 아플 것이라고 여김

전도추리 경향(전환적 추론)
논리적인 추론은 연역적(일반적인 것에서부터 특수한 것을 추론)이거나 귀납적(특수한 것에서부터 일반적인 것을 추론)인 것과 달리, 전도추리는 특수한 것으로부터 특수한 것으로 비약하는 특성을 보인다.

보충자료
자아중심성과 조망수용 능력

- 중심화(혹은 집중성, concentration): 한 가지 대상 또는 한 부분의 상황에만 집중하고 다른 모든 측면을 무시하는 경향이다. 같은 양의 액체를 하나는 길고 좁은 컵에, 다른 하나는 짧고 넓은 컵에 넣었을 때 전조작기 아동은 종종 길고 좁은 컵의 액체를 더 많다고 지적한다. 이는 아동이 넓이보다는 높이 개념에 초점을 두고 있는 것으로 한 부분만 집중하여 문제를 해결하려는 중심화(집중성)의 사고에 해당한다.
- 비가역성(irreversibility): 아동이 관계의 또 다른 면을 상상하지 않고 한 방향에서만 생각하는 성향이다. 이 시기의 아동들에게 동생이 있느냐고 물으면 바르게 대답하나, 그 동생의 언니가 누구냐고 물으면 잘 모르겠다고 한다. 즉, 자신의 입장에서는 생각할 수 있지만, 생각의 방향을 바꾸어서 다른 사람의 입장에서는 사고하지 못하기 때문에 동생의 입장에서 대답하지 못하는 것이다.

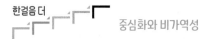

한걸음 더 — 중심화와 비가역성

1. 중심화

한 가지 대상 또는 상황의 한 부분에만 집중하고 다른 모든 측면을 무시하는 경향을 말한다. 예를 들어, 앞에서 제시되었던 물이 든 컵의 사례에서, 높이만 보고 넓이는 보지 않기 때문에 높이가 더 높으니까 물이 많다고 말하는 경우가 이에 해당한다. 또 다른 예로, 조삼모사(朝三暮四)를 생각해보자. 원숭이들에게 먹이를 아침에 3개, 저녁에 4개 주겠다고 했더니 적다고 불평하여 아침에 4개, 저녁에 3개 주겠다고 했더니 좋아했다. 이 원숭이들은 아침에 하나 더 받는 것만 생각할 뿐, (다른 측면인) 저녁에 하나 덜 받는 것은 생각지 않고 좋다고 한 것이다. 이것도 중심화의 예가 된다.

2. 비가역성

아동이 관계의 또 다른 면을 상상하지 않고 한 방향에서만 생각하는 것. 즉, 반대 방향으로는 생각하지 못하는 것이다. 다음 상황에서 성은이의 대답은 비가역성을 나타내는 대표적인 예이다.

    혜란: 대한이 동생이 누구야?
    성은: 민국이랑 만세야.
    혜란: 어 그렇구나…. 그럼 만세네 형은 누구야?
    성은: …몰라.

(3) 구체적 조작기(period of concrete operations, 7~11/12세) ⭐

① 특징

- 아동의 사고 능력은 구체적인 수준에서 논리적인 수준으로 발달하며, 전조작기의 논리적 사고발달을 방해하는 몇몇 요인들을 극복한다.
- 논리적 사고가 현저하게 발달하지만, 아동의 사고가 현실에 존재하며, 아

동의 관점은 여전히 보고, 듣고, 냄새 맡고, 만지는 사물의 구체적인 부분에 머물러 있기 때문에 구체적 조작기라고 한다.

- 모든 정신적 활동은 대상이 실제로 눈에 보일 때만 가능한 시기다. 머릿속으로는 안 된다.
- 전조작기에 발달하기 시작한 인지능력인 분류(유목화), 서열화(연속성), 조합, 보존의 개념을 완전히 획득한다.
- 상황과 사건에 대해 융통성 있게 생각할 수 있다.
- 조합기술이 생기면서 간단한 산술과 연산을 이해하고 이를 언어로 표현하는 능력이 크게 향상된다.
- 구체적 조작을 성취함으로써 논리적으로 사고할 수는 있지만 이러한 논리를 언어나 가설적 문제에 적용하지는 못한다.

조합(combination skill)
- 수를 조작하는 능력
- 일정 수의 사물이 있으면 그것을 펼치든 모으든 또는 형태를 바꾸든 수는 같다는 것을 이해할 수 있는 능력

② 보존개념 획득

- 물질의 한 측면, 즉 질량 혹은 무게가 동일하게 남아 있는 동안에도 물질의 다른 측면, 즉 형태 혹은 위치가 변할 수 있음을 이해하는 것이 보존개념이다.
- 동일한 부피의 고무찰흙을 하나는 공처럼 말고 하나는 넓적하게 펼칠 때 6세 이하의 아이는 넓적하게 펼쳐진 고무찰흙이 더 양이 많은 것으로 지적한다. 7세 이후에는 이 두 고무찰흙 뭉치가 동일한 양임을 구분할 수 있는데 보존개념이 획득되었기 때문이다.
- 보존개념 획득의 전제 요소
  - 동일성(identity): 아무것도 더하거나 빼지 않았을 때 본래의 양이 동일하다는 것
    > **예** 같은 모양의 컵 두 개에 담긴 같은 양의 액체를, 하나는 길고 좁은 컵에 넣고 다른 하나는 짧고 넓은 컵에 각각 채웠을 때, 각각의 컵에 액체를 더 부었거나 덜지 않았으니 두 컵에 담긴 액체의 양은 같다.
  - 보상성(compensation): 변형에 의한 양의 손실은 다른 차원에서 얻어진다는 것
    > **예** 한쪽 컵이 긴 반면에 다른 컵은 넓기 때문에 두 컵의 양은 같다.
  - 가역성(역조작, inversion): 변화과정을 역으로 거쳐 가면 본래의 상태로 되돌아 갈 수 있다는 것
    > **예** 양쪽 컵 모두 원래의 컵에 다시 부을 수 있으니 물의 양은 같다.

피아제는 보존개념은 오로지 경험에 의해서만 획득되는 것으로 그 시기가 도래하기 전에 가르친다고 해서 획득되는 것은 아니라고 말하기도 했다.

③ 분류화(유목화)

- 분류화(classification)는 사물의 분류에서 전체와 부분과의 관계(혹은 상위와 하위유목 간 관계)를 이해할 수 있으며, 사물을 일정한 속성에 따라 분

류할 수 있는 능력을 말한다.

- 분류 기준이 되는 특징은 형태, 색상, 무늬, 크기 등이다.

> **예** 나무로 만든 15개의 빨간 구슬과 3개의 노란 구슬이 있다고 하자. "빨간 구슬이 더 많아? 아니면 나무 구슬이 더 많아?"라고 질문을 하면 전조작기 유아들은 '빨간 구슬'이 더 많다고 대답하는 경향이 있다. 반면, 구체적 조작기 아동들은 '나무구슬'이 더 많다고 대답한다.

> **예** 구체적 조작기 아동은 10원, 50원, 100원짜리 동전을 액수별로 분류할 수 있다. 하지만 돈을 손에 쥐지 않고 머릿속으로 조작하는 것은 한계가 있다.

④ 서열화

- 서열화(seriation)는 특정한 속성이나 특징을 기준으로 하여 사물을 순서대로 배열하는 능력을 말한다.
- 전조작기 아동은 가장 짧은 것과 가장 긴 것을 구별할 수 있다. 여기서 더 발전하여 구체적 조작기 아동은 가장 짧은 것부터 가장 긴 것까지 여러 개의 빨대들을 길이에 따라 배열할 수 있다.
- 전조작기 아동은 다소 어려움을 느끼는 작업이지만, 구체적 조작기 아동은 훨씬 수월하게 해낼 수 있다.

⑤ 자아중심성 극복 및 조망수용

- 논리적 사고를 방해하는 전조작기 사고의 특징인 자아중심성을 극복한다.
- 전조작기의 자아중심성을 극복함으로써 다른 사람의 시각에서 사물을 보는 능력이 발달한다.
- 타인의 입장, 감정, 인지 등을 추론하고 이해할 수 있는 조망수용 능력을 습득하게 된다. 조망수용 능력이란 어떤 상황에서 타인의 감정을 추론하고 이해(수용)할 수 있는 능력을 말한다.

중심화(집중성)
두 개 이상의 차원을 동시에 고려하지 못한 채 한 가지 차원에서만 주의를 집중하는 전조작기 특성

⑥ 탈중심화(중심성 극복)

- 다양한 변수를 고려하여 상황과 사건을 파악하고 조사하는 등 좀 더 복잡한 사고를 할 수 있다.
- 더 이상 한 가지 변수에만 의존하지 않고 더 많은 변수를 고려할 수 있게 된다.
- 탈중심화를 통해 또래 친구들과의 의사소통이 활발하게 이루어진다.
- 교재에 따라서는 전조작기의 자아중심성을 극복하는 것을 탈중심화라고 칭하기도 한다.

⑦ 가역적 사고

사고의 비가역성을 극복함으로써 가역적 사고가 가능해진다.

(4) 형식적 조작기(period of formal operations, 11/12세~성인기) ⭐

① 추상적 사고

- 형식적 조작기의 가장 중요한 특징은 추상적 사고가 가능하다는 것이다.
- 추상적 사고란 구체적인 자료가 없어도 추상적으로 추론하고 생각하는 것인데, 융통성 있는 사고, 효율적인 사고, 복잡한 추리, 가설을 세우고 체계적으로 검증하는 일, 직면한 문제 상태에서 해결가능한 모든 방안을 종합적으로 고려해 보는 일 등과 같은 것이다.
- 실제로 혹은 구체적으로 경험할 수 없는 사물이나 사건을 머릿속으로 생각할 수 있다.
- 자신의 미래에 대해 생각하고, 현실과 다른 가상적 사회를 구상할 수 있다.

② 가설-연역적 추론

- 어떤 정보로부터 가설을 수립하여 일반적인 원리를 바탕으로, 특수한 원리를 논리적으로 이끌어내는 사고가 가능하다.
- "만일 ~이면 ~이다"라는 사고가 가능해진다.

③ 체계적·조합적 사고

- 하나의 문제를 해결하기 위해 여러 가지 가능한 해결책들을 논리적으로 구성하여 문제를 해결할 수 있는 사고를 한다.
- 문제해결을 위해 사전에 모든 가능한 방법들을 생각하고 체계적으로 조합할 수 있는 능력이 형성된다.

④ 모든 변인들의 관련성 파악

관련된 모든 변인들의 관련성을 파악하여 적절한 문제해결 방법을 찾아낼 수 있다.

⑤ 가설 설정과 미래사건 예측 가능

가설을 설정하고 미래의 사건을 예측할 수 있으며, 제시된 문제가 자신의 이전 경험이나 신념과 어긋난다 할지라도 처리가 가능하다.

잠깐!

구체적 조작기는 구체적인 사물과 구체적인 행위에 대해서만 체계적으로 사고할 수 있기 때문에 'A>B이고 B>C이면, A>C'라는 논리를 A, B, C의 구체적 요소를 눈으로 보여줘야 한다.
반면, 형식적 조작기는 추상적인 사고가 가능하기 때문에 A, B, C가 눈에 보이지 않아도 머릿속으로 이해할 수 있다.

합격자의 한마디

구체적 조작기의 조합능력(조합기술)이 덧셈뺄셈이라면, 형식적 조작기의 조합적 사고는 문제해결책을 찾는 것!

4. 도덕성 발달단계 ^{23회 기출} 🏆

(1) 피아제의 도덕성 발달 ★ ^{꼭!}

- 피아제는 아동의 인지발달뿐 아니라 도덕성 발달에도 관심을 두었는데, 그는 아동의 전반적 인지발달 수준이 아동의 도덕적 판단을 결정한다고 생각했다. 인지이론가들 중에서도 도덕성 발달에 대한 대표적인 이론가는 바로 피아제와 콜버그이다.

- 도덕성 발달과정은 자기중심적 사고에서 벗어나서 다른 사람의 관점에서 자아와 대상을 볼 수 있게 된다는 뜻에서 가역적 사고로 나아가는 지적 발달의 과정과 동일한 원리로 설명될 수 있다.

- 피아제는, 특히 아동의 도덕성 발달에 중점에 두었는데, 아동들에게 다음과 같이 구성된 여러 이야기를 들려주고 각 상황에 대해 아동들이 내리는 판단을 관찰하여 아동의 도덕성 발달수준을 타율적 도덕성과 자율적 도덕성의 2가지 유형으로 제시했다. 피아제에 따르면, 아동의 도덕적 판단은 타율적 도덕성으로부터 자율적 도덕성으로 발달해간다.

> 철수는 사과잼을 몰래 훔쳐 먹으려다 컵 하나를 깼고, 영수는 엄마 설거지를 도와주려다 실수로 컵 10개를 깼다. 철수와 영수 중 누가 더 나쁜 아이인가?

① 타율적 도덕성(heteronomous morality)

- 전조작기의 도덕적 수준이다. 성인이 정한 규칙에 아동이 맹목적으로 복종한다.

- 규칙은 불변적이며 지키지 않으면 벌을 받기 때문에 절대적으로 지켜야 한다고 생각한다.

- 아동이 저지른 잘못이 크면 클수록, 의도가 어떻든 간에 더 나쁘다고 생각한다. 즉, 의도보다 결과에 치중한다. **예** 영수가 컵을 더 많이 깼으니까 더 나쁘다고 판단하는 것

- 10세경까지 지속되다가 규칙이 협동적 상호작용을 위한 계약임을 배우게 되면서 자율적 도덕성으로 전환된다.

② 자율적 도덕성(autonomous morality)

- 구체적 조작기의 도덕적 수준이다.

- 이 시기의 아동은 규칙이 상호 합의에 의해 제정되며, 서로가 동의하면 언제든지 자율적으로 변화될 수 있다고 생각한다.

- 행위의 결과보다 행위자의 의도에 따라 옳고 그름을 판단한다. 예 훔치려다 컵을 깬 철수가 더 나쁘다고 판단하는 것
- 규칙을 어겼다고 반드시 처벌받는 것은 아니며 정상참작이 필요함을 인정한다.

피아제의 도덕성 발달단계

타율적 도덕성	• 어른들의 신체적 힘에 대한 두려움과 어른의 권위에 대한 복종에서 시작된다. • 신이나 부모와 같은 권위적 존재가 규칙을 만든 것이므로 그 규칙은 신성하고 변경할 수 없는 것이다. 이를 위반하면 벌을 받아야 한다고 생각한다. • 규칙은 변경할 수 없는 절대적인 것으로 간주한다. 행위자의 의도와는 관계없이 행동의 결과만을 가지고 판단한다. 예 엄마를 도와서 청소를 하다가 그릇 5개를 깨뜨리는 것은 엄마 몰래 과자를 꺼내 먹다가 그릇 1개를 깨뜨리는 것보다 나쁘다고 생각한다.	4~7세(전조작기 후기)
자율적 도덕성	• 옳고 그름에 대한 판단을 행위의 결과가 아닌 의도성에 의해 판단한다. • 규칙은 수정 가능하다는 것을 알게 된다. 예 응급환자를 수송하는 구급차 운전기사가 과속을 해서 속도를 위반하는 것이 부도덕하다고 생각하지 않는다.	10세 이후(구체적 조작기 후기) ※ 7~10세의 아동기는 타율적 도덕성과 자율적 도덕성이 공존하는 과도기적 단계

(2) 콜버그의 도덕성 발달 ⭐ ^꼭!^

① 콜버그의 생애

피아제 학파의 전통을 이은 대표적 연구자이자 도덕성 발달연구로 유명한 콜버그(Lawrence Kohlberg, 1927~1987)는 1927년 뉴욕 주의 브론스빌리에서 태어나 그곳에서 자랐다. 그는 미국 명문 사립 고등학교인 매사추세츠의 앤도버 아카데미에 다녔다. 고등학교 졸업 후 곧바로 대학에 들어가지 않고 이스라엘 건국 운동을 도우러 갔는데, 거기서 그는 유럽에서 이스라엘로 귀환하는 사람들을 수송하는 비행기의 부조종사로 활약했다. 사회적 정의를 행동으로 실천한 이 경험은 훗날 그의 도덕발달이론의 기초가 되었다.

그 후 1948년 시카고 대학교에 입학했다. 그는 입학 성적이 아주 좋아 단지 몇 강좌만 이수하고, 1년 만에 학사 학위를 받았다. 학부 시절 그는 철학과 문학을 통해 도덕적 전통을 배웠다. 졸업 후 그는 같은 대학원에 입학했다. 대학원 과정에서 로저스, 베틀하임, 벡과 같은 심리학자들로부터 임상적 이론과 실제를 배웠다. 콜버그는 처음에는 임상심리학자가 되려고 하였으나, 피아제 이론을 접하면서 피아제 발달이론에 흥미를 갖게 되었다.

콜버그는 시카고 대학에서 1962년부터 1968년까지 교수로 재직했고, 그 후

1968년부터 그의 생을 자살로 마감할 때까지 하버드 대학 교수로 연구에만 몰두했다.

② 도덕성 발달이론

• 콜버그는 피아제의 도덕 추론 연구를 청소년기와 성인기까지 확장했다. 그는 연구참여자들에게 죽어가는 아내를 살리기 위해 약을 훔친 하인츠 이야기 같은 여러 개의 도덕적 딜레마 상황을 제시하고 연구참여자들의 응답을 분석함으로써 도덕성 발달단계를 3수준 6단계로 나누어 제시했다.

• 도덕발달에 초점을 맞추었던 학자 콜버그는 1956년부터 30년 이상 10~16세 사이의 아동과 청소년 75명을 대상으로 도덕성 발달을 연구했다. 이들 아동 · 청소년들에게 '도덕적 딜레마'에 대한 가상적인 도덕적 갈등 상황을 제시하고, 그들이 어떤 반응을 보이는가에 따라서 도덕성 발달 수준을 6단계로 구분했다. 그는 피험자의 응답결과보다는 판단의 논리에 관심을 가졌는데, 대답이 다르더라도 판단의 근거가 되는 논리가 비슷하면 같은 수준의 발달단계로 보았다.

• 콜버그에 의하면, 모든 아동은 10세경까지는 전인습적 수준에 있다가 이 시기 이후 다른 사람의 의견을 고려하여 행위를 평가하기 시작하면서 인습적 수준의 도덕성을 보이게 된다. 대부분 13세까지는 인습적 수준에서 추론할 수 있다.

• 피아제와 마찬가지로, 콜버그는 형식적 조작기에 도달한 개인만이 후인습적 수준의 도덕성에 필요한 추상적 사고를 할 수 있다고 보았다. 이 수준은 보다 고차원적인 윤리적 원리의 관점에서 행위의 정당성을 평가하게 된다.

• 콜버그는 연구에 참여한 성인의 10% 미만이 6단계 유형의 사고를 보였다고 보고했고, 그는 죽기 전 자신의 이론에서 6단계를 삭제했다.

• 피아제와 마찬가지로 콜버그도 아동의 인지능력이 발달함에 따라 도덕발달 수준도 단계적으로 발달해간다고 보았다. 예를 들어, 2단계의 도덕적 사고 수준에 머물렀던 아동은 인지적 능력이 높아지고 사회적 경험이 풍부해지면서 3단계로 이행하게 된다.

• 도덕성 발달양상을 콜버그의 단계 기준에 맞추었을 때, 연령에 따른 도덕적 사고 수준은 정확히 말하기는 어려운데, 그것은 매우 상대적이고 개인차가 심하기 때문이다.

• 콜버그는 상이한 도덕성 발달단계에서는 각기 다른 인지능력이 필요하다는 것을 밝혀냈다. 인지발달 수준에 따라 도덕성 발달이 이루어진다는 것이다. 그는 각 발달시기의 도덕적 갈등 상황에 대한 판단양식에 따라 도덕성 발달을 설명했다.

콜버그의 도덕성이론의 예 '하인츠와 약사'

어떤 부인이 암으로 죽어가고 있었다. 그녀에게는 유일한 약이 있는데 그 약은 같은 마을에 사는 어떤 약사가 개발한 것이다. 그 약은 재료비도 매우 비쌌지만 약을 개발한 약사가 원료비보다 훨씬 비싸게 약을 판매했기 때문에 어지간해서는 그 약을 살 수가 없었다. 부인의 남편인 하인츠는 동네를 돌아다니면서 이 사람 저 사람에게 돈을 빌렸지만, 약을 사기에는 부족하였다. 그래서 약사에게 가서 사정을 이야기하고 약을 조금만 싼 가격에 팔아달라고 부탁하였다. 그러나 약사는 자신이 힘들게 개발한 약을 이렇게 싸게 팔 생각은 없으며, 자신은 약을 팔아 돈을 벌어야 된다고 말하면서 하인츠의 부탁을 거절했다. 하인츠는 절망한 나머지 그 약을 훔치기 위해 약국의 문을 부수고 들어갔다.

③ 도덕성 발달단계

보충자료

도덕성 발달과
인지 발달

㉠ 전인습적 수준

자기중심적이고 이기적인 도덕적 판단이 특징이며, 이 수준의 아동은 사회의 규범이나 기대, 즉 인습을 잘 이해하지 못한다. 일반적으로 9세 이전 연령은 전인습적 수준에 해당된다.

• 제1단계: 타율적 도덕성

　– 복종과 처벌 지향

　– 벌과 복종에 의해 방향이 형성되는 도덕성. 즉, 행위의 물리적 · 신체적 결과가 선악 판단의 기준이 됨

　– 1단계의 아동은 복종해야 하는 고정불변의 규율은 강한 권위자가 내려준 것이라고 추측함

　　예 하인츠 사례에 대해 다음과 같이 대답하는 경우. "훔치면 벌 받아요. 그러니까 나빠요"
　　예 오로지 수반되는 결과 "벌 받으니까 훔치면 안 돼요"에만 비추어 반응함

• 제2단계: 개인적 · 도구적 도덕성

　– 상대적 쾌락주의. 욕구충족 수단으로서의 도덕성

　– 네가 혜택을 주니까 나도 이렇게 혜택을 준다는 식의 상호성을 가지고 있음

　– 2단계 아동은 어떤 문제든 한 가지 이상의 측면이 있음을 알게 되며, 따라서 상대성을 알기 시작함(1단계는 강력한 권위자에 의한 절대적 규율이 있다고 생각)

　– 모든 것이 상대적이기 때문에 궁극적으로 각자의 욕구와 쾌락에 따라, 즉 상대적 쾌락주의에 의해 도덕성이 결정됨

　　예 하인츠 사례에 대해 다음과 같이 대답하는 경우. "사람에 따라 다르죠. 하인츠는 아내를 구하기 위해 훔치는 게 정당하다고 생각할 수 있겠지만, 약제사는 자기 약을 허락도 없이 훔쳤으니 하인츠를 나쁘다고 생각할 수 있어요"

ⓛ 인습적 수준

인습적이란 사회규범, 기대, 관습, 권위에 순응하는 것을 뜻하는 것으로 역할동조적인 도덕성이라고도 한다. 인습적 수준의 사람들은 다른 사람의 견해와 입장을 이해할 수 있다. 10세 이상의 아동, 청소년, 대다수의 성인이 인습적 수준에 해당한다.

- 제3단계: 개인 상호 간의 규준적 도덕성
  - 대인관계의 조화로서의 도덕성. 다른 사람과 관계를 유지하고 다른 사람에게 인정받는 '착한 아이' 타입의 도덕성 단계
  - 3단계 아동들은 착한 사람이 행해야 하는 것에 비추어 반응한다. 착하다고 하는 것은 동기와 감정 면에서 정의될 수 있는 것으로, 하인츠 사례의 경우 다음과 같이 응답하는 경우에 해당된다.
    > **예** 하인츠의 동기가 선하므로 옳다고 보는 경우. "하인츠가 생명을 구하려 애썼어요", "하인츠는 아내를 사랑했어요"
    > **예** 약제사의 동기가 악하므로 옳지 않다고 보는 경우. "약제사는 탐욕스러워요", "약제사는 자기 이익만 생각했어요"

- 제4단계: 사회체계 도덕성
  - 법과 질서를 준수하는 것으로서의 도덕성
  - 의무를 수행하고 권위를 존중하는 행동, 사회질서를 지키는 것을 중요하게 생각함
  - 4단계 아동들은 일반적인 사회질서에 대해 보다 광범위하게 사고하며, 사회질서가 유지되도록 법에 복종하는 데 초점을 둠
    > **예** 하인츠 사례에서 하인츠에게 동정적이긴 하지만, 그렇다고 도둑질을 용서할 수는 없다는 대답은 4단계에 속함

ⓒ 후인습적 수준

후인습적 수준의 도덕성은 자신이 인정하는 도덕적 원리를 토대로 한 도덕성으로, 사회규범을 이해하고 인정하지만, 법이나 관습보다는 개인의 가치기준에 우선순위를 두고 도덕적 판단을 한다. 이러한 수준의 도덕적 추론을 위해서는 형식적 · 조작적 사고가 필요하다. 콜버그가 10대 아동들을 20년 동안 추적연구를 한 결과, 5단계에 이른 아동은 10%에 지나지 않았고 6단계에 이르는 경우는 매우 극소수에 지나지 않았다.

- 제5단계: 인권과 사회복지 도덕성
  - 민주적으로 용인된 법. 사회계약 정신으로서의 도덕성. 4단계에서는 상당히 엄격한 '법과 질서'의 태도를 취했지만, 5단계에서는 법을 보다 유동적인 것으로 파악함
  - 5단계에서는 법이 사람들이 필요로 하는 바를 충족시키지 못하면 상호

동의와 민주적 절차를 통해 언제든지 변경 가능하다고 봄
- 5단계의 응답자는 자유, 정의, 행복 추구 등의 개인적 가치가 법보다 우선한다는 것을 어렴풋하게 인식
• 제6단계: 보편적 원리, 일반윤리
- 보편적 도덕 원리에 대한 확신으로서의 도덕성
- 6단계에서는 법을 초월하는 어떤 추상적이고 보편적인 원리에 대한 보다 명확한 개념화가 이루어짐. 이러한 원리들은 모든 사람에 대한 정당성과 존엄성을 포함
- 사회질서의 중요성을 인식하지만, 질서정연한 사회라고 해서 보다 중요한 원리들을 모두 실현시키고 있는 것은 아니라는 것도 깨달음
- 6단계 수준의 도덕적 사고에 도달하는 사람은 드묾
  > **예** 하인츠 사례에서 하인츠가 아내를 구하기 위해 도둑질을 할 법적 권리는 없지만 보다 상위의 도덕적 권리를 가지고 있다고 말하는 경우 6단계 도덕성 수준에 해당됨

하인츠의 행동에 대한 구체적 반응 예[25]

단계	괜찮다	나쁘다
1	훔친 약값이 실제로는 200불밖에 안 될지도 모른다.	남의 것을 함부로 훔칠 수 없다. 그것은 죄다.
2	약국 주인에게 큰 해를 끼치는 것도 아니고, 또 언젠가 갚을 수도 있다. 아내를 살리려면 훔치는 길밖에 없다.	약사가 돈을 받고 약을 팔려는 것은 당연한 일이다. 그것은 영업이고, 이익을 내야 한다.
3	훔치는 것은 나쁘지만, 이 상황에서 아내를 사랑하는 남편으로서는 당연한 행동이다. 아내를 살리려 하지 않는다면 비난받을 것이다.	아내가 죽는다고 해도 자기가 비난받을 일은 아니다. 훔치지 않아도 자기가 할 일을 다 한 것이다.
4	사람이 죽어가는데 약사가 잘못하는 것이다. 아내를 살리는 것이 하인츠의 의무이며, 약값은 반드시 갚아야 하고 처벌도 받아야 한다.	훔치는 것은 역시 나쁘다. 자기감정이나 상황과 관계없이 규칙은 항상 지켜야 한다.
5	훔치는 것이 나쁘다고 말하기 전에 전체적인 상황을 고려한다. 이 상황이라면 약을 훔칠 수밖에 없을 것이다.	약을 훔쳐서 아내를 살릴 수는 있지만 목적이 수단을 정당화하지 못한다.
6	법을 준수하는 것과 생명을 구하는 것 사이에 생명을 구하는 것이 더 높은 수준의 원칙이다.	암은 많이 발생하고 약은 귀하니 필요한 모든 사람에게 다 돌아갈 수 없다. 감정이나 법에 따라 행동할 것이 아니라 인간으로서 무엇이 이성적인가는 생각했어야 한다.

(3) 콜버그의 도덕성 발달이론에 대한 비판

• 도덕적 사고를 지나치게 강조하고 도덕적 행동이나 도덕적 감정은 무시했다. 도덕적 판단과 도덕적 행위가 항상 일치하는 건 아니다. 즉, 일상의 경험에 비추어 바른 판단 능력을 갖는다고 해서 반드시 바른 도덕적 행동이 나타난다고 보장하기는 어렵다.

- 모든 문화권에 보편적으로 적용하기에는 한계가 있다. 개인의 가치와 권리를 높이 평가하는 서구사회의 문화적 편향성을 보여 실제 사회적 조화와 집단적 가치를 우선시하는 문화에서는 후인습적 수준을 발견할 수 없다.
- 도덕성 발달단계에 있어서 대부분의 남성은 4단계 수준에, 대부분의 여성은 3단계 수준에 머문다고 하였다. 여성이 남성보다 낮은 단계의 도덕성 발달수준에 머문다고 하여 성차별적 관점을 지닌다. 또한 콜버그는 남성만을 대상으로 연구결과를 제시하였는데, 실제 여성은 남성과 다른 도덕적 관점을 가지고 있다. 남성은 인간복지에 관한 관심이나 책임보다 법을 통한 정의에 초점을 두는 정의의 도덕성을, 여성은 배려에 더 많은 초점을 두는 타인 배려의 도덕성을 가진다. 콜버그는 여성의 도덕적 판단에서 나타나는 가치와 특징을 과소평가, 평가절하한다는 비판을 받았다.
- 콜버그 이론이 추구하는 도덕적 정의는 개인의 권리와 공정성이라는 도덕성의 한 측면만을 반영하고 있으며 인간관계 속에서 타인을 배려하고 타인과의 관련성을 중시하는 관계적 측면을 등한시하고 있다.
- 도덕적 퇴행 현상에 대한 한계가 지적된다. 콜버그는 노년기 인지능력의 감퇴가 일어나기 전까지는 도덕성발달단계가 퇴보하는 일이 있을 수 없다고 했으나 일부 연구에서 고등학교 시기 사이에 4단계에서 5단계로 진전하는 대신에 전인습적 수준으로 퇴행하는 경향을 찾을 수 있었다.

콜버그의 도덕성 발달단계

도덕발달	수준별 특징	단계별 특징
전인습적 수준	• 벌을 피하거나 보상을 받기 위해 외부에서 주어진 규칙을 따름 • 4~9세 이전	1단계: 타율적 도덕성 벌과 복종에 의해 방향이 형성되는 도덕성
		2단계: 개인적 · 도구적 도덕성 • 욕구 충족 수단으로서의 도덕성 • 자신에게 이익이 되는 정도에 따라 행동을 판단
인습적 수준	• 타인의 승인을 얻거나 사회적 질서를 유지하기 위해 규칙과 규범을 따름 • 외적인 벌과 보상 대신 사회적 칭찬과 비난에 대한 회피가 도덕적 행위의 동기로 작용 • 10세 이상의 아동, 청소년, 대다수의 사람	3단계: 개인 상호 간의 규준적 도덕성 • 대인관계의 조화로서의 도덕성 • 권위적 인물의 승인 정도를 바탕으로 행동
		4단계: 사회체계 도덕성 법과 질서를 준수하는 것으로서의 도덕성
후인습적 수준	• 정의의 원리에 의해 옳고 그름을 판단하며, 도덕적으로 옳고 법적으로 타당한 것이 항상 같은 것은 아니라는 사실을 알게 되면서 법과 무관한 자율적이고 독립적 사고와 판단 가능 • 형식적 · 조작적 사고가 필요함 • 20세 이상의 소수만 이 수준에 도달함	5단계: 인권과 사회복지 도덕성 사회계약 정신으로서의 도덕성
		6단계: 보편적 원리, 일반윤리 보편적 도덕원리에 대한 확신으로서의 도덕성

5. 인지발달이론과 사회복지실천[26]

(1) 피아제 인지이론에 대한 평가

① 피아제 인지이론의 의의
- 아동의 인지발달과정을 이해할 수 있는 이론적 틀을 제공하였다.
- 아동에 대한 훌륭한 관찰을 통해 이루어졌으며, 인지발달에 대해 포괄적으로 접근하였다.
- 아동은 어른이 가르치는 대로 배우는 것이 아니라 스스로의 방법으로 배움을 강조한다.
- 아동의 과학적 · 수학적 추리능력이 어떻게 발달하는지 밝혔다.
- 아동의 사고가 어른들의 사고보다 부족한 것이 아니라 아동의 사고방식이 어른과 다름을 밝혔다.
- 아동의 호기심과 내재적 동기를 강조하며, 아동을 창조적이며 발전적인 사고를 할 수 있는 존재로 이해한다.
- 인지발달, 정서발달, 사회적 발달은 분리될 수 없고 병행하여 발달한다.

② 피아제 인지이론에 대한 비판
- 성별에 따른 발달의 차이와 개인차에 대해서는 특별히 언급하지 않았다.
- 성인기 이후의 인지발달에 대해서는 논의하지 않았다.
- 피아제 이론과 관련해서는 각 단계에 도달하는 연령에 대한 비판이 가장 일반적이다.
- 모든 개인의 사회적 및 정서적 성장과 발달이 고정된 과정을 거친다고 본다. 주로 평균적인 아동을 대상으로 하여 교육이나 문화의 영향은 크게 고려하지 않았다.
- 전조작기와 구체적 조작기의 두 단계에서는 연령에 따른 인지발달 개념의 타당성이 명확하게 입증되지 않았다.
- 인지 능력과 다른 사회적 · 정서적 능력의 동시성을 강조하였다. 사회적 인지 능력이 다른 인지 능력보다 더 빨리 획득된다.
- 피아제의 단계이론과 달리 인지발달은 뚜렷한 단계를 거쳐 이루어지는 과정이 아니라 계속적으로 진행되는 비단계적 과정이라고 설명하는 학자들도 있다.
- 피아제 이론은 아동에 대한 직접적 관찰을 통해 수집한 자료이기 때문에 과학적인 방법으로 증명되기 어렵다.
- 도식, 적응, 평형 등과 같은 개념들은 그것의 발달과정을 증명하기 어렵다.

- 아동이 어떻게 하여 인지발달의 한 단계로부터 다음 단계로 넘어가는지를 명확히 설명해주지 못한다.
- 과학적 · 수학적 사고의 발달이론은 인정하지만, 사회적 발달 부분, 즉 자아중심성, 도덕판단과 관련된 개념들은 정교하지 못하다. 예를 들어, 전조작기의 아동이라 하여도 모두 자아중심적인 것은 아니며, 또한 모두 물활론적 사고를 가지고 있는 것도 아니다.
- 문화적 차이를 고려하지 못한다는 비판이 있다.

(2) 인지발달이론과 사회복지실천

① 인지장애

- 유아기 아동들에게 중요한 문제는 감각 및 지각의 발달에 관한 것이다. 아동이 적절한 반응을 보이지 못할 경우에는 아동에 대한 정확한 진단과 치료, 어머니에 대한 정서적 지지치료를 제공해야 할 것이다.
- 인지발달이 적절히 이루어지지 못한 아이의 경우 인지장애를 보일 수 있다. 주로 전조작기 아동들에게서 나타나는 인지장애는 지능이 평균보다 훨씬 낮고 이 때문에 적응기능에 결함이 나타나는 상태로 대부분 18세 이전에 발생한다. 따라서 이 시기의 아동들에게는 유치원이나 보육시설에서 적절한 인지교육을 할 필요가 있다.
- 부모나 교사는 자신들의 위치에서 가치기준을 교육해서는 안 된다. 강압적인 교육은 아동에게 죄책감을 느끼게 하고, 이것은 등교거부증이나 학교공포증 등의 공포증으로 나타나기 쉽다. 이러한 공포증의 경우, 사회복지사는 아동과 부모에 대한 상담을 실시하여 아동의 정서적 안정을 지원해야 할 것이다.

② 인지치료

- "인지 혹은 인지과정을 바꿈으로써 현존하는 혹은 앞으로 예상되는 인지왜곡을 수정하기 위한 시도에 대한 접근"이다(Hollon & Beck). 인지적 개념은 치료변화를 위한 세 가지 기본적인 메커니즘으로 구분하는데, 즉 합리적인 분석, 논리적 · 경험적 사정, 반복 또는 실천이 그것이다. 합리적인 분석은 비확증과 재개념화의 과정이고, 논리적 · 경험적 사정은 클라이언트의 인지를 확인하거나 논박하는 증거의 체계적인 분석에 초점을 두는 것이다. 왜곡된 생각을 찾아내고 현실적으로 평가해서 수정한 후 생활 속에 적용하고 반복하는 것이 치료과정이다.
- 인지치료의 대표적인 기법으로서 엘리스(Ellis, 1962)의 합리적 정서치료가

있다. 합리적 정서치료는 비확증과 합리적인 호소에 의존한다. 인간의 비합리적인 사고가 정서장애의 주요 요인이 되며, 이러한 비합리적 사고는 논박을 통해 합리적인 사고로 교정함으로써 정서장애를 제거하여 효과를 볼 수 있다고 주장한다.

- 비합리적 사고에는 당위적 사고('반드시 ~해야만 한다')와 단정적이며 일반화된 사고('~이다')가 있으며, 이러한 사고들은 부모와 사회 등의 환경에 의해 학습되어 자기독백(self-talk)에 의해 강화된다.
- 치료과정에서는 반복되는 자신의 비합리적인 자기독백을 파악하여, 그것을 논박하고 합리적인 말로 대체, 반복 학습함으로써 정서적 장애를 소거, 최소화하려고 한다.

2 스키너의 행동주의이론

기출회차

1	2	3	4	5
6	7	8	9	10
11	12	13	14	15
16	17	18	19	20
21	22	23		

강의로 복습하는 기출회독 시리즈

Keyword 009

1. 스키너의 생애

1904년 3월 미국 펜실베니아주 출생했으며, 1990년 사망했다. 인간행동을 이해하기 위한 경험적 접근을 했다. 변호사인 아버지와 적절한 훈육을 제공했던 어머니 사이에서 자란 스키너는 1926년 해밀턴대학에서 영문학사를 받고 작가가 되려 했으나 실패하고, 1928년 하버드대학의 심리학과 대학원에 입학하여 파블로프와 왓슨이 연구한 동물 행동을 전공하여 1931년 박사학위를 받았다.

스키너는 심리학 분야에서 가장 뛰어난 학자로 인정받을 뿐 아니라 행동주의 심리학의 가장 영향력 있는 이론가이다. 파블로프, 왓슨, 손다이크의 연구업적을 토대로 심리학의 행동주의 학습이론을 체계적으로 발전시켰다.

인간행동은 환경에서 부과되는 힘의 결과라고 믿으며, 사회문제와 인간문제를 해결하기 위해서는 환경의 힘을 적절하게 조작화해야 한다고 주장한다.

2. 행동주의이론의 특징 🏆 23회기출

중요도 ★★★

스키너 이론에는 외워야 할 주요 개념들이 많은데, 특히 강화, 처벌, 강화계획에 관한 문제가 자주 출제되고 있다. 주로 사례를 제시하고 해당 사례가 어떤 개념에 해당되는지를 묻는 형식과 이론의 전반적인 사항을 묻는 유형으로 출제된다. 23회 시험에서는 행동주의 이론의 전반적인 내용을 묻는 문제와 스키너 이론의 전반적인 내용을 묻는 문제의 형태로 2문제가 출제되었다. 인간관, 주요 개념(강화계획) 등에 관한 내용이 선택지로 출제되었다.

1) 행동주의이론의 특징

(1) 이론의 초점

• 행동주의이론은 다른 성격이론들과 달리 내적인 동기와 욕구, 지각에 초점을 두기보다는 구체적으로 관찰할 수 있는 행동에 초점을 둔다.
• 행동주의이론은 인간의 행동이 학습되거나 학습에 의해 수정될 수 있다고 보기 때문에 학습이론이라고도 한다.
• 학습을 통하여 인간은 지식과 언어를 습득하고, 태도와 가치관을 형성하며 다양한 감정을 경험한다. 즉, 행동을 사회적 맥락에서 이해하는 것이다.

(2) 인간에 대한 관점 ⭐

- 인간행동은 내적 충동보다 외적 자극에 의해 동기화된다.
- 인간행동에 영향을 주는 중요한 근원은 환경이다.
- 인간행동이나 성격은 인간이 환경적 자극에 반응하는 과정을 통해 형성된 결과물이다.
- 인간은 보상과 처벌에 따라 유지되는 기계적 존재로, 모든 인간행동은 법칙적으로 결정되고 예측 가능하므로 통제할 수 있다.
- 인간행동은 환경 자극에 의해 동기화되며, 행동에 따르는 강화에 의해 전적으로 결정된다.
- 스키너의 인간행동에 대한 기본가정을 ABC패러다임이라고 한다.
- ABC 패러다임
  - 선행요인(A, antecedents): 행동 이전에 일어나는 사건을 말한다. 이 사건은 일어날 행동의 단계를 설정한다. 📖 실직자였던 아버지가 일을 나가려고 함
  - 행동(B, behavior): 관찰 가능하고, 측정 가능한 반응 혹은 행동이다. 행동은 때로 인지, 심리생리적 반응, 감정 등을 포함하는 넓은 의미이다. 📖 아버지와의 분리를 원치 않는 아들이 구토 증세를 보임
  - 결과(C, consequences): 특정 행동의 직접적인 결과인 그 무엇을 말한다. 결과를 가장 잘 설명하는 용어는 강화와 벌이다. 📖 아버지가 일을 나가지 못하고 아들 곁에 머무름

(3) 성격에 대한 관점

- 성격이란 각 개인이 지니고 있는 행동유형들의 집합이며, 한 개인의 행동과 그에 따르는 강화 사이의 관계유형이라고 본다.
- 자극—반응이라는 학습원칙은 누구에게나 동일하게 적용되지만, 각자의 유전적 배경과 독특한 환경적 조건이 개인 특유의 행동유형을 형성하므로 모든 사람들의 행동발달 유형은 모두 다르다.
- 강화된 행동은 습관이 되고 이 습관이 성격의 일부가 된다고 보는데, 강화된 행동은 일반화와 자극에 대한 변별능력이 적절하게 발달한 결과로 건전한 성격을 형성한다.

2) 주요 개념

(1) 고전적 조건형성 · 파블로프식 조건형성(classical conditioning) ⭐

- 고전적 조건형성과 반응적 조건형성은 같은 의미이다. 스키너는 파블로프(Pavlov)의 조건 형성에 대해 다른 심리학자들이 주로 사용하는 '고전적 조

조건형성과 조건화
조건형성과 조건화는 행동이 학습되는 것을 의미하는 동일한 용어 'conditioning' 이다.

고전적 조건화

• 무조건 자극: 사전경험이나 학습/훈련 없이도 반응을 유발하는 자극(고기)
• 무조건 반응: 무조건 자극에 대한 자동적 반응, 학습이나 조건형성이 되지 않은 상태에서 나타나는 반사적 행동(개가 먹이를 보고 타액을 분비하는 현상)
• 조건 자극: 조건 반응을 유발하는 자극(종소리)
• 조건 반응: 조건 자극에 의해서 유발되는 반응(종소리만으로 침이 나오는 것)

건형성'이라는 표현 대신 '반응적 조건형성'이라는 표현을 사용했다.

• 고전적 조건형성의 의미: 자동적(반사적·무조건) 반응을 일으키는 자극과 연합된 중립자극도 나중에는 반응을 유발하게 됨. 자극들 간의 연합에 의해 반응적 행동이 유발되는 것을 말함

• 강조점: 자극들 간의 연합에 의해 생성되는 반응

• 고전적 조건형성의 예: 파블로프의 개 실험을 통한 고전적 조건반사 연구. '개에게 고기를 주기 전에 매번 종을 울리면 그 개는 점차 종소리만 듣고도 침을 흘리게 되더라.'

  – 조건형성 전: 고기(무조건 자극)가 침 분비(무조건 반응)를 유발함. 이때 고기를 주기 전에 울리는 종소리는 침 분비와는 아무런 관계가 없는 자극(중립 자극)

  – 조건형성 후: 종소리(조건 자극)가 무조건 자극인 고기와 연합되어 나중에는 고기없이 종소리만 듣고도 개가 침(조건 반응)을 흘림

• 인간에게 있어서 고전적 조건화는 연상 학습을 설명해준다. 가령, 물에 대한 공포 연상이 일생 동안 물에 대한 회피를 가져올 수 있다. 예 '자라 보고 놀란 가슴 솥뚜껑 보고 놀란다.'

• 고전적 조건형성은 임상적인 장면에서 자신이 속한 환경이나 문화에서 정상적인 감정이나 태도를 학습하지 못한 사람에게 재학습시키는 방법으로 많이 사용되고 있는데, 그 예로 혐오치료법, 홍수법, 체계적 둔감법 등이 있다.

고전적 조건형성의 학습원리

1. 시간의 원리
조건 자극이 무조건 자극보다 약간 앞서서(혹은 동시에) 주어져야 조건형성이 이루어진다. 가장 이상적인 시간간격은 0.5초인 것으로 알려져 있다.

2. 강도의 원리
먼저 제시되는 조건 자극보다 나중에 제시되는 무조건 자극의 강도가 커야 한다. 무조건 자극의 강도가 강할수록 조건형성이 용이하다.

3. 일관성의 원리
무조건 자극과 조건 자극은 조건이 형성될 때까지 지속적으로 제시되어야 한다. 질이 다른 자극을 다양하게 제시하는 것이 아니라 일관된 자극을 주는 것이 조건형성에 유리하다.

4. 계속성의 원리
자극과 반응의 결합이 자주 제공될수록, 즉 자극과 반응의 과정이 반복적으로 횟수가 거듭될수록 조건형성에 유리하다(연습의 법칙).

(2) 조작적(도구적) 조건형성 · 스키너의 조건형성(operant conditioning) ★

- 조작적 조건화란 고전적 조건화와 달리 유기체가 원하는 결과를 얻기 위하여 실행하는 자발적인 반응이다. 조작적이라는 용어는 유기체가 원하는 결과를 얻기 위해 선택적으로 환경에 작용하는 것을 의미한다.
- 고전적 조건화와의 차이: 고전적 조건화는 자극 간 연합에 의해 생성되지만, 조작적 조건화는 행동과 결과 사이의 연합에 의해 생성된다. 즉, 조작적 조건화에서의 강조점은 바로 '행동의 결과'이다.
  - 행동의 결과가 어떠한가에 따라 행동이 달라진다.
  - 특정 행동의 결과가 긍정적이면 행동이 증가하고, 부정적이면 감소하는 경향이 있다.
- 임상적 활용
  - 스키너는 행동의 학습은 어떤 강화가 없으면 일어나지 않는다고 보고, 조작적 조건화의 개념을 활용하여 인간행동을 수정할 수 있는 다양한 행동적 기법을 개발하여 임상에서 적용하였다.
  - 대부분의 치료에서 조작적 조건화 원리를 응용한다.
- 조작적 조건형성의 예: 스키너의 쥐 실험
  - 쥐가 우연히 지렛대를 누름: 쥐의 우연한 행동
  - 음식이 나옴: 우연한 행동의 결과가 긍정적임
  - 우연히 지렛대를 누를 때마다 음식이 나옴: 우연한 행동에 대한 결과가 계속 긍정적임(연속적 강화)
  - 쥐가 지렛대를 누르는 행동이 반복(증가)됨: 쥐가 조건화됨(조작적 조건형성)
- 고전적 조건형성에서 나타난 자극에 의해 반응되는 수동적 반응행동 (respondent behavior)과 구별된 개념으로, 조작적 조건형성에서는 자발적으로 행동하는 조작행동(operant behavior)을 제시했다. 예를 들어, 스키너의 쥐 실험에서 쥐는 '먹이를 먹기 위해' 지렛대를 조작하는 행동을 통해 자발적 행동이 조건형성되었다. 이에 비해, 파블로프 실험에서의 개를 생각해 보자. 침은 개가 자발적으로 흘리고 말고 할 여지가 없는 그저 수동적인 행동이었을 뿐이다(침이 나오니까 그저 흘릴 뿐인 파블로프의 개와 어느 순간부터 자기가 알아서 지렛대를 조작하는 쥐와는 서로 차원이 다르다는 것!).

(3) 변별자극(discriminative stimulus)
- 특정한 반응이 보상받거나 혹은 보상받지 못할 것이라는 단서 혹은 신호로서 작용하는 자극을 말한다.

잠깐!

고전적 조건화와 조작적 조건화
- 고전적 조건화: 자극과 자극의 연합으로 행동이 조건화됨
- 조작적 조건화: 행동과 결과의 연합으로 행동이 조건화됨

합격자의 한마디

고전적 조건화가 환경적 자극에 수동적으로 반응하여 형성된 행동(반응적 행동)을 설명하는 개념이라면 조작적 조건화는 환경적 자극에 능동적으로 반응하여 원하는 결과를 얻기 위해 실행하는 자발적 행동(조작적 행동)을 설명하는 개념입니다. 이것이 '능동적' 인간관을 갖고 있다는 의미는 아니라는 것에 유의하세요.

- 어떤 행동이나 반응을 나타내면 바람직한 결과를 얻을 수 있을 것인지 알 수 있는 신호로, 인간은 변별자극으로 외적 세계를 예측하고 통제하는 것이 가능하다.

> **예** 벽에 낙서했을 때 선생님이 무서운 얼굴 표정을 지으면 이는 처벌을 받는다는 신호로 일종의 변별자극이다.

(4) 강화(reinforcement) 🌟꼭!

- 강화란 보상을 제공하여 행동에 대한 반응을 강력하게 하는 것을 말한다.
- 행동의 결과로서 그 행동을 좀 더 자주 유지하도록 했다면 그 결과를 강화라고 한다.
- 강화물은 반응을 증가시키는 행위나 사물로 행동을 강화함으로써 미래에 그 행동을 다시 할 가능성을 높이는 역할을 한다.

> **예** 철수가 심부름을 하자(행동) 엄마가 아이스크림을 사주었다(행동의 결과). 그랬더니 철수가 그 뒤로도 심부름을 자주하더라(행동빈도의 증가 혹은 유지). 이때 행동의 결과인 '아이스크림 사주기'는 강화에 해당한다.

- 강화에는 즐거운 결과를 부여하여 행동 재현을 가져오도록 하는 (긍)정적 강화와 혐오스러운 결과를 제거함으로써 바람직한 행동 재현을 유도하는 부(정)적 강화가 있다.

① 정적 강화(positive reinforcement)

- 즐거운 결과를 부여하여 행동 재현을 가져오게 하는 것이다.
    - 즐거운 결과를 부여함으로써: +, 정적
    - 행동 재현을 가져옴: +, 강화(행동 빈도의 증가를 의미)
- 정적 강화의 예
    - 철수가 방청소를 하면 아이스크림을 준다.
        - → 아이스크림을 줌으로써(+: 정적) 방청소를 하는 행동이 증가한다(+: 강화).
    - 쥐가 지렛대를 누르면 음식이 나온다.
        - → 음식을 줌으로써(+: 정적) 지렛대 누르는 행동이 증가한다(+: 강화).
    - 명진이가 동생과 싸우지 않고 잘 놀면 엄마는 명진이가 좋아하는 핫케이크를 구워준다.
        - → 핫케이크를 구워줌으로써(+: 정적) 동생과 사이좋게 노는 행동이 증가한다(+: 강화).
    - 세진이가 감기약을 뱉지 않고 잘 삼키면 바나나를 준다.
        - → 바나나를 줌으로써(+: 정적) 약을 잘 먹는 행동이 증가한다(+: 강화).

② 부적 강화(negative reinforcement)

- 혐오스러운 결과를 제거함으로써 바람직한 행동 재현을 가져오는 것이다.
  - 혐오스러운 결과를 제거함으로써: −, 부적
  - 행동 재현을 가져옴: +, 강화(행동 빈도의 증가를 의미)
- 부적 강화의 예
  - 학생 모두가 수업 시작 전에 강의실에 도착하면, 교수가 그날 과제를 면제해준다.
    → 과제를 면제해줌으로써(−: 부적), 수업시간 전에 도착하는 행동이 증가한다(+: 강화).
  - 상진이가 7시 전에 과제를 모두 끝내 놓으면, 그날은 아빠가 상진이에게 잔소리를 하지 않는다.
    → 잔소리를 하지 않음으로써(−: 부적), 7시 전에 과제수행하는 행동이 증가한다(+: 강화).
  - 안전벨트를 매면 안전벨트 부저의 시끄러운 소음이 멈춘다.
    → 시끄러운 소음을 멈춤으로써(−: 부적), 안전벨트 매는 행동이 증가한다(+: 강화).

③ 정적 강화와 부적 강화의 공통점과 차이점

- 공통점: 정적 강화나 부적 강화 모두 특정한(대체적으로는 바람직한 혹은 기대하는) 행동을 증가시키는 목적을 가지는 것은 공통점이다.
- 차이점: 정적 강화는 정적 강화물을 제시함으로써 특정 행동을 증가시키는 것이고, 부적 강화는 부적 강화물을 제거함으로써 특정 행동의 빈도를 증가시킨다는 데 차이가 있다.

(5) 처벌(벌, punishment) ⭐꼭!

- (처)벌은 어떤 행동을 했을 때 혐오스러운 결과를 주거나 정적 강화물을 제거함으로써 특정 행동의 빈도를 줄이는 것으로서 행동수정의 한 방법이다.
- 처벌은 그것이 정적이든 부적이든, 즉 제시하든 철회(제거)하든 행동빈도를 감소시키는 것을 의미한다.

① 정적 처벌

특정 행동 뒤에 부정적이거나 혐오스러운 자극을 제시하여 해당 행동의 빈도를 감소시키는 것을 말한다.

예 철수가 동생과 싸웠다 → 엄마가 철수의 손바닥을 때렸다 → 그랬더니 철수가 동생이랑 덜 싸운다
　(특정 행동)　　　　(행동의 결과: 혐오자극의 제시)　　　　(행동빈도의 감소)

② 부적 처벌

특정 행동 뒤에 유쾌한 자극을 철회하여 해당 행동의 빈도를 감소시키는 것을 말한다.

> **예** 철수가 동생이랑 싸웠다 → 엄마가 TV를 못보게 했다 → 그랬더니 철수가 동생이랑 덜 싸운다
>   (특정 행동)   (행동의 결과: 유쾌한 자극의 철회)   (행동빈도의 감소)

강화와 처벌

자극의 종류 \ 자극의 여부	제시	철회
유쾌한 자극	정적 강화	부적 처벌
혐오자극	정적 처벌	부적 강화

(6) 소거

- 더 이상 강화를 받지 못해서 행동이나 반응이 사라지거나 약화되는 것을 말한다.
- 소거는 행동빈도를 감소시키거나 제거하는 것을 목적으로 한다는 점에서는 처벌과 같다. 다만, 처벌은 그러한 목적을 위해 좋은 자극을 제거하거나 혐오스런 자극을 제시하는 방법을 사용하지만, 소거는 무언가를 제시하거나 철회하는 것이 아니라 아무런 강화도 주지 않는 방법을 사용한다는 데에 차이가 있다.

> **예** 아이가 부모의 주의를 끌기 위해 심하게 운다 → 부모가 관심을 보이지 않고 내버려두면 처음에는 더 심하게 우는 듯하다가 점차 심하게 우는 행동이 약화되거나 사라진다.

정적 강화, 부적 강화, 벌, 소거

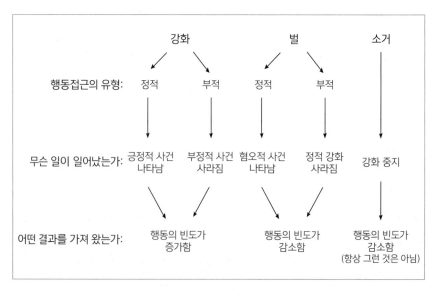

(7) 강화물의 유형

① 일차적 강화물
- 다른 강화물과 연합하지 않은 보상 그 자체를 말한다.
- 사람들이 귀중하다고 여기는 대상과 활동이 포함된다.

② 이차적 강화물
- 다른 강화물과 함께 학습되어 강화물로 기능하는 것이다.
- 특징: 학습해야 함. 가치를 내포함

(8) 강화계획(reinforcement schedule) [27] ⭐

강화계획은 조작적 행동이 습득되고 유지될 수 있도록 강화물을 제시하는 빈도와 간격의 조건을 나타내는 규칙이다.

① 연속적 강화계획

행동이 일어날 때마다 강화물을 제시한다. 초기단계에서 어떤 행동을 시작하고 강화하는 데 유용하지만 강화가 중지되면 그 행동이 소거될 가능성이 있다.

② 간헐적 강화계획
- 간헐적으로 강화물을 제시하는 것이다.
- 강화는 간헐적으로 이루어질수록 소거가 어렵고 지속된다.
- 간헐적 강화계획에는 일정한 시간이 지난 다음에 발생한 행동만을 강화하는 간격 강화계획과 일정한 수의 반응을 한 다음에 한 번씩 강화해주는 비율 강화계획이 있다.
- 간헐적 강화계획은 다음의 4가지 유형으로 구분된다.

강화계획의 구분
- 간격: 시간이 기준
- 비율: 행동의 횟수가 기준

강화계획 지속성
해당 행동이 강화가 끝난 후에도 가장 높은 지속성을 갖게 되는 강화는 가변비율 강화계획>고정비율 강화계획>가변간격 강화계획>고정간격 강화계획 순이다.

ⓧ 고정간격 강화계획(FI, fixed interval schedule)
- 강화들 사이의 시간 간격이 일정한 강화계획을 말한다.
- 시간간격이 길수록 반응빈도는 낮아진다.

ⓛ 가변간격 강화계획(VI, variable interval schedule)
- 강화들 사이의 시간 간격이 일정하지 않은 강화계획을 말한다.
- 강화 시행의 간격이 다르며, 평균적으로 확인할 수 있는 시간 간격이 지난 후 강화한다. 예를 들어, 평균치가 5분이면 어떤 반응이 첫 번째 강화를 받기 위해서는 2분이 경과될 수도 있고, 두 번째까지는 15분이, 세 번째 강화

에는 7분이 경과할 수 있다. 결국, 평균은 5분에 한 번씩 강화가 주어지는 셈이 된다. 이 계획에서는 강화물이 제거된 후에도 반응이 계속 일어나는 경향이 있다.

ⓒ 고정비율 강화계획(FR, fixed ratio schedule)
어떤 특정한 행동이 일정한 수만큼 일어났을 때 강화를 주는 것이다. 예를 들어, 일정한 수만큼의 물건을 만들었을 때 특정한 액수의 보수를 지급하는 것이다.

ⓔ 가변비율 강화계획(VR, variable ratio schedule)
• 강화를 받는 데 필요한 반응의 수가 어떤 정해진 평균치 범위 안에서 무작위로 변하는 것이다.
• 다음 강화가 언제 일어날지 예측할 수 없으므로 반응률은 높고 지속적이다.

강화계획

		행동이 일어날 때마다 강화물 제시
연속적 강화계획		약속한 행동을 할 때마다 칭찬도장을 찍어준다. 어린이집에서 어린이가 규칙을 지킬 때마다 바로 칭찬해서 규칙을 지키는 행동이 늘어나도록 한다.
간헐적 강화계획	**고정간격 강화계획**	시간 간격을 정해두고 그 시간에 강화물 제시 공부하는 자녀에게 1시간 간격으로 간식을 제공한다. 정시 출근한 아르바이트생에게 매주 추가수당을 지급하여 정시 출근을 유도한다.
	가변간격 강화계획	평균적인 시간은 있지만 시간 간격이 다르게 강화물 제시 공부하는 자녀에게 하루 중 세 번의 간식을 주기로 하고 아무 때나 간식을 제공한다. 1년에 6회 자체 소방안전 점검을 하되, 불시에 실시하여 소방안전 관리를 철저히 하도록 장려한다.
	고정비율 강화계획	특정 행동이 일정한 수에 도달했을 때 강화물 제시 공부하는 자녀에게 50문제 풀이를 끝낼 때마다 간식을 준다. 영업사원이 판매 목표를 10%씩 초과 달성할 때마다 초과 달성분의 3%를 성과급으로 지급하여 의욕을 고취한다.
	가변비율 강화계획	평균적으로 몇 번의 반응이 일어난 후 무작위로 강화물 제시 공부하는 자녀에게 처음에는 50문제 풀이를 끝낸 후, 두 번째는 40문제를, 세 번째는 60문제를 끝낸 후에 간식을 제공한다. 수강생이 평균 10회 출석할 경우 상품을 1개 지급하되, 출석 5회 이상 10회 이내에서 무작위로 지급하여 성실한 출석을 유도한다.

(9) 일반화와 변별

스키너는 건강한 성격은 일반화와 변별의 능력을 혼합한 결과로 발달한다고 주장하였다.

① 일반화(generalization)

• 자극 일반화: 어떤 자극이나 상황에서 어떤 행동이 강화된 결과로 인해서 그와 다른 어떤 자극이나 상황에서도 그 행동이 일어날 가능성이 증가하는 것이다. 강화된 행동이 다른 상황으로 확장된다.

• 반응 일반화: 어떤 행동이 강화된 결과로 인하여 동일한 자극이나 상황에서 유사한 다른 행동이 일어날 가능성이 증가되는 것이다. 강화된 행동 외에 다른 행동이 나타난다.

② 변별(discrimination)

• 주어지는 자극에 대해 선택적으로 반응을 보이는 것을 말한다.

• 자극 일반화와 이후 분화과정을 통해 나타나는 것으로, 어떤 자극에 반응하는 행동은 강화해주고 다른 자극에 반응하는 행동은 강화하지 않음으로써 학습된다.

• 사회적응에 있어 반응을 일반화하는 능력도 중요하지만 각기 다른 상황에서 변별을 잘하는 능력도 중요하다.

일반화	자극 일반화	강화된 행동이 다른 자극이나 상황에서도 나타남 📵 아동 상담에서 선생님께 인사하기를 배운 아이가 학교 선생님이나 동네 어른들께 인사한다. 📵 낯선 남성에게 성추행을 당한 여성이 다른 낯선 남성에 대해 적대감을 보인다.
	반응 일반화	유사한 자극이나 상황에서 다른 행동이 나타남 📵 신체적 공격 행동 감소를 위한 프로그램 실시 후 언어적 공격성도 감소했다. 📵 장난감 정리를 잘했다고 칭찬받은 아이가 공부 후 책상 정리를 스스로 한다. 📵 친구들과 과자를 나누어 먹은 것을 칭찬받은 뒤로 친구들과 장난감이나 문구류 등을 나누며 같이 놀게 되었다.
변별		특정 조건이나 훈련된 자극에만 반응하고 그 외의 자극에는 반응하지 않음 📵 삼촌이 부르면 쪼르르 따라가는 아이가 삼촌과 비슷한 연배의 다른 아저씨는 따라가지 않는다. 📵 신호등에 초록불이 켜지면 길을 건너고 빨간불이 켜질 땐 건너지 않는다. 📵 친구가 좋아하는 행동은 하고 싫어하는 행동은 하지 않는다.

(10) 행동형성 · 행동조성(shaping)

• 복잡한 행동이나 기술을 학습시키는 데 유용한 방법으로, 기대하는 반응이나 행동을 학습할 수 있도록 목표로 삼는 바람직한 행동에 대해 강화하여 점진적으로 행동을 만들어가는 과정을 말한다.

• 원하는 행동에 접근할 때마다 강화가 주어진다.

> 📵 유아에게 대소변 가리기 행동을 형성하기 위해서는 먼저 '응아'하는 말로 배변욕구를 표현할 때 칭찬을 하여 배변욕구 표현행동을 조성하고, 그 다음으로 바지 내리기, 변기에 앉기, 배설하기, 물 내리기 등의 행동들을 차례로 행하게 하여 행동을 만들어가는 경우

3. 행동주의이론과 사회복지실천

(1) 행동주의이론에 대한 평가[28]

① 행동주의이론의 의의

- 행동주의 학습이론의 범위를 상당히 넓혔으며 과학적 실험연구를 통하여 인간행동의 발달과 관련된 구체적이고 명확하면서도 유용한 지식을 제공한다.
- 인간행동의 형성과정에서 환경의 중요성을 지적하고, 학습을 통해서 행동형성에 영향을 줄 수 있다는 시각을 제공하였다.
- 인간행동은 그 행동의 결과에 의해 변화된다.
- 관찰 가능하고 측정 가능한 행동을 연구해야 한다고 주장하였다.
- 인간발달이 외적 자극에 따라 좌우된다고 본다.
- 인간행동이 객관적으로 구체화되고 조작될 수 있는 환경에 의해 다양하게 통제된다고 주장하였다.
- 정적 강화, 강화계획, 행동조성 등과 같은 일련의 뛰어난 연구는 사회생활에서 실용적 가치와 효과성이 입증되고 있으며, 다양한 분야에서 활용되고 있다.
- 치료기법의 효과성을 중시하고 발전시켰다.
- 치료기법에 대한 정밀한 측정을 강조하였다.
- 비교적 짧은 시간 내에 개입 효과를 기대할 수 있다.

② 행동주의이론에 대한 비판

- 인간의 정신적 현상들에 대해서 간과한 부분이 있으며, 인간을 수동적 존재로 인식하였다는 비판을 받았다.
- 인간행동에 대한 환경의 결정력을 지나치게 강조한 점이나 자유의지나 개인의 자율성을 간과한 점 등은 비판을 받고 있다.
- 인간을 조작이 가능한 대상으로 취급하여 인간의 자유와 존엄성을 무시할 수 있다.
- 동물실험의 결과를 그대로 인간에게 적용하였다. 이로 인해 인간은 동물과 다르므로 인간행동을 동물과 동일하게 다룰 수 없으며, 이는 인본주의 입장에서 지나치게 비인간적이라는 비판을 받았다.
- 인간의 모든 행동이 조작을 통해서 변화될 수 있다고 간주하였으며, 인간을 지나치게 단순화, 객관화, 과학화하였다.
- 실제 상황이 주로 실험 상황에서 쉽게 적용되는 문제와 관련된 연구가 이루

어진 점이 비판을 받았다.

- 클라이언트가 직면하는 수많은 문제들은 실제 생활에서 발생하기 때문에 실험실이나 치료실 내에서 발생하는 행동변화를 실제 상황으로까지 일반화하기가 어렵다.
- 행동주의에서의 처벌원칙은 인간 서비스의 측면에서 보면 다소 비인간적인 면을 정당화시킨다.
- 스키너는 개인에게 초점을 두면서도 개인적인 차이에 대해서는 큰 관심을 두지 않고 오직 행동의 일반적인 법칙에만 관심을 두었다.

(2) 행동주의이론과 사회복지실천

- 사회복지실천에 있어 원조의 초점을 인간의 정신 내적 갈등에서 외적 행동으로 이동시켰다.
- 인간의 신체적·심리적 발달에 있어서 환경의 중요성에 대한 강조는 사회복지실천의 큰 토대를 이룬다.
- 행동수정과 행동치료의 고전적 조건화와 조작적 조건화의 원리에 따라 개입기법을 적용하여 클라이언트의 행동수정과 행동치료를 가능하게 했으며 다양한 개입방법을 제시했다.

(3) 실천적 기법 [29]

① 타임아웃

특정 행동의 발생 빈도를 줄일 목적으로 이전의 강화를 철회하는 것으로서 부적 처벌의 원리를 이용한 것이다.

> **예** 아이가 잘못을 했을 때 아이의 활동을 잠시 중단시키고 다른 자극이나 영향이 미치지 않는 장소로 격리시켜 조용하게 자신의 행동을 돌이켜보게 하는 것

② 토큰강화(토큰경제)

여러 가지 바람직한 행동과 습관을 구체적으로 미리 정해 놓고 그 행동을 했을 때 그에 상응하는 토큰(징표, 상징적 물건)을 줌으로써 체계적으로 강화하는 것이다.

③ 체계적 둔감법

공포를 유발하는 자극을 체계적으로 강도를 높여감으로써 특정 대상에 대한 공포를 줄여나가는 방법이다. 불안이나 분노를 야기하는 상황을 떠올리고 신체적 이완을 하면서 불안이나 분노를 점차 완화시킬 수 있도록 유도한다.

④ 과잉교정 기법

부적응적 행동이 과도하게 일어났을 경우에나 적절한 강화인자가 없을 때 사용하는 기법으로, 부적응적 행동을 한 이후에 즉각적으로 정상적 상황으로 회복시키도록 하는 기법이다.

⑤ 반응대가 기법

부적응적 행동을 했을 때 이익이 되는 물건이나 권리를 내놓게 하여 대가를 치르게 하는 방법이다.

⑥ 혐오기법

부적응적 행동이 나타날 때마다 고통스러운 혐오자극을 가하여 문제행동을 소거시키는 기법이다.

⑦ 인지적 행동수정기법

역기능적 행동을 하게 만드는 사고를 수정할 수 있도록 원조하는 데 널리 활용되고 있는 기법이다.

⑧ 자기주장훈련 기법

내담자가 어떤 상황에서 자신의 의사를 정확히 표현하는 행동을 할 수 있도록 내담자의 행동목록을 증가시키고, 타인의 감정이나 권리에 대해 민감하게 반응하는 방식으로 자기표현을 할 수 있도록 가르치는 데 목적을 두고 있는 기법이다.

3 반두라의 사회학습이론

기출회차

1	2	3	4	5
6	7	8	9	10
11	12	13	14	15
16	17	18	19	20
21	22	23		

강의로 복습하는 기출회독 시리즈

Keyword 010

1. 반두라의 생애

1925년 12월 캐나다에서 폴란드계 밀 농사꾼의 아들로 태어나 오직 2명의 교사와 20여 명의 학생으로 운영되는 고등학교에서 공부했으며, 1949년 벤쿠버에 있는 브리티시 콜롬비아에서 학사학위를 받았다. 이후 1952년 아이오와대학에서 박사학위를 받았고, 스탠퍼드대학 심리학과 교수로 재직했다.
1972년 심리학계에 끼친 공로를 인정받아 미국 심리학회로부터 우수과학자상을 수상했으며, 1973년에는 미국 심리학회 회장으로 선출되기도 했다.

2. 사회학습이론의 특징

중요도 ★ ★ ★

반두라의 인간관 및 주요 개념들을 정리해두어야 한다. 한 학자의 개념 설명 사이에 다른 학자의 개념을 맞는 내용으로 슬쩍 섞어 출제하면 정답률이 흔들릴 수밖에 없다. 누가 무엇을 제시했는지 꼭 구분하면서 학습하자.

1) 사회학습이론의 특징

(1) 인간에 대한 관점 꼭! ★

- 인간의 행동 또는 성격의 결정요인으로 사회적 요소를 중요하게 생각하며, 대부분의 학습은 다른 사람의 행동을 관찰하고 모방한 결과로 이루어진다고 본다.
- 스키너와 다른 점은 인간이 스스로 자신의 인지적 능력을 활용하여 사려 깊고 창조적인 사고를 함으로써 합리적 행동을 계획할 수 있는 능력이 있다고 하는, 즉 인지적 능력을 중시한 점이다.
- 인간의 주관성 및 능동성을 인정하는 상호작용론적 관점이다.
- 인간행동의 근원은 같은 환경일지라도 개인 내적 특성에 따라서 자극에 반응하는 것이 달라질 수 있다.
- 인간은 환경의 자극에 직접적으로 반응하여 행동을 형성할 뿐 아니라 타인의 행동을 직간접으로 관찰하고 모델링함으로써 모방을 통해서도 학습한다.

잠깐!

인간의 행동이 외적 자극에 의해 수동적으로 결정된다는 스키너 이론과 달리, 반두라는 인간의 능동성을 강조한다. 따라서 행동학습과 관련하여 '스스로'라는 단어가 나오면 반두라 이론이다.

반두라의 상호결정론

사회학습이론에서는 행동의 원동력이 본질상 환경이라는 초기 행동주의의 기본 가정에서 벗어나 발달과정을 개인과 환경 간의 상호성으로 보는 양방향성을 가정한다. 반두라는 이러한 견해를 상호결정론이라 한다. 반두라는 개인, 행동, 환경 간의 관계는 양방향적이라고 주장한다. 즉, 아동은 자신이 원하는 것을 선택할 뿐만 아니라(P → B), 아동의 행동은 자신에 대한 느낌, 태도 신념에 영향을 미친다(B → P). 마찬가지로 이 세상이나 사람들에 대한 아동의 지식의 대부분은 TV, 교과서, 그외 다른 환경으로부터 얻은 정보에 의한 것이다(E → P). 물론 환경도 행동에 영향을 미치고 학습이론가들이 주장하는 것처럼, 아동의 행동 결과나 아동이 관찰하는 모델은 아동 자신의 행동에 영향을 미친다(E → B). 그러나 아동의 행동 또한 자신의 환경에 영향을 미친다(B → E). 요약하면, 사회학습이론은 아동발달이 아동과 환경 간의 계속적 상호작용에 의해 이루어진다고 주장한다. 즉, 아동이 경험하는 환경이 아동에게 영향을 미치고 아동의 행동 또한 환경에 영향을 미친다는 것이다. 이것이 시사하는 점은 아동은 자신의 성장과 발달에 영향을 미치는 환경 조성에 적극적으로 참여한다는 것이다. 즉, 아동의 능동성을 어느 정도 인정한 부분이다.

반두라의 상호결정론 모델

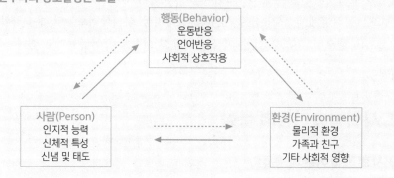

(2) 사회학습이론의 특성

- 반두라(Bandura)는 인간행동은 발달단계나 고유한 특성에 의해서라기 보다는 자신이 처해 있는 상황과 그 상황에 대한 해석에 의해 결정된다고 본다.
- 그 결과 확고한 도덕적 원칙을 지니고 있는 사람이라 할지라도 자기멸시를 회피할 수 있는 여러 가지 이유를 붙이면서 상황에 따라 도덕적 원칙에서 크게 벗어날 수 있다.
- 학습은 사람, 환경 및 행동의 상호작용에 의해서 이루어지며 환경적 자극에 반응하는 인간의 자기조절에 의해서 행동이 결정된다.
- 행동의 결정에 있어서 환경 못지않게 개인의 인지나 자기효능감 같은 내적 특성의 중요성도 인정하였다.
- 직접 경험 못지않게 간접 경험이 중요한 역할을 한다.

① 스키너의 행동주의이론(학습이론)

아동의 도덕성 발달은 보상과 처벌에 의해 이루어진다. 보상은 행동의 반복 가능성을 증가시키는 반면, 처벌은 반복가능성을 감소시킨다.

② 반두라의 사회학습이론

아동은 타인의 행동을 관찰한 결과로써 도덕적 행동을 학습한다. 일반적으로 부모들이 도덕적 규칙과 조정의 모델이 되며, 아동은 궁극적으로 그것들을 내면화한다. 내면화가 이루어지면 아동은 어떤 행동이 도덕적이고 어떤 행동이 금지된 것인가를 결정한다.

(3) 성격발달

- 인간의 습관은 대부분 다른 사람을 관찰하고 모방함으로써 배우는 것이며, 이러한 사회학습의 경험이 성격을 형성한다고 본다.
- 아이들은 어른이 수행하는 도덕적 가치를 포함하여 모든 행동들을 관찰하고 모방하면서 내면화한다. 내면화된 학습결과에 따라 어떤 행동이 도덕적인지 어떤 행동이 금지되는지를 결정하게 되고, 가족과 지역사회의 생활방식으로 사회화한다.
- 모방 외에도 유전적 소질이나 보상과 벌도 성격에 영향을 미친다고 보았다. 인간행동은 많은 부분 자기강화에 따라 결정되며, 자기효율성도 성격 발달에 중요한 영향을 미친다.

2) 주요 개념

(1) 인지

- 학습된 반응을 수행할 의지는 인지의 통제 아래 있기 때문에, 사회적 학습은 인지적 학습이라고 할 수 있다.
- 인간은 심상, 사고, 계획 등을 할 수 있는 존재이므로, 장래를 계획하고 내적 표준에 근거해 자신의 행동을 조정하며, 자신의 행동 결과를 예측할 수 있다.

(2) 자기조정 · 규제

- 외적인 통제가 없는 상태에서 자신의 목표달성을 위해 자기 자신의 행동에 영향력을 행사할 수 있는 개인의 능력을 의미한다.
- 자기수행, 자기판단, 자기반응의 과정으로 구성되며, 이 3가지 자기조절 과정이 순환적으로 작용한다.

합격자의 한마디

스키너는 보상과 처벌에 의한 행동!
반두라는 모방에 의한 행동!

- 많은 인간행동은 자기강화에 의해 조정(규제)된다. 인간행동은 외부환경이 보상하고 처벌하기 때문이 아니라 스스로 정한 내적 표준에 따라 조정되는 것이다. 즉, 인간은 내적 기준을 가지고 그 기준 이상으로 행동했을 때에는 스스로 보상하지만 그것에 미치지 못할 때에는 스스로 벌을 주면서 행동을 규제하고 조절해나간다.
- 자기행동의 적절성에 대한 판단기준은 타인들의 성과와 비교함으로써, 그리고 자기 자신의 과거의 행동과 현재의 행동성과를 비교함으로써 합리적인 기준을 찾는다.[30]

(3) 자기강화와 자기효능감 [31] ⭐꼭!

반두라는 인간은 감정, 사고, 행동을 통제할 수 있는 자기반응적 능력을 갖고 있기 때문에 개인의 행동은 자기강화와 외적 영향 요인에 의해 결정된다고 보았다. 그리고 자신의 내적 행동평가기준과 자기강화 기제에 따라 자기효능감이 형성된다고 보았다.

① 자기강화(self-reinforcement)
- 자신이 통제할 수 있는 보상을 자기 자신에게 줌으로써 자기 행동을 개선 또는 유지하는 과정이다.
- 각 개인이 수행 또는 성취의 기준을 설정하고 자신의 기대를 달성하거나 초과하거나 혹은 수준에 못 미치는 경우 자신에게 보상이나 처벌을 내린다는 개념이다.

② 자기효능감(자기효율성, self-efficacy)
- 자신이 특정한 행동을 성공적으로 수행할 수 있으며 긍정적인 결과를 도출할 수 있다는 믿음을 의미한다.
- 반두라는 모든 사람은 자신의 문제를 해결하기 위해 어떤 행동을 해야 하는지 알고 있지만, 그것을 수행할 수 있다는 확신은 별개의 문제라고 보았다. 대부분은 확신할 수 없는 일에 행동하지 않는다. 개인이 인지한 자기효능감에 따라 그 사람의 활동과 환경에 대한 선택 결과가 달라진다.
- 자기효능감은 인간의 사고, 동기, 행위에 있어서 중요한 역할을 한다. 자기효능감이 낮은 사람은 주어진 과제를 실제보다 더 어렵게 받아들이는 경향이 있으며, 자기효능감이 있는 사람은 역경이나 위기에 더 적절히 대처해나갈 수 있다.

반두라는 자기효능감을 평가할 때 다음의 네 가지 측면에 기초하여 접근한다고 하였다.[32]

- 실제수행(actual performance): 인간이 실제로 어떤 경험을 시도해보며, 주어진 과제마다 성공한다면 자기효능감이 발달된다고 보고 이 실제수행 성공경험을 가장 영향력 있는 자기효능감의 원천이라고 설명하였다.
- 대리경험(vicarious experience): 실제수행뿐 아니라 대리경험을 통해서도 자기효능감은 영향을 받는다고 했는데, 만약 어떤 다른 사람이 어느 한 과제에서 성공한다면, 우리도 할 수 있다고 생각하는 것이다.
- 언어적 설득(verbal persuasion): 과제가 지나치게 어려운 경우를 제외하고는 누군가 우리도 할 수 있다고 설득하면 우리는 더 잘하게 되는데, 이것이 바로 언어적 설득을 통해 자기효능감이 향상되는 사례이다.
- 생리적 단서(physical cues): 어떠한 과제에 대한 정서적 각성으로 나타나는 생리적 반응 역시 우리의 능력을 판단하는 자료가 될 수 있는데, 불안은 낮은 자기효능감 판단을, 유쾌한 기분은 높은 자기효능감 판단을 시사한다.

정서적 각성

정서적 각성은 공포, 분노, 불안, 긴장 등의 정서를 느낄 때 심장 박동이 빨라지고 호흡이 가빠지거나 입이 마르거나 식은 땀이 나거나 온몸이 굳는 것 같은 변화가 나타나는 것을 말한다.

(4) 상호결정론

- 행동의 내적 및 외적 결정요인이 있지만, 행동은 내적 요인이나 외적 요인 두 가지의 단순한 조합에 의해 결정되지 않는다는 것이다. 이를 상호결정론이라 한다.
- 반두라는 개인(사람), 행동, 환경이라는 개념을 사용한다. 인간의 행동은 환경의 영향을 받으며, 환경도 부분적으로 인간의 행동으로 만들어진 것이라고 보았다. 즉, 이들 요소들은 지속적으로 상호작용하며, 이를 통해 서로 영향을 주고받으며 발달한다고 보았다.
- 환경의 조절로 인간행동을 변화 또는 수정할 수 있고, 환경을 적절히 조절하면 학습도 의도한 대로 조절이 가능하다. 하지만 인간의 합리성도 중요한 변수로 작용한다. 즉, 인간은 환경의 자극에 단순히 반응하는 존재가 아니라 자신의 인지능력을 통해 행동을 수정하기도, 창조하기도 한다.

(5) 모델링 · 모방 ★꼭!

- 모델링은 다른 사람의 행동을 관찰한 후 그 행동을 학습하여 따라하는 것을 의미한다.
- 반두라는 모델링의 긍정적 · 부정적 효과에 대한 연구를 통해 모델링 행동은 그 결과가 어떻게 되느냐에 따라(벌 또는 보상) 관찰자에게 영향을 미친다고 밝혔다.
- 모델링은 관찰자와 모델이 유사하거나, 관찰자보다 지위나 신분이 높을 때 더 많이 모방하는 경향이 있다. 모델링 효과 혹은 모델링 정도는 다음의 조

건에서도 영향을 받을 수 있다.

- 모델과 관찰자와의 유사성: 모델이 관찰자와 유사할 때 관찰자는 모델을 더 모방한다.
- 모델의 지위나 신분 혹은 전문성: 관찰자보다 지위나 신분, 전문성이 높을 때 관찰자는 모델을 더 모방한다.
- 모델의 수: 여러 모델이 행동할 때 관찰자는 모델을 더 모방한다.

(6) 관찰학습 ★

- 관찰학습이란 인간이 단순한 환경적 자극에 대한 반응을 통하여 행동을 학습하는 것이 아니라 타인들의 행동을 관찰함으로써 학습한다는 것이다.
- 관찰학습의 과정: 주의집중과정 → 보존과정 → 운동재생과정 → 동기화과정

관찰학습과정

주의집중과정	• 무엇을 선택적으로 관찰할 것인지 결정하는 단계 • 모델 행위에 주의를 집중하는 단계
보존(혹은 보유)과정	• 관찰한 내용(모방할 행동)이 기억되는 과정 • 파지과정 혹은 기억과정이라고도 함
운동재생과정	모델을 모방하기 위해 심상 및 언어로 기호화된 표상을 외형적인 행동으로 전환하는 단계
동기과정	• 강화를 통해 행동의 동기를 높여주는 단계 • 동기는 행동의 수행가능성을 높이며, 학습 후 그 행동을 수행할 여부를 결정하는 데 중요한 역할을 함

① 주의집중과정

- 관찰학습의 첫 단계로 모방할 행동에서 중요한 특징에 관심을 기울이고, 정확하게 지각하기 위해 노력한다.
- 무엇을 선택적으로 관찰할 것인지 결정하는 단계로, 아동이 사회적 모델로 선택할 가능성이 높은 대상은 일반적으로 다정하게 보살펴주는 사람 또는 유능하고 강력한 힘을 가진 사람이다.

② 보존과정(보유/기억/파지과정)

- 모방하려는 행동을 상징적인 형태로 기억 속에 담는 것을 말한다. 이때 기억 속에 담은 행동의 특징을 회상할 수 있는 능력은 관찰학습에서 매우 중요하다.
- 일단 어떤 행동을 관찰하면 이를 다시 어떤 형태로든 기억 속에 통합시키는데, 반두라는 모방된 행동이 심상형태(imaginal code)와 언어적 표상형태

(verbal code)로 저장된다고 보았다. 예를 들어, 관찰했던 행동을 기억하려 할 때 우리는 일련의 언어적 지시와 행동의 심상 두 가지 모두를 기억하게 되는 것이다.

- 이를 파지과정이라고도 한다.

파지(把持, retention)
기억하고 있는 것 중에 재생되는 것을 파지라고 한다. 재생되지 않더라도 동일한 내용을 다시 학습할 경우 기억에 있던 잠재적 효과로 인해 학습이 용이해지는 것을 포함한다.

③ 운동재생과정(행동적 재현과정)

- 모델을 모방하기 위해 심상 및 언어로 기호화된 표상을 외형적인 행동으로 전환하는 단계이다. 이때 전제조건은 신체적인 능력이다.
- 이 과정은 반응 선택단계와 계속적인 접근단계로 구분된다. 반응 선택단계는 행동유형을 분석하고 인지적으로 조직화하고 수행할 수 있는 기술이 있는지를 판단하는 것이며, 계속적인 접근단계는 행동을 재생하는 과정에서 자기가 관찰한 것과 타인이 준 피드백을 듣고 행동을 수정·조정하는 것을 말한다.

④ 동기과정(자기강화의 과정)

- 관찰한 것을 적절하게 수행하도록 동기유발을 시켜 행동을 통제하는 과정이다.
- 관찰학습에서 강화가 꼭 필요한 것은 아니지만, 강화는 학습한 행동의 수행가능성을 높인다.
- 행동을 학습한 후 그 행동을 수행할 여부를 결정하는 데 중요한 역할을 하는 것이 바로 강화이다. 이때 실제로 강화를 받아서 그 행동을 결정하는 것만은 아니다. 강화를 예상하는 것만으로도 동기화할 수 있다.

(7) 대리학습

- 대리학습은 자신이 직접 실행하지 않고 어떤 자극에 대한 다른 사람의 반응을 관찰하는 간접경험으로 학습하는 것이다.
- 관찰의 대상은 가까운 주변 사람일 수도 있지만 TV쇼, 드라마, 영화, 소설 등의 등장인물일 수도 있다.
- 모델을 무조건 따라하는 것은 아니다. 모델의 행동이 실패하거나 처벌을 받는다면 '나는 저렇게 행동하지 말아야지' 하면서 그 행동을 하지 않게 되어 시행착오를 줄일 수 있다.

모델링, 대리학습, 관찰학습은 모두 관찰을 통해 학습한다는 공통점이 있으며, 이 세 가지가 구분 없이 같은 것으로 설명되는 경우도 더러 있다.
하지만, 모델링이 모델의 행동을 단순히 베끼기, 따라하기의 차원이라면, 관찰학습은 모델의 행동을 구체적으로 관찰하고 세분화하여 기억하고 행동해보는 폭넓은 측면에서 이루어진다는 점에서 완전히 동일한 것은 아니다. 또한 대리학습은 안 좋은 행동은 따라하지 않는다는 점에서 다르다.

3. 사회학습이론과 사회복지실천

(1) 사회학습이론에 대한 평가 [33]

① 사회학습이론의 의의
- 모방학습의 중요성을 인식하게 해준다.
- 사회적 환경이 인간에게 얼마나 많은 영향을 미치는가에 대한 인식을 증진시킨다.
- 스키너와는 달리 관찰학습에서 행동에 영향을 줄 수 있는 인지적 요소(자기강화와 자기효능감 등)의 중요성을 강조한다.
- 인간행동의 학습에서 단지 자극-반응이라는 유형을 넘어서서 복합적인 사회적 상호작용의 중요성을 강조한다.

② 사회학습이론에 대한 비판
- 관찰학습은 단순한 행동을 신속하고 쉽게 학습할 수 있다는 장점을 가지지만, 다양하고 복잡한 기능을 필요로 하는 행동의 학습을 설명하는 데는 한계가 있다.
- 인간행동의 발달에서 연령별로 다르게 나타나는 학습과 관련된 인지수준을 고려하지 않았다.

(2) 사회학습이론과 사회복지실천
- 효과적이고 바람직한 행동을 학습하도록 클라이언트를 원조하는 것을 개입목표로 한다.
- 임상모델링을 통해 관찰과 모방이 클라이언트의 문제행동을 제거하는 데 유용하다는 것이 입증되었다.
- 사회복지실천에서 모델링은 아이를 적절하게 치료하는 데에 사용할 수 있으며, 부모는 이를 관찰할 수 있다.

한걸음 더

행동주의이론과 사회학습이론의 비교

1. 두 이론의 공통점
- 인간행동을 불러일으키는 요인이 환경의 자극이라고 보았다.
- 관찰 가능한 행동에 초점을 두었기 때문에 과학적 연구를 통해 인간의 본성을 설명할 수 있다고 보았다.
- 인간행동은 변할 수 있다고 보았다.

2. 두 이론의 차이점

구분	스키너	반두라
기본 입장	기계론적 환경결정론	상호결정론
강조점	• 객관적 자극-반응 관계만 강조 • 직접적인 강화/벌을 통한 행동학습만을 강조	• 인지와 같은 주관적 요소의 관여를 강조 • 직접적인 강화/벌을 통한 행동학습뿐만 아니라 관찰학습 및 자기강화를 통한 행동학습을 강조
인간의 자기통제력	인간은 자신의 행동을 통제할 힘이 없음	인간은 자기효율성을 성취하는 방향으로 행동을 규제할 수 있음
인간관	인간의 내면세계는 연구할 필요조차 없다고 하여 인간본성이 합리적인지 비합리적인지에 대한 논의 자체를 거부함	인간은 자신의 인지능력을 활용하여 사려 깊고 창조적인 사고를 함으로써 합리적 행동을 계획할 수 있는 합리적 존재라고 봄
행동의 학습	외적 강화 없이는 어떠한 행동의 학습이나 수정도 이루어질 수 없음	새로운 행동의 학습은 외적 강화 없이도 이루어질 수 있음

4장 인본주의이론

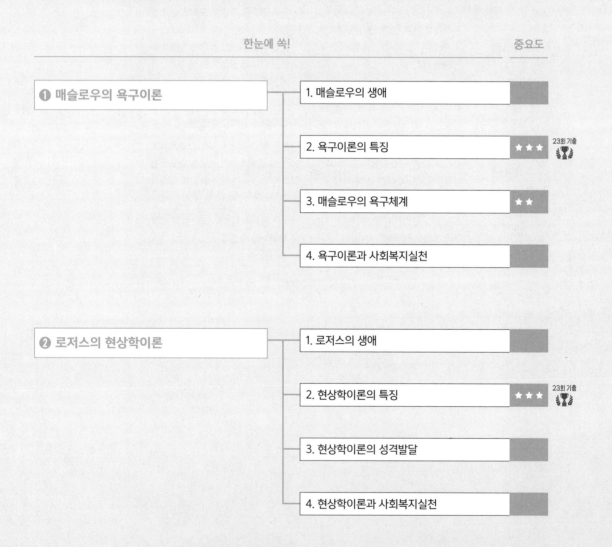

한눈에 쏙! | 중요도

❶ 매슬로우의 욕구이론

1. 매슬로우의 생애

2. 욕구이론의 특징 ★★★ 23회 기출

3. 매슬로우의 욕구체계 ★★

4. 욕구이론과 사회복지실천

❷ 로저스의 현상학이론

1. 로저스의 생애

2. 현상학이론의 특징 ★★★ 23회 기출

3. 현상학이론의 성격발달

4. 현상학이론과 사회복지실천

기출경향 살펴보기

이 장의 기출 포인트

매슬로우의 욕구이론과 로저스의 현상학이론은 매회 특정 내용이 유사한 형태로 출제되는 경향을 보이고 있다. 매슬로우 이론에서는 욕구단계 외에 기본전제 및 인간관, 자기를 실현한 사람의 특징 등을 중심으로 정리해야 하고, 로저스 이론에서는 자기실현 경향성이나 완전히 기능하는 사람의 특징 등을 중심으로 정리해두어야 한다.

최근 5개년 출제 분포도

연도별 그래프

문항수

2	2	2	2	2
19	20	21	22	23

회차

평균출제문항수

2.0 문항

2단계 학습전략

데이터의 힘을 믿으세요!
강의로 복습하는 **기출회독 시리즈**

3회독 복습과정을 통해
최신 기출경향 파악

최근 10개년 핵심 키워드

| 기출회독 012 | 매슬로우의 욕구이론 | 7문항 |
| 기출회독 013 | 로저스의 현상학이론 | 11문항 |

기본개념 완성을 위한 **학습자료 제공**

기본개념 강의, 기본쌓기 문제, ○ⅹ 퀴즈, 기출문제, 정오표, 묻고답하기, 지식창고, 보충자료 등을 **아임패스**를 통해 만나실 수 있습니다.

기출회차

기출회차				
1	2	3	4	5
6	7	8	9	10
11	12	13	14	15
16	17	18	19	20
21	22	23		

강의로 복습하는 기출회독 시리즈

Keyword 012

1 매슬로우의 욕구이론

1. 매슬로우의 생애

1908년 뉴욕의 브루클린에서 태어나 1970년 심장마비로 사망하기까지 매슬로우는 미국 심리학계의 인본주의 운동의 가장 주목받는 인물이었다. 러시아에서 이민 온 매슬로우는 교육받지 못한 유태인 부모에게서 태어나 유태인 이웃이 전혀 없는 곳에서 불행하게 자랐다고 회고한다. 아버지 권유로 법학공부를 시작하였으나, 2주만에 그만두고 1930년 위스콘신대학에서 심리학 학사를 받고, 1934년에 심리학 박사학위를 받았다. 매슬로우가 위스콘신에서 심리학을 공부하기로 결심한 것은 왓슨(Watson)의 행동주의에 결정적인 영향을 받아서였다. 한때 손다이크(Thondike)의 연구조교로 일하기도 했으며, 1951년까지 브루클린 대학에서 교수로 재직했다. 매슬로우의 학위논문은 행동주의에 토대를 둔 원숭이의 성적 특성과 지배특성에 관한 것이었다. 하지만 행동주의에 대한 열정은 첫딸 출생 후 아이가 보이는 복잡한 행동을 관찰하면서 행동주의는 사람보다는 동물에게 더 적합하다고 믿게 되었다. 더불어 제2차 세계대전으로 인간의 편견, 증오 등을 경험하면서 매슬로우는 인본주의 심리학으로 전환하게 되었다고 한다.

중요도

매슬로우 이론에서는 인간관, 욕구위계, 자기를 실현한 사람의 특성을 묻는 문제 등이 출제되고 있다. 23회 시험에서는 매슬로우 이론의 전반적인 내용을 묻는 문제에서 기본 전제, 인간관 등에 관한 내용이 선택지로 출제되었다.

2. 욕구이론의 특징 23회 기출

1) 욕구이론의 특징

(1) 기본 전제
- 각 개인은 통합된 전체로 간주되어야 한다.
- 인간의 본성은 본질적으로 선하며, 인간의 악하고 파괴적인 요소는 나쁜 환경으로부터 비롯된 것이다.
- 창조성은 인간의 잠재적 본성이다. 모든 사람은 태어날 때 창조성을 잠재적으로 가지고 있으나 문명화되면서 창조성을 잃게 되었다고 생각하였다.

창조성이란 누구에게나 잠재해 있는 것이기 때문에 특별한 자질이나 능력을 요구하지 않는다.

(2) 인간에 대한 관점 ⭐꼭!

- 인간은 선천적으로 자기실현을 이루고자 하는 노력 혹은 경향이 있다.
- 인간은 자신에 대해 좀 더 알고 싶어하고 자신의 능력을 최대로 개발하고자 한다.
- 인간의 본성은 선하며, 더불어 자기실현을 긍정적인 과정으로 갈망한다.
- 인간은 자신의 능력을 다른 사람에게 알리고 스스로를 개발하고 인격이 성숙하는 데서 기쁨을 느끼며 사회에 이익을 돌리는 존재이다.
- 소수의 사람만이 자기실현에 완전히 도달한다. 따라서, 대부분의 사람들은 자신의 욕구를 충족시키고자 하는 갈망을 항상 간직하고 있다.
- 자기실현의 욕구 외에 인간은 본능적 욕구를 가지고 태어난다. 이러한 본능적 욕구들은 인간을 성장하게 하고 발달하게 하며, 자신을 실현시키고 성숙하게 만드는 원동력이 된다.
- 심리적인 성장과 건강에 대한 잠재력은 인간이 세상에 태어날 때부터 이미 갖추어져 있는 것이다. 그 잠재력을 개발할 수만 있다면 누구나 이상적인 실존적 경지에 도달할 수 있다.

합격자의 한마디

자기실현 욕구는 누구나 갖지만 모두가 달성하는 것은 아니다!

(3) 발달적 관점

① 연령을 따르지 않는 발달단계

- 매슬로우는 연령에 따른 발달적 접근을 하지 않았다. 자기실현에 대한 갈망은 거의 모든 연령대에서 발견할 수 있는 보편적인 과정이기 때문이다. 그러나 각 연령별로 조금씩 상향적인 경향을 보이는 것 같다.
- 유아는 생리적 욕구가 가장 강렬할 것이다. 점점 나이가 들면서 안전에 대한 욕구가 강해지고, 다음에는 소속과 애정에 대한 욕구가 강해지는 식의 특징을 갖는다.
- 중년의 경우 다양한 학습 경험이 있는데다 소득 능력이 정점에 달하기 때문에, 자기실현의 욕구를 충족하는 데 더욱 집중할 수 있게 된다. 실업 상태이거나 질병이 장기화되거나 관계가 단절될 경우, 좀 더 낮은 수준의 욕구를 강조하는 방향으로 선회하기도 한다.

② 자기실현

- 매슬로우는 자기실현을 선천적으로 타고난 욕구라고 보았지만, 어린 시절

의 경험이 훗날 자기실현에 중요한 영향을 미친다.

• 만 2세가 된 아동이 적절한 사랑 · 안전 그리고 존중을 받지 못하면 자기실현의 성장은 매우 어려울 것이라고 보면서 출생 후 2년 동안의 시기를 강조했다.

2) 주요 개념

(1) 욕구단계이론에서 욕구의 특징

• 인간의 기본적인 욕구가 충족되지 않으면 생리적 또는 심리적인 역기능이 일어나고, 그것은 직접적으로 혼란상태를 야기한다.

• 욕구충족이 이루어지면 생리적 또는 심리적 역기능이나 혼란 상태는 회복된다.

• 기본적인 욕구의 계속적인 충족은 역기능과 혼란 상태를 예방하고 성숙과 건강의 상태를 수반한다.

• 욕구충족 과정에서 선택의 문제가 발생할 경우, 하나의 욕구를 충족하기 위해 다른 욕구의 충족을 유예하거나 희생하게 된다.

• 기본적인 욕구의 충족이 장기화되면 그 욕구에 대한 요구는 감퇴하게 된다.

(2) 욕구의 두 가지 형태 ★ ^{꼭!}

매슬로우는 다른 이론의 욕구 개념과 구별하기 위하여 욕구를 다음 두 가지 형태로 구분하였다.

① 제1형태의 욕구: 기본적 욕구 또는 결핍성의 욕구

• 음식 · 물 · 쾌적한 온도 등 생리적 욕구, 신체의 안전, 애정, 존경 등의 욕구가 해당된다.

• 기본적 욕구의 5가지 객관적 특징
  - 결핍되면 병이 생긴다.
  - 충족되어 있으면 병이 예방된다.
  - 충족시키면 병이 회복된다.
  - 자유롭게 선택할 수 있는 상황이라면 충족이 결핍된 사람은 우선적으로 그것을 충족하려고 한다.
  - 건전한 사람에게는 결핍성의 욕구가 기능적으로 존재하지 않는다.

• 기본적 욕구의 2가지 주관적 특징
  - 의식적 또는 무의식적 바람이다.
  - 부족감 혹은 결핍감으로 느끼게 된다.

② **제2형태의 욕구: 성장 욕구 또는 자기실현 욕구**

• 잠재능력, 기능, 재능을 발휘하려는 욕구를 말한다.

• 선천적 욕구이다.

• 심리적 건강을 유지하고 완전한 성장을 이루려면 성장욕구를 만족시켜야 한다.

(3) 욕구단계이론에서 동기의 작용

① **결핍동기(deficiency motivation)**

• 삶을 유지하기 위해, 생명유지를 위해 꼭 필요한 동기이다.

• 욕구가 적절히 충족되지 못하여 불만이 생겼을 때 작용하는 동기로서, 인간은 결핍상태가 발생하면 그러한 결핍상태를 극복하기 위해 목표지향적 활동을 하게 된다.

• 음식, 물, 쾌적한 온도, 신체의 안전, 애정, 존경의 욕구를 포함한다.

• 매슬로우는 대부분의 심리학자들이 결핍동기만을 다루고 있다고 비판하였다.

② **성장동기(growth motivation)**

• 삶을 창조하려는 동기이다.

• 오직 자기실현의 욕구에서만 작용하는 동기로, 하위 4가지 욕구가 어느 정도 충족되어야 자기실현의 욕구에 도달할 수 있다.

(4) 자기실현 욕구를 충족한 사람의 특징 ★ ^{꼭!}

① **효율적인 현실지각**

현실을 정확히 지각하며 편안해 한다. 그들 주변에 있는 물체와 사람들을 객관적으로 지각하며, 세계를 단지 자기들이 원하거나 또는 필요한 방식으로 생각하지 않고 있는 그대로 본다.

② **본성, 타인 및 자기 자신에 대한 수용**

불만 없이 자신의 본성과 타인을 수용하며, 자신은 물론 그들이 알고 있는 사람들의 결점 및 모든 인류의 결점에 대해서도 관대하다.

③ **솔직성, 자발성 및 자연스러움**

삶의 모든 측면에서 솔직하고 직접적인 방식으로 행동한다. 즉, 그들은 자기의 정서를 숨기지 않고 솔직하게 표현하며, 자연스럽게 자기 본성에 따라서 행동한다.

④ 자기 자신 이외의 문제에 대한 몰두

자기 자신 이외의 어떤 일에 대하여 책임감을 가지며, 한결같이 그러한 일에 열중한다.

⑤ 분리감 및 사생활에 대한 욕구

고립과 고독에 대한 강한 욕구를 가지고 있다. 자아실현인은 타인에게 의존하거나 매달리지 않으며, 개인적인 생활과 고독을 더 좋아하기 때문에 사회적으로 어려움을 겪는 경우도 있다.

⑥ 자율적 기능

사회적 · 물리적 환경에 자율적으로 기능하는 능력을 가지고 있다.

⑦ 계속적인 감상의 신선함

어떤 경험들을 반복적으로 감상할지라도 마치 새로운 것처럼 신선한 감각을 계속적으로 경험한다. 삶의 경험들을 싫증내거나 지루해 하지 않으며, 그러한 일들을 당연한 것으로 여기지 않고 계속적으로 감사해 한다.

⑧ 절정경험

종교적 경험과 유사한 강렬하고 저항할 수 없는 황홀한 기쁨을 경험하는 경우가 있다. 이러한 절정경험은 최고의 심리적 건강상태라고 할 수 있다.

⑨ 사회적 관심

모든 인간에 대해 강한 감정이입과 애정을 느낀다. 즉, 전 인류를 사랑하며 모든 사람들에게 형제애를 느낀다.

⑩ 심오한 대인관계

보통 사람들보다 더 깊은 대인관계를 형성하고 유지한다.

⑪ 민주적인 성격구조

민주적 성격을 가지며, 누구에게나 우호적이다.

⑫ **수단과 목적 및 선과 악의 구별**

수단과 목적을 분명하게 구분한다. 선과 악 및 옳고 그름을 구분할 수 있으며, 어느 상황에서나 고수할 뚜렷한 윤리적 · 도덕적 기준을 가지고 있다.

⑬ **철학적인 유머감각**

자아실현인은 적의가 있는 유머, 우월적인 유머, 음탕한 유머, 권위에 반항적인 유머가 아닌, 철학적인 유머감각을 지니고 있다.

⑭ **창조성**

어린아이와 같이 순진무구하고 폭넓은 창조성을 지니고 있다.

⑮ **문화의 내면화에 대한 저항**

자부심이 강하고 자율적이므로 어떤 방식에 따라 사고하거나 행동하라는 사회적 압력에 저항하고 특정 문화를 초월한다.

한걸음 더   자기를 실현한 사람에 대한 매슬로우의 견해

- 자기실현을 하는 사람은 평범한 사람들에 비해 그들을 움직이는 어떤 힘이 질적으로나 양적으로 다르다.
- 자기실현을 이룬 사람들은 인간의 기본적인 욕구보다 더 높은 수준의 욕구를 추구하고자 노력하며, 신경증과 같은 병리적 현상이 없고, 연령적으로도 중년이나 그 이상인 경우가 많다.
- 젊은이들은 정체감이나 자율감이 강력하지 못하고, 아직 충분히 지속적인 사랑의 관계를 갖지 못하며, 자기의 가치관이나 인내심, 용기와 지혜를 아직 충분히 발달시키지 못한다고 간주한다.
- 자기실현을 성취한 사람은 극히 소수에 불과하다.
- 자기실현을 한 사람이라고 해서 완벽한 인간이거나 항상 고도로 지적인 활동을 하거나 유명한 사람인 것은 아니다.
- 자기실현을 한 사람이 긍정적인 부분만을 가지고 있는 것은 아니다. 긍정적인 부분과 부정적인 부분을 모두 가지고 있되, 이 양 극단의 성격을 시기적절하게 판단하여 실행한다.

3. 매슬로우의 욕구체계

(1) 욕구체계의 개념

- 매슬로우는 인간행동의 동기를 '욕구'라고 보았다. 욕구는 선천적인 것이지만, 욕구를 충족시키기 위해서 인간이 하는 행동은 선천적인 것이 아니라 학습에 의한 것이다. 따라서 이러한 행동은 사람마다 매우 큰 차이를 보이게 된다.

중요도

앞서 살펴본 매슬로우의 인간관 및 욕구, 동기, 자기실현 등의 개념을 바탕으로 욕구체계 각각의 단계별 특징과 욕구체계의 개념에 대해 이해해야 한다.

- 중요한 것은 모든 욕구가 동시에 생기지는 않는다는 것이다. 어느 한 시기에는 하나의 욕구만이 우세하게 된다. 그것이 어떠한 욕구인가는 다른 욕구가 충족되었느냐 그렇지 않느냐에 따라 결정된다.
- 가장 기본적인 욕구를 충족하고 나면 인간은 가장 최고의 욕구수준에 도달할 때까지 계속해서 다음 단계의 욕구를 갈망한다.
- 인간의 욕구는 강한 것에서부터 약한 것으로, 위계를 가진 보편적이고 선천적인 동기에 의해 유발되며, 그 강도는 순서에 따라 위계적·계층적 단계로 배열된다.
- 일반적으로 위계서열이 낮은 욕구일수록 강도와 우선순위가 높으며, 단계별로 상위의 욕구가 차례로 나타나는 경향이 있지만, 단계적 배열이 절대적인 것은 아니며 예외가 있을 수 있다. 예를 들어, 자신의 이상을 실현하기 위해 단식투쟁을 하는 경우, 목숨 걸고 참전하는 경우 등이다.
- 욕구단계 이론은 낮은 단계의 욕구가 어느 정도 충족되어야 더 높은 단계의 욕구를 의식하거나 동기가 부여된다고 가정한다. 그러나 상위 욕구가 출현하기 전에 하위 욕구가 100% 충족되어야 하는 것은 아니다.
- 욕구위계에서 상위 욕구일수록 욕구충족이 어렵기 때문에 충족비율이 상대적으로 낮다.
- 가장 강한 욕구는 첫 번째 욕구인 생리적 욕구로서 그것이 만족되어야만 두 번째 욕구로 올라갈 수 있다.
- 다섯 가지 욕구는 동시에 일어나는 것이 아니라, 어떤 특정한 순간에는 한 가지 욕구만이 강렬하게 나타나고 이 한 가지 욕구가 나타나기 위해서는 이전 단계의 욕구가 충족되어야 한다.

(2) 욕구체계의 단계 ⭐꼭!

① 생리적인 욕구(physiological needs)
- 음식, 물, 산소, 배설 등 생존과 직접적으로 관련되어 있는 명백한 욕구이며, 이들 욕구의 충족은 생존을 위해 필수 불가결한 것이다.
- 생리적인 욕구는 모든 욕구 중에 가장 강력한 욕구이다.
- 가장 기본적인 욕구이기 때문에 다른 욕구가 충족되기 전에 이 욕구들이 우선적으로 충족되어야 한다.

② 안전에 대한 욕구(safety needs)
- 생리적인 욕구가 만족되면 안전의 욕구가 생겨난다.
- 안전의 욕구에는 신체적 안전과 심리적 안정이 모두 다 포함된다.

- 안전, 안정, 보호, 질서, 불안과 공포로부터의 해방 등이 있다.
- 사회구조는 이러한 욕구 충족을 지원한다.

③ 소속과 애정에 대한 욕구(belonging and love needs)
- 생리적 욕구와 안전 욕구가 어느 정도 충족되면, 동반자와 가족에 대한 욕구가 생겨 남들과 어울리고, 애정을 나누고 싶어하는 소속과 애정의 욕구가 생겨난다.
- 친구나 애인, 배우자, 자녀 등이 필요해지고, 이웃이나 직장 등에도 소속되고 싶어지는 것이 이에 해당한다. 집단활동에 대한 관심이 늘어나고 애정을 주고받고 싶은 욕구가 커지는 경향이 있다.
- 오늘날의 사회는 좀 더 가변적이므로, 이러한 욕구를 만족시키기가 더욱 어렵다.

④ 자기존중에 대한 욕구(esteem needs)
- 자기 자신과 다른 사람에게 존경받고 싶은 욕구이다.
- 매슬로우는 자기존중의 욕구를 두 가지로 분류했는데, 타인에 의한 자존감과 자신에 의한 존중감이다. 외부적으로 얻는 자기존중은 명성, 존경, 지위, 평판, 위신 혹은 사회적인 성공에 따른 것이고, 내적으로 얻는 자기존중은 자신에 대한 자신감과 안정감을 갖는 것이다.

⑤ 자기실현의 욕구(self actualization needs)
- 지금까지의 4가지 욕구가 충분히 만족되면, 자기실현에 대한 욕구가 등장한다.
- 자기실현은 인간의 모든 능력의 최대한의 개발과 사용이며, 인간의 모든 소질과 재능의 발휘라고 정의할 수 있다.
- 이런 욕구의 결과로서 창조하고 학습하는 일에 정성을 쏟게 된다.
- 비록 생리적 욕구를 비롯한 낮은 수준의 욕구가 만족된다 하더라도 자기실현의 욕구를 만족시킬 기회를 갖지 못하면 좌절감, 불안감과 불만족을 느끼게 된다.
- 자기실현을 위한 전제조건
  - 사회와 자기 자신의 구속으로부터 자유로워야 한다.
  - 욕구위계에서 하위에 있는 생리적 욕구와 안전의 욕구에만 집착해서는 안 된다.
  - 가족 및 타인과 친밀감을 느끼며, 남과 사랑을 주고받을 수 있어야 한다.
  - 자신의 강점과 약점, 선악에 대한 현실적 지식을 가져야 한다.

매슬로우의 욕구체계

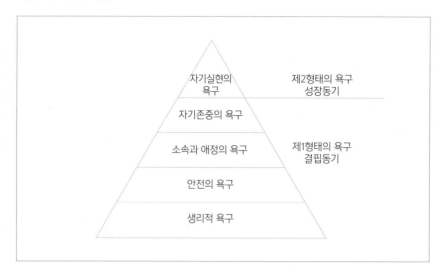

자기실현 욕구를 충족한 사람의 특징

1. '현실에 대해 정확하고 완전하게 지각한다'의 의미는?

매슬로우에 의하면 자기실현 욕구를 충족한 사람들은 정확한 현실지각력을 갖는다. 정확한 현실지각력은 자기 주변의 물체나 사람들을 객관적으로 지각하며, 세계를 자신들이 원하는 방식으로 생각하지 않고 있는 그대로 보는 것을 의미한다. 이들은 자신의 판단과 지각을 통해 세계를 바라보지만 편견이나 선입관을 갖지 않는다.

2. '절정경험'이란?

매슬로우에 의하면 자기를 실현한 사람들은 종교적 경험과 유사한 강렬하고 저항할 수 없는 황홀한 기쁨을 경험한다. 절정경험은 다음과 같이 다양하게 정의할 수 있다. ① 그 자체로서 본질적 가치를 지닌 순간, ② 그 자체가 수단이 아닌 목적으로서의 경험, ③ 최고의 심리적 건강상태의 경험은 일상적 삶의 경험과는 매우 대조적인 경험이다. 일상적 삶의 경험에서는 모든 행동이 미래의 목적을 달성하기 위한 것이고, 무언가를 성취하기 위한 것이지만(즉, 모든 행동이 목적 달성을 위한 수단으로서 존재하지만), 절정경험은 그 자체가 목적이며 그 자체로 가치 있는 경험이다.

3. '창조적으로 살아가며 타인을 신뢰한다. 창조적인 힘을 갖고 자신의 삶을 결정할 수 있다'라는 표현도 매슬로우의 자기실현자의 특징에 해당된다고 볼 수 있는가?

매슬로우가 연구한 자기를 실현한 사람들은 창조성을 지니고 그것을 발휘하며 살았다고 한다. 그리고 시류나 문화, 유행 혹은 사회적 압력에 휩쓸리지 않고 자기 소신대로 살아가고, 타인에게 의존하는 삶이 아니라 자기주도적이고 사생활을 소중히 여기는 사람이었다. 그럼으로 '창조성'이나 '삶에 대한 자기결정'은 모두 자기실현자의 특징이라고 볼 수 있다. 또한 타인에 대한 신뢰는 다른 사람을 있는 그대로 '수용'하고 타인에 대한 애정과 깊이 있는 대인관계라는 측면에서 이해하면 된다. 자기를 실현한 사람들은 자기 자신의 본성을 있는 그대로 받아들일(수용)뿐 아니라 타인들 혹은 모든 인류의 결점에 대해서도 받아들이고 관대하다. 또한 인류를 돕고자 하는 인류에 대한 애정이 강하고, 모든 사람들에게 형제애를 느낀다. 그리고 다른 사람과 깊은 대인관계를 가질 줄 안다.

4. 욕구이론과 사회복지실천

(1) 매슬로우 이론에 대한 평가 [34)]

① 매슬로우 이론의 의의

- 인본주의이론의 기틀을 마련하였다.
- 정신역동이론이나 행동주의이론과는 달리 인간본성에 대한 낙관적인 태도를 보인다.
- 동물연구의 부적절성을 지적하고 인간의 전인성과 잠재적 창조성을 강조하여 인간행동 연구의 새로운 장을 형성하였다.
- 성장을 지향하는 인간의 노력과 인간 자체가 존엄하고 가치가 있다는 가정은 사회복지의 가치와 일치한다.
- 정신분석이론이나 행동주의이론은 비정상적이거나 일탈적인 인간행동에 초점을 두고 있는 반면, 인본주의이론은 긍정적이고 성장 지향적인 인간의 본질에 초점을 둔다.

② 매슬로우 이론에 대한 비판

- 관찰하거나 검증될 수 없는 부분이 많고 과학적인 방법론이 취약하다.
- 성장욕구, 메타병리, 절정경험, 자기실현 등과 같은 개념들은 명료성이 부족하고 모호한 점이 많다.
- 자기실현의 욕구를 학습된 것이 아니라 선천적인 것으로 보기에는 어려움이 있다.
- 인간욕구의 우선순위가 사람에 따라 다양성을 보일 수 있기 때문에 욕구단계가 순서대로 일어난다고 보기 어렵다.

메타병리
성장욕구가 진, 선, 미, 법, 정의, 완전과 같은 가치를 충족시키지 못하여 자기 성장이 방해가 되는 것을 의미한다.

(2) 욕구이론과 사회복지실천

- 인간본성에 대한 매슬로우의 긍정적인 관점은 인간을 이해하는 데 있어 인간을 전체로 다루고, 환경과 상호작용하는 존재로 보며, 자신의 경험에 관한 해석과 이해를 존중하고, 클라이언트 중심의 개입을 가능하게 한다. 이는 사회복지실천의 기본적 원칙에 잘 부응한다.
- 욕구단계이론은 사회복지사가 클라이언트의 욕구를 평가하는 데 유용한 지침이 될 수 있다.
- 매슬로우의 이론을 사회복지실천에 적용해 보면, 사회복지사는 우선 클라이언트의 기본욕구가 충족되도록 원조해야 한다. 클라이언트의 기본 욕구가 충족되고 나면, 더 높은 단계의 욕구를 다룰 수 있게 된다.

한걸음 더

프로이트, 스키너, 매슬로우의 이론 비교

1. 인간관 비교
- 프로이트: 인간을 본능과 갈등의 존재로 보고, 행동을 통제하는 무의식과 비합리성을 강조함
- 스키너: 인간을 외부 자극에 수동적인 반응체로 보면서 학습을 강조함
- 매슬로우: 인간은 근본적으로 선하고 자율적이며, 그와 관련한 환경 조건이 적당하다면 무한한 잠재능력을 실현해 나갈 수 있는 존재라고 봄

2. 방법론 비교
- 프로이트: 신경증 환자들을 연구
- 스키너: 동물실험
- 매슬로우: 심리적으로 건강한 사람들을 연구

3. 정신분석이론의 신경증 환자 연구에 대한 매슬로우의 비판
매슬로우는 이상심리와 열등감에 사로잡힌 인간, 혼란된 인간들만을 대상으로 하는 심리학은 불구의 심리학이며, 심리학은 정상인의 가치와 실존을 대상으로 이루어져야 한다고 주장함. 심리적으로 건강하지 못한 사람을 연구대상으로 할 경우 이러한 연구가 인간본성의 부정적인 면을 강조할 수 있다고 비판함

4. 행동주의이론의 동물실험 연구에 대한 매슬로우의 비판
인간은 동물 이상의 특별한 존재이므로 인간의 행동과 동물의 행동 사이에는 근본적 차이가 있음. 그러므로 동물연구를 바탕으로 한 실험연구를 인간에게 적용하는 것은 부적절함

2

기출회차

1	2	3	4	5
6	7	8	9	10
11	12	13	14	15
16	17	18	19	20
21	22	23		

강의로 복습하는 기출회독 시리즈

Keyword 013

로저스의 현상학이론

1. 로저스의 생애

로저스는 1902년 일리노이주에서 5남 1녀 중 넷째로 태어났다. 그의 가정은 경제적으로 안정적이었으나 종교적으로는 엄격했고, 가족 외에는 가까운 친구가 없어 외로운 청소년기를 보냈다. 1919년 위스콘신에 입학한 로저스는 교회활동에 열정적이었고, 세계기독학생연합회 참석을 위해 6개월간 중국에 머무르기도 했다. 로저스는 이때 자신이 심리적 독립을 성취했다고 생각하였다. 1931년 콜럼비아대학에서 임상심리학으로 박사학위를 받은 로저스는 1940년 오하이오주립대학의 심리학과 교수로 초빙됐고, 이후 1945~1957년까지 시카고 대학에서 심리학 교수와 상담소를 책임 맡아 일했다. 시카고 대학 시절 『내담자 중심 요법(Client Centered Therapy)』을 출간했으며, 『카운슬링과 심리치료(Counseling and psychotherapy)』(1961)에서 비지시적인 카운슬링의 개념을 소개했다. 비지시적 카운슬링 개념은 이후 클라이언트 중심의 치료로 개념화되었다. 1964년에 교수직을 떠나 연구소에서 일했으며, 1987년 작고했다.

2. 현상학이론의 특징 23회 기출 🏆

1) 현상학이론의 특징

(1) 현상학이론의 개념

- 현상학이론(phenomenological theories) 혹은 자기이론(self-theories)은 각 개인에게 '현상이 나타나는 방식'과 그리고 각 개인이 그 현상을 어떻게 '경험하고 느끼는지'에 대해 관심을 둔다.
- 대표적인 현상학이론가 혹은 자기이론가는 칼 로저스이다. 그는 클라이언트 중심 치료의 선구자이며, 이를 최근에는 인간 중심 치료라고 부르기도 한다.

중요도

로저스 이론에서는 인간관, 주관적 경험의 세계(현상학적 장), 완전하게 기능하는 사람의 특성을 묻는 문제가 주로 출제되고 있다. 앞서 학습한 매슬로우 이론과 유사한 내용이 많기 때문에 혼동하지 않도록 주의하고, 인본주의이론의 특징도 확인해두어야 한다. 23회 시험에서는 로저스 이론의 전반적인 내용을 묻는 문제에서 인간관, 주요 개념(통합된 유기체, 자기실현 경향성) 등에 관한 내용이 선택지로 출제되었다.

- 로저스는 "인간은 단순히 기계적인 특성의 존재가 아니요, 무의식적 욕망의 포로도 아니다. 인간은 자신을 창조하는 과정 중에 있으며, 생의 의미를 창조하며, 주관적 자유를 실천해 가는 존재"[35]라고 했으며, 인간의 성격유형은 본래 타고난다는 관점을 근본적으로 부정한다.

(2) 현상학이론의 인간관 ★꼭!

- 인간은 본래 특정한 성격 유형을 갖고 태어나는 것이 아니라, 다양한 주관적인 경험들을 통해 자신을 형성한다.
- 미리 정해진 성격발달 패턴은 없다. 삶의 경험에 따라 각 개인의 성격이 달라질 수 있다.
- 인간은 유목적적(목적지향적) 존재라고 인식하였다.
- 인간행동은 개인이 세계를 지각하고 해석한 결과로 보았다. 객관적 현실세계란 존재하지 않으며 개인이 주관적으로 인식한 현실세계만 존재한다고 주장하였다.
- 개인이 현상을 어떻게 경험하고 느끼는지, 개인이 현실을 지각하는 방식에 초점을 두었다.
- 개인의 주관적 경험의 중요성을 강조하였으며, 경험들에 대한 개방성과 민감성이 필요하다고 믿었다.
- 인간행동의 근원을 자기실현의 욕구로 보았다.

한걸음 더

인본주의이론의 특징

정신역동이론이나 행동주의이론에서는 각 이론 내에 속하는 학자들 간의 차이를 비교하는 것이 중요했다(프로이트와 에릭슨의 차이, 프로이트와 융의 차이, 스키너와 반두라의 차이 등). 그러나 인본주의이론의 경우 매슬로우와 로저스의 차이를 이해하는 것보다 이 두 학자의 공통기반이라 할 수 있는 인본주의 접근의 특징이 무엇인지를 이해하는 것이 더 중요하다. 로저스와 매슬로우의 공통점, 즉 인본주의이론의 공통된 특징은 다음과 같다.

- 사랑, 창조성, 선택, 의미, 가치, 자아실현 등 인간의 긍정적인 측면에 초점을 둔다.
- 각 개인이 자신의 행동과 경험의 중요한 결정자임을 강조한다.
- 인간의 본성은 선하다고 본다.
- 인간은 자아실현을 위해 노력하는 존재이며, 환경조건이 적당하기만 하면 자신의 잠재능력을 실현해 나갈 수 있는 존재라고 본다.

2) 주요 개념

(1) 자기

① 자기 · 자기개념(self/self-concept)
- 로저스가 말하는 '자기'는 '주체로서의 나(I)'와 '객체로서의 나(me)'의 특징을 지각하여 구성한 것이다.
- 자기는 '주체로서의 나(I)'와 '객체로서의 나(me)'와 다른 사람과 여러 생활 측면에서의 관계를 지각한 것이다. 이러한 '나'의 지각 내용에 가치를 부여한 것으로 조직적이고, 일관성 있는 개념적 형태이다.
- 자기는 반드시 의식되는 것은 아니지만 의식이 가능한 것이다.[36]
- 세상을 인식하고 행동하는 데 있어서 일관성을 유지할 수 있도록 한다.

② 이상적인 자기(ideal self)
이상적인 자기는 인간이 소유하고 싶은 자기개념이자 그렇게 되고 싶은 상태를 말한다.

③ 자기와 경험 간의 불일치(incongruence between self and experience)
자기와 경험 간의 불일치란 자신에 대한 자기개념과 자신이 경험하는 것 사이에 존재하는 불일치를 말한다.

> **예** 어떤 사람은 자신을 외향적이고 매력적이며 사교적이라고 받아들이지만, 다른 사람과 함께 있을 때는 일반적으로 소외감을 느낀다. 이러한 불일치가 존재할 때 인간은 긴장, 불합리한 혼동, 그리고 불안을 느낀다.

④ 심리적인 부적응(psychological maladjustment)
심리적인 부적응은 자신에게 중요한 경험을 부인하거나 왜곡할 때 나타난다. 심리적인 부적응에 처한 인간은 자기와 경험 간의 불일치를 경험한다.

⑤ 자기와 경험 간의 일치(congruence, congruence of self and experience)
자기와 경험 간의 일치란 자기에 대한 개념과 자기가 경험하는 것이 일치하는 것을 말한다.

⑥ 긍정적 관심에 대한 욕구(need for positive regard)
긍정적인 관심에 대한 욕구는 다른 사람에게 가치 있는 존재로 인정받고 자존감을 얻으려는 욕구이다.

⑦ 자기 인정에 대한 욕구(need for self-regard)

자기 인정에 대한 욕구는 자신에게 가치를 부여하려는 욕구이다.

⑧ 가치조건(conditions of worth)

- 어떤 경험이 유기체를 고양시키는지와 무관하게 타인에게 부여받은 가치 때문에 자기 자신에게 긍정적이든 부정적이든 간에 가치를 두는 것이다.
- 인간은 자신의 행동이 어떤 조건에 따라 판단되면서 그 조건에서 자신의 가치를 느꼈을 때 가치조건을 알게 된다.
- 사람은 자신의 가치를 떨어뜨리는 행동은 하지 않는다. 어떤 행동이 긍정적이라고 하여 그것이 곧 만족한 결과로 이어지거나, 어떤 행동이 부정적이라고 하여 불만족스러운 결과를 갖게 되는 것은 아니다.

⑨ 조건부 가치(conditionally positive regard)

다른 사람들이 자신을 긍정적으로 평가하거나 사랑해 주는 것이 특정 조건이나 기준에 따라 제한될 수 있다는 개념이다. 이렇게 중요한 타인의 관심이 조건부로 주어지면 어떤 측면에서는 자신이 존중되고 있지만 다른 측면에서는 존중되고 있지 않다고 느끼게 된다. 이러한 조건부 가치(예 공부를 잘하면 사랑해 줄게)는 인간의 자기실현(완전히 기능하는 사람)을 어렵게 만들 수 있다.

(2) 현상학적 장(phenomenal field) ⭐꼭!

- 현상학적 장이란 주관적 경험의 세계를 말한다.
- 같은 현상이라도 사람마다 그것을 경험하고 느끼는 방식에는 차이가 있기 때문에, 로저스는 인간(혹은 인간행동)을 이해하려면 사람들이 자신의 경험들을 어떻게 주관적으로 느끼고 경험하느냐를 이해해야 한다고 본다. 인간 행위를 객관적 현실이 결정하는 것이 아니라 우리 자신이 현실을 보는 방식에 따라 우리의 행동이 영향을 받는다는 것이다.
- 개인의 고유한 특성에 따라 동일한 현상을 이해하는 것에 차이가 있을 수 있다. 현상을 어떻게 지각하는가에 따라서 달라질 수 있다.
- 과거의 사건 그 자체가 아니라, 과거 경험에 관해 현재 어떻게 해석하는지의 여부가 바로 현재의 행동을 결정한다. 따라서, 어떤 사람을 이해하기 위해서는 그가 현실을 어떻게 체험하고 있는지를, 즉 그의 현상학적 장을 알아야 한다.
- 인간행동은 객관적 상황의 차이가 아니라, 그것을 받아들이는 주관적인 경험의 방식(현상학적 장)에 따라 다르다는 것을 이해하기 위해 다음 예를 읽어보자.

예 철수, 영호, 그리고 민희가 길을 가는데 큰 개가 접근했다. 철수는 그 개를 '두려운 대상'으로 지각했고, 영호는 대수롭지 않게 생각했고, 민희는 큰 개를 멋지다고 생각했다. 철수는 벌벌 떨며 영호 뒤로 숨었고, 영호는 그런 철수에게 "왜 그래?"하고 밀치며 그냥 앞으로 갔고, 민희는 큰 개에게 다가가 쓰다듬으려고 손을 내밀었다. 큰 개가 다가오는 객관적 현실 자체가 세 사람의 행동에 영향을 미쳤다기보다 동일한 현실을 지각하는 세 사람 각자의 주관적 방식의 차이가 결국은 행동의 차이에 영향을 미쳤다. 이때 '큰 개'라는 경험에 대해 이들 각자가 느끼는 방식이나 주관적 경험을 현상학적 장이라고 할 수 있다. '각자의 주관적 경험 방식이 다르니 행동이 다르다'는 말과 '각자의 현상학적 장이 다르니 행동이 다르다'는 말은 같은 말이라고 보면 된다.

(3) 통합된 유기체

- 유기체란 그 개인의 사상, 행동 및 신체의 존재 모두를 포함하는 전체로서의 한 개인을 지칭한다.
- 인간을 유기체라는 용어를 통해 통합적 존재로 인식하였다.
- 인간이 처음 태어났을 때에는 다른 대상과 분리된 존재인 'I'로서 자기(self)를 지각하지 못하여 인생 초기단계에서는 자기라는 것이 존재하지 않지만, 자기 자신을 제외한 나머지 세계와 자기를 점차 구분하기 시작한다.
- 로저스는 자기가 처음 형성될 때 유기체적 평가과정(organismic valuing process)의 지배를 받는다고 보았다. 즉, 유아나 아동은 내적 평가 중심을 지니고 있기 때문에 부모의 도움 없이도 새로운 경험이 자신의 선천적인 자기실현 경향을 촉진시키는지 또는 방해하는지를 평가하고 이에 따라 반응한다는 것이다. 다시 말해, 유기체적 평가과정은 인간으로 하여금 모든 경험을 그들의 기본적 자기실현 경향을 용이하게 하거나 또는 방해한다는 관점에서 평가하게 한다.
- 아동이 발달함에 따라 유기체적 평가과정의 점진적 변형이 이루어진다. 점차 아동은 부모, 교사, 그리고 마지막으로 고용주와 권위적 인물이 자신을 어떻게 생각하는가에 따라 스스로를 평가하는 방법을 배우게 된다.
- 이와 같이 아동의 자기발달은 환경과의 상호작용을 통해 형성되며, 점차 분화되고 복잡해진다.

(4) 자기실현 경향성 ⭐ 꼭!

- 인간은 자신을 유지하고 향상시키는 방향으로 자신이 지닌 모든 능력을 개발하려는 강한 성향을 가지고 있다.
- 유기체는 자기실현 경향성을 타고나는데, 이는 개인이 가진 모든 생리적·심리적 욕구와 연관된다. 즉, 자기실현 경향성은 유기체를 유지하는 데 기여한다.
- 유기체를 유지하는 것 이상으로 유기체의 성장이나 향상을 촉진하고 지지하는 것이 자기실현 경향성이다.
- 인간의 다양한 욕구와 동기는 자신을 유지하고 잠재능력을 개발하려는 자

기실현의 일부일 뿐이다. 인간은 신체적인 잠재능력을 성취하는 것뿐만 아니라 심리적인 잠재능력도 실현해야 하는 존재이다.

• 자기실현 경향은 복잡성이나 자기 충족, 성숙을 지향하는 인간의 모든 노력을 포함하여 인생의 진보적인 추진력을 나타내는 것이다. 좀 더 능력 있는 사람이 되는 과정이다.

(5) 완전히(충분히) 기능하는 사람(fully functioning person) ⭐꼭!

• '완전히 기능하는 사람'은 자기의 잠재력을 인식하고 능력과 자질을 발휘하며, 자신에 대해 완벽히 이해하고 경험을 풍부하게 하는 방향으로 나가는 사람을 일컫는다.

• 완전히 기능한다는 것은 자기실현을 위한 노력으로서 진정한 자기 자신이 된다는 의미이다.

• 완전히(충분히) 기능하는 사람은 경험에 대해 개방적이고, 실존적인 삶을 살며, 자신의 유기체에 대해 신뢰한다. 또한 창조성이 있으며, 자기가 선택한 인생을 자유스럽게 살아가는 특징을 보인다.

• 의미 있는 타인으로부터 무조건적인 긍정적 관심을 경험한 사람이다.

한걸음 더 ___ 자기를 실현한 사람과 완전히(충분히) 기능하는 사람의 특징

로저스가 말하는 '완전히 기능하는 사람'은 결국, 온전한 자기 삶을 살아가는 사람을 말한다. 다른 사람이 부과하는 가치의 조건(외모, 집안, 학벌, 재벌, 인맥 등)에 연연하지 않고 스스로 자기 삶을 선택하고 책임지며, 자유롭게 살아가는 사람이다. 그러므로 '유능'하다거나, 대인관계기술이 좋다거나, 자기 외의 다른 문제에 관심이 많다거나 하는 등의 내용은 로저스가 말하는 '완전히 기능하는 사람'의 성격과 거리가 멀다.

'매슬로우' 자기를 실현한 사람	'로저스' 완전히(충분히) 기능하는 사람
• 현실지각력(현실에 대한 정확한 지각) • 자발성(솔직성, 자연스러움, 가식 없음) • 창조성　　　　　• 자율성 • 자기 자신보다 외부 문제에 관심이 큰 경향 • 초연함　　　• 풍부한 감수성과 감정반응 • 절정경험 • 인간으로서의 정체성(혹은 인류애, 사회적 관심) • 심오한 대인관계 • 자기와 타인에 대한 수용력 • 유머감각 • 사회적 압력이나 문화에 휩쓸리지 않음 • 민주적인 성격을 가지며 누구에게나 우호적임 • 선과 악, 목적과 수단 사이를 잘 구별함 • 분리감 및 사생활에 대한 욕구 • 독립성	• 경험에 대한 개방성 • 실존적인 삶 • 자신이라는 유기체에 대한 신뢰 　(자신이 옳다고 느끼는 대로 행동) • 선택과 행동에 대한 자유로움 • 창조성

3. 현상학이론의 성격발달

(1) 자기실현의 동기

- 로저스의 현상학이론에서는 성격발달 그 자체에 특별한 주의를 기울이지 않았기 때문에 발달단계에 대한 구체적인 시기를 언급하지는 않았다.
- 로저스를 비롯한 클라이언트 중심 이론가에게서 성격발달을 추진하는 힘은 '자기실현의 동기'이다. 이것은 인간의 능력을 최적으로 발달시키고자 하는 힘이다. 성장하면서 형성하기 시작한 '자기개념'은 자신의 경험을 어떻게 지각하느냐에 달렸다.
- 자기 자신의 경험의 지각은 다른 사람이 가치를 부여하는 '긍정적인 관심에 대한 욕구'에 영향을 받는다.
- 긍정적인 관심을 추구하는 욕구를 성취하거나 실패함으로써 '자기 인정'을 만들어 나간다. 이것은 다른 사람에게서 받은 관심을 자기 자신의 지각에 기초하여 학습한 자기 의식이다.

(2) 무조건적인 긍정적 존중(관심)

- 인간은 누구나 다 사랑받고 존중되어야 하며, 무조건적인 긍정적 존중이 중요하다. 건강하게 성격을 발달하려면 무조건적인 긍정적 관심이 가장 중요하다. 무조건적인 긍정적 관심과 존중을 받으면서 개인은 자기 및 자신이 체험한 것에 일치감을 느끼고, 완전히 기능하게 되며, 자아구조가 더욱 심화되어 간다. 그러나 무조건적인 긍정적 관심은 훈육의 결여, 사회적 제약의 철회가 아니라 한 개인을 있는 그대로 수용하고 존중하는 것을 의미한다.
- 자신의 자기개념과 실제 경험이 일치하지 않을 때 그 사람은 긴장, 불안, 내적인 혼란을 느낀다. 이러한 부적응에 대해, 사람마다 다양한 방어기제를 사용한다. 즉, 자신의 자기개념과 상충하는 경험을 부정하거나, 그 경험을 왜곡하거나 합리화하여 자신의 자기개념과 일치하는 것으로 지각한다.
- 방어기제를 사용해도 이러한 부적응을 좁힐 수 없으면 이에 직면해야 한다. 이것은 원치 않는 감정, 즉 불안, 긴장, 우울, 죄책감, 수치심을 유발한다.

4. 현상학이론과 사회복지실천

(1) 현상학이론에 대한 평가 [37]

① 현상학이론의 의의
- 이론보다는 심리치료와 상담영역에 많은 영향을 미쳤다. 특히, 클라이언트 중심 치료는 정서적 장애를 가진 사람들의 치료에 유용한 것으로 평가되어 그동안 폭넓게 적용되었다. 치료적 관계의 구성요소로서 비위협적인 환경, 비심판적 태도, 공감과 진실성, 무조건적 긍정적 관심, 문제 해결자로서의 클라이언트를 강조하였다.
- 인간본성의 긍정적인 측면과 자기개념의 중요성을 강조하였다.
- 개인 존재의 고유성, 개인의 잠재력과 내적인 욕구의 중요성을 강조하였다.
- 개인의 자기개념이나 잠재력을 극대화할 수 있는 개인의 능력에 초점을 둔다.
- 개인의 존엄성과 가치, 자기결정권을 강조하였다.
- 상담기술의 체계화와 보편화에 기여하였다.

② 현상학이론에 대한 비판
- 기본적인 인간본성에 대한 선한 측면을 너무 강조하여 인간의 악한 면과 부적응적인 인간에 대한 설명이 부족하였다.
- 인간의 무의식적 과정에 별다른 관심을 보이지 않는다.
- 인간에게는 적절한 발전을 지향하는 확고한 기제가 있다고 주장했으나, 이러한 기제에 대한 명백한 증거가 없다.
- 유기체적 경험, 자기개념, 완전한 기능 등은 개념이 모호하고 너무 포괄적이어서 이해하기가 어렵다.
- 성격발달에 관한 자료를 제공해 주지 못하고 있으며, 정서문제나 행동문제가 왜 발생하는지에 대해 설명하지 못한다.
- 클라이언트에 대한 치료자의 진실성을 강조하지만, 치료자가 클라이언트에 대한 자신의 진실된 감정을 표현하는 것은 현실적으로 힘든 작업이다.

(2) 현상학이론과 사회복지실천
- 클라이언트를 존중하고 클라이언트 자신이 문제해결 능력을 가지고 있으며, 변화에 대한 책임을 클라이언트에게 위임한다.
- 공감적 이해와 무조건적 긍정적 관심과 배려를 중요하게 생각한다.
- 클라이언트를 평가하거나 판단하지 않는 상태에서 있는 그대로 받아들인다.

- 개인의 존엄성과 가치, 자기결정권, 사회적 책임과 상호성을 강조하는 것은 사회복지실천 철학과 맥을 같이 하는 원칙이다.
- 따뜻하게 관심을 갖는 치료적 관계를 통해서, 인간은 자기를 이해하고 성장할 수 있으며, 필요한 자원은 인간 스스로 갖고 있다고 가정한다. 이 점은 사회복지실천에 중요한 의미를 부여한다. 진실성, 일관성, 클라이언트에 대한 무조건적인 긍정적 관심, 클라이언트의 세계관에 공감해야 한다는 치료적 관계 원칙은 사회복지실천에 기여하고 있다.

5장 사회체계이론

한눈에 쏙! 중요도

❶ 사회체계와 인간행동

1. 체계 ★

2. 체계이론

3. 일반체계이론 ★★★ 23회 기출

4. 사회체계이론

❷ 생태체계관점

1. 생태체계관점의 구성

2. 생태학이론 ★★★ 23회 기출

3. 생태체계이론 ★★★ 23회 기출

기출경향 살펴보기

최근 시험에서 출제비중이 높아지고 있다. 체계이론과 생태체계이론의 기본적인 특성 및 관점, 핵심적인 개념들을 중심으로 정리해야 한다. 체계이론의 주요 개념을 묻는 문제와 브론펜브레너의 환경체계에 관한 문제는 매회 빠지지 않고 출제되고 있다. 특히, 생태체계관점에 관한 내용은 최근 시험에서 지속적으로 2문제 이상 출제되고 있으므로 꼼꼼하게 정리해두어야 한다.

최근 5개년 출제 분포도

연도별 그래프

평균출제문항수

4.0 문항

2단계 학습전략

데이터의 힘을 믿으세요!
강의로 복습하는 **기출회독 시리즈**

3회독 복습과정을 통해
최신 기출경향 파악

최근 10개년 핵심 키워드

| 기출회독 014 | 체계이론 | 11문항 |
| 기출회독 015 | 생태체계이론 | 21문항 |

기본개념 완성을 위한 학습자료 제공

기본개념 강의, 기본쌓기 문제, O X 퀴즈, 기출문제, 정오표, 묻고답하기, 지식창고, 보충자료 등을
아임패스를 통해 만나실 수 있습니다.

1

사회체계와 인간행동

기출회차

1	2	3	4	5
6	7	8	9	10
11	12	13	14	15
16	17	18	19	20
21	22	23		

강의로 복습하는 기출회독 시리즈

Keyword 014

1. 체계

(1) 체계의 개념

• 체계란 상호의존적이고 상호작용하는 각각의 부분들의 전체로 부분들 사이의 관계를 맺고 있는 일련의 단위들이다.
• 상호관계를 맺고 있는 구성단위들의 집합체이지만 구성단위들의 단순 집합이 아니라 구성단위 간의 상호작용 또는 관계 양상을 포함하는 하나의 전체 또는 단위를 의미한다.

(2) 체계의 속성

• 조직화: 체계의 부분 혹은 요소는 서로 관계가 있고 연결되어 있다.
• 상호인과성: 상호의존성을 의미하는 것으로써 체계의 한 부분에서 일어난 사건은 직접적 혹은 간접적으로 모든 부분들에 영향을 미친다.
• 공간성: 모든 체계는 눈에 보이지 않는 테두리인 경계를 가지고 있기 때문에 물리적 공간을 가지며, 다른 체계와는 구분된다.
• 경계: 다른 체계와 구분해주는 눈에 보이지 않는 테두리로서 체계와 환경을 구분한다.
• 지속성(항구성): 시간의 흐름에 따라 체계가 발달하고 구성요소들의 역할이 분화되는 역동적 특성을 지니지만 전체로서의 체계는 비교적 안정된 구조를 유지하게 된다.

(3) 사회체계의 구조와 기능

보충자료

파슨즈의
4가지 기능적 요건

• 파슨즈(Parsons)에 의하면 모든 사회체계는 다음 두 축을 중심으로 구조적으로 분화되며 안정상태를 유지한다.
　– 수직적 축: 외적(외부환경) 차원 – 내적(체계 내부)차원
　– 수평적 축: 도구(수단) 차원 – 완성(목적) 차원
• 파슨즈는 이 두 축으로 사회체계가 안정상태를 유지하기 위해 성공적으로 해결해야 할 기능을 적응, 목표달성, 통합, 형태유지의 4가지로 제시했다.

	도구적(수단) 차원	완성적(목적) 차원
외적(외부환경) 차원	적응기능	목표달성기능
내적(체계 내부) 차원	형태유지기능	통합기능

① 적응기능
- 체계가 외부환경으로부터 자원을 얻어 이를 분배하고 보존하는 활동이다. **예** 경제제도
- 체계는 환경으로부터 자원을 얻어 그 자원을 활용할 능력을 갖추어야 존재할 수 있는데, 체계가 과업산출을 달성하기 위한 수단으로 상위체계를 변화시켜야 한다.

② 목표달성기능
- 체계는 목표를 설정하고 목표들의 우선순위를 정하며, 구성 부분을 동원하여 그 목표를 달성할 능력을 갖추어야 체계로서 존재할 수 있다. **예** 정부
- 사회체계는 상위체계 기대를 충족하도록 과업목적을 달성해야 한다. 이는 목적을 달성한다는 점에서 완성적이고, 목적을 일으킨 기회나 욕구가 상위체계에 있다는 점에서 외적 차원으로 분류된다.

③ 통합기능
- 체계가 내부적으로 부분들의 상호작용을 조정하고 유지하는 기능을 의미한다. **예** 법
- 체계는 부분들의 활동을 조정하고 효과적으로 작업관계를 성립할 수 있는 능력을 갖추어야 한다.
- 통합문제도 완성적 차원의 문제이고, 체계 자체의 욕구라는 점에서 내적 차원으로 분류된다.

④ 형태유지기능
- 체계 내에서 발생하는 긴장을 다루는 기능이다. **예** 종교
- 체계 자체에서 발생하는 변화와 함께 계속 변하는 상위체계에서 체계 자체 기본틀을 유지해야 한다. 이는 도구적 차원의 문제이자, 내적 차원의 문제이다.

잠깐!

시험을 위해 일반체계이론, 사회체계이론, 생태체계이론 간 차이를 구분하는 것은 크게 중요하지 않다. 이 이론들을 포괄하는 핵심 개념인 체계의 속성과 기능, 관련 개념들을 알아두는 것이 중요하다.

2. 체계이론

(1) 개념

• 체계이론은 체계가 성장과 변화를 거쳐 안정성을 유지해 가는 방법, 즉 체계들 간의 상호작용을 분석하고 설명하는 이론이다.

• 체계적 관점 혹은 체계이론이라고 하면 일반체계이론을 지칭하지만, 구체적으로 분류해보면, 일반체계이론, 사회체계이론, 생태체계이론 혹은 생태체계적 관점으로 나눈다.

(2) 체계이론의 유형

① 일반체계이론

• 생물학자인 버틀란피(Bertalanffy)가 1940년대에 처음 제시하여 1960년대부터 주목받게 된 이론이다.

• 체계를 구성하는 요소들의 속성과 이들 간의 상호작용의 속성을 이해하고, 복잡한 체계의 관계 속성 또는 체계 내부에서 이루어지는 상호작용의 특성을 파악하기 위해서 개발되었다.

• 일반체계이론은 현상을 설명하고 예측하고 통제할 수 있는 이론적 모형을 제시해주는 기능을 하는데, 현실을 관찰하고 구성요소들 간의 관련성을 파악하여 조직화할 수 있는 방법을 제시해주며 세포에서부터 사회와 모든 형태의 인간연합체에 적용된다.

② 사회체계이론

• 모든 조직 수준과 인간결사체 등 사회체계에 체계론적 관점을 적용한 이론이다.

• 인간행동에 영향을 미치는 다양한 체계 수준, 즉 개인, 가족과 조직을 포함하는 소집단, 지역사회와 같은 더 복잡하고 넓은 사회체계를 설명하는 이론이다.

• 사람들이 공동의 장소와 문화를 공유하고 서로 상호작용하는 사회도 하나의 체계이기 때문에 체계의 속성을 갖고 있으며, 따라서, 체계이론으로 설명이 가능하다.

• 일반체계이론이 '체계'라는 추상적 개념으로 설명하는 반면, 사회체계이론은 가족, 조직, 지역사회, 문화 등 구체적인 사회체계를 다룬다.

• 사회복지분야에서는 일반체계이론을 도입하여 4체계이론이나 6체계이론 등이 발달되었고, 사회학분야에서는 파슨즈와 같은 사회학자가 사회체계이론을 발달시켰다.

③ 생태체계이론

- 생태체계이론은 생태적 관점과 체계적 관점이 통합된 것이다.
- 일반체계이론의 주요 개념들을 그대로 받아들이면서, 그 이론이 가지는 한계점을 극복하기 위해 생태학적 관점을 도입한 통합적 이론이다.
- 유기체들이 어떻게 상호 적응상태를 이루고, 그들이 어떻게 상호 적응해가는가에 초점을 두며, 인간과 인간의 주변환경 간의 상호작용, 상호의존성 또는 역동적 교류와 적응을 설명한다.
- 인간과 환경 사이의 상호보완성을 설명하는 데 관심을 두며, 환경과 인간을 하나의 총체로 간주한다.

(3) 체계이론들의 상호 비교

- 일반체계이론은 유기체와 환경 간의 체계적인 상호작용에 대해 전체성, 상호성, 개방성의 개념으로 분석한다.
- 사회체계이론은 인간행동에 영향을 미치는 다양한 체계수준인 개인, 가족과 조직을 포함하는 소집단, 지역사회와 같은 더 넓은 사회체계에 관심을 둔다.
- 생태체계이론은 유기체가 환경 속에서 어떻게 역학적 평형을 유지하고 성장하는지에 관심을 둔다.
- 세 가지 이론 모두 다양한 체계에 관심을 갖고 있고 인간과 환경 사이의 상호작용을 강조하고 있다. 체계를 하나의 전체로 바라보고 체계 안에서 발생하는 스트레스와 이에 대응하는 인간의 균형에 관심을 두고 있다는 것이 체계이론들의 공통점이라 할 수 있다.

각 이론의 특징

구분	특징	공통점
일반체계이론	• 체계를 구성하는 요소들의 속성과 이들 간의 상호작용의 속성을 이해하고, 복잡한 체계의 관계속성 또는 체계 내부에서 이루어지는 상호작용의 특성을 설명하는 이론 • 이론적 · 추상적 · 분석적 측면이 강함 • 체계, 경계, 항상성, 안정상태 등	• 다양한 체계에 관심을 갖고 있고 인간과 환경 사이의 상호작용을 강조 • 체계를 하나의 전체로 바라보고 체계 안에서 발생하는 스트레스와 이에 대응하는 인간의 균형에 관심
사회체계이론	• 일반체계이론의 관점을 적용하여 사회체계를 설명하는 이론 • 인간행동에 영향을 미치는 다양한 체계 수준, 즉 개인, 가족과 조직을 포함하는 소집단, 지역사회와 같은 더 복잡하고 넓은 사회체계를 설명하는 데 관심을 둠 • 사회복지실천에의 적용: 4체계이론과 6체계이론	
생태체계이론 (혹은 관점)	• 일반체계이론(체계적 관점) + 생태학 이론(생태적 관점) • 인간과 환경 사이의 상호보완성을 설명하는 이론 • 일반체계이론의 주요 개념들을 그대로 받아들이면서, 일반체계이론이 가지는 한계점을 극복하기 위해 생태적 관점을 도입 • 사회복지실천에의 적용: 저메인과 기터만의 생활모델	

3. 일반체계이론 🏆 23회기출

(1) 일반체계이론의 개념 [38]

- 개인과 사회의 문제를 원인-결과의 관계, 즉 직선적 원인론으로 해석하기보다는 상호연결된 전체로 파악한다. 개인과 환경은 어느 한쪽이 다른 한쪽에 일방적으로 영향을 미치는 관계가 아니다. 개인과 환경이 모두 원인인 동시에 결과인 상호적 인과관계를 형성하는데, 이를 순환적 원인론이라 한다.
- 모든 체계가 유사한 관계 속성을 지니고 있다는 인식에 기초하기 때문에, 체계의 구성요소들 간의 관련성을 파악하여 조직화할 수 있는 방법을 제시해주며, 세포에서부터 사회 그리고 모든 형태의 인간연합체에 적용될 수 있다.

(2) 일반체계이론의 인간관

- 인간을 통합된 하나의 체계로 간주하는 전체적 인간관을 가진다.
- 인간은 신체, 심리, 사회적 부분으로 분리된 존재가 아닌 통합된 전체로 기능하는 존재이다.
- '환경 속의 인간' 관점을 취한다.
- 인간은 자신의 욕구에 맞게 환경을 수정하고, 환경의 요구에 맞게 행동을 수정할 수 있는 능력을 지닌 존재이다.
- 인간은 외부체계와 끊임없이 상호작용하며 상호의존하는 존재이다.
- 인간행동은 집단, 가족, 또는 다른 사회적 단위를 포함하는 전체적인 사회적 상황의 결과이다. 이러한 관점에 의하면 한 개인의 부적응적 행동의 원인은 한 개인에게 있는 것이 아니라 그를 둘러싸고 있는 사회체계와의 역기능적 상호작용에 있는 것으로 이해할 수 있다.

(3) 기본 가정

- 체계의 구성단위들은 상호의존적이며 상호 영향을 주고받기 때문에 체계의 어느 한 부분의 변화는 전체로서의 체계, 그리고 그 체계를 구성하는 요소들에 영향을 준다.
- 전체는 각 부분들의 합보다 크다(비총합성).
- 체계는 한 단위 혹은 전체를 형성하는 상호 관련이 있는 성원들로 구성된다.
- 체계 조직의 한계(범위)는 임의로 또는 이미 확정된 경계와 성원들이 결정한다.
- 체계의 환경은 체계경계선 외부의 것으로 규정된다.

- 모든 체계는 다른 체계의 하위체계이면서 동시에 상위체계일 수 있다(홀론).
- 체계에서 한 성원의 변화는 전체에 영향을 미친다. 즉, 상호의존과 상호작용이 있다.
- 체계 내·외부의 변화로 체계가 구조적으로 불균형해질 경우, 체계는 균형 상태를 회복하려고 시도한다.
- 체계는 안정을 유지하려는 속성과 변화하려는 속성을 동시에 내포한다.

(4) 주요 개념 ⭐꼭!

체계의 특성별 주요 개념

체계의 구조적 특성	경계, 개방체계, 폐쇄체계, 대상체계, 하위체계, 상위체계, 공유영역, 엔트로피, 역엔트로피(넥엔트로피)
체계의 진화적 특성	균형, 항상성, 안정상태
체계의 행동적 특성	투입 - 전환 - 산출 - 환류(피드백)

① 경계

- 체계를 외부환경으로부터 구분해주는 눈에 보이지 않는 선 혹은 테두리이다.
- 체계 내부의 관계를 특징짓고 체계에 특정 정체감을 제공하며, 체계 내부로의 에너지 흐름(투입)과 외부로의 에너지 유출(산출)을 규제한다.
- 체계를 둘러싸고 있는 경계의 속성에 따라 개방체계와 폐쇄체계로 구분할 수 있다.
- 건전한 체계는 반투과성의 경계를 가지며 이 경계를 유지한다. 반투과성 경계는 체계가 성장하고 발달하기 위해 적절한 수준에서 개방적인 체계를 말한다.

경계의 2가지 기능
- 체계의 정체성 규정
- 체계 내부로의 에너지 흐름(투입)과 외부로의 에너지 유출(산출)을 규제

② 개방체계(open system)

- 개방체계는 반투과성의 경계를 갖고 있는 체계이다.
- 체계의 성장 및 발달에 필요한 정보나 에너지를 외부로부터 자유롭게 받아들임으로써 체계 자체의 기능을 유지 혹은 발전시킬 수 있다.

반투과성
어떤 성분은 통과할 수 있지만, 다른 성분들은 통과시키지 않는 것을 의미한다. 예를 들어 주요 물질은 외부로 빠져나가지 않지만 내부의 노폐물 등은 빠져 나갈 수 있다.

③ 폐쇄체계(closed system)

- 다른 체계와 상호작용하지 않아 고립되어 있는 체계이다.
- 정보나 에너지의 투입(input) 또는 산출(output)이 거의 없다.
- 폐쇄체계를 구성하고 있는 부분들은 시간이 지남에 따라 구성원들 사이의

구별이 거의 없어지게 되며 점차 동일성을 띠게 된다. 따라서, 체계 내의 조직 구성 및 그 기능이 쇠퇴하게 된다. 이러한 상태를 엔트로피 상태라 하는데, 엔트로피 상태가 지속되면 체계는 소멸된다.

- 사회조직에서 폐쇄체계의 예로는 정신과의 보호병동, 교도소 등이 있다.

④ 위계, 대상체계, 상위체계, 하위체계

- 위계(hierarchy): 권력과 통제권에 기반을 둔 체계의 서열을 말한다.
- 대상체계: 분석 대상이 되는 체계이다. **예** 가족 갈등이 관심사라면 이 가족은 대상체계이다.
- 상위체계: 대상체계 외부에 있으면서 그 체계에 기능적으로 영향을 미치는 사회단위이다. **예** 가족이 다니는 교회(종교기관)는 대상체계의 상위체계이다.
- 하위체계: 2차적, 종속적인 체계로 큰 체계 속에 있는 더 작은 체계를 말한다. 대상체계 내부에 있으면서 내부의 다른 하위체계들과 상호작용하면서 체계를 구성한다. **예** 가족의 하위체계에는 부부체계, 부모-자녀체계, 형제체계 등이 있다.

⑤ 홀론(holon)

중간체계가 갖고 있는 이중적인 성격을 나타내주는 말로서 하나의 체계는 상위체계에 속한 하위체계이면서 동시에 다른 것의 상위체계가 된다는 개념이다.

예 가족은 부부체계의 상위체계이지만, 지역사회의 하위체계이다.

⑥ 엔트로피(entropy)

- 체계 구성요소 간의 상호작용이 감소함에 따라 유용한 에너지가 감소하는 상태를 말한다.
- 체계가 서서히 무질서와 혼돈의 상태를 향해 나아가는 것이다.
- 체계 내부의 에너지를 소모해 감으로써 점차 쇠약해지는 경향성이다.
- 외부체계와 교류가 차단되어 외부의 에너지 투입이 이루어지지 않는 폐쇄체계에서 일어나는 현상이다.

예 가정 안에서 부부 사이가 좋지 않아 서로 대화가 없어지고 긴장이 흐르게 되며 그로 인해 부모-자녀관계도 불안정해지고 자녀가 일탈에 빠질 수 있다. 이때 부모-자녀간 상호작용의 감소는 가족 내 질서 및 위계를 불안정하게 만들고, 부모-자녀 간 경계도 불명확하게 만들게 된다. 따라서 이러한 역기능적 행동의 증가가 바로 엔트로피 상태인 것이다.

⑦ 넥엔트로피(역엔트로피, negentropy)

- 체계 외부로부터 에너지를 유입함으로써 체계 내부에 유용하지 않은 에너지(이용불가능한 에너지)가 감소되는 것을 말한다.
- 체계 내에 질서, 형태, 분화가 있는 상태로 개방체계에서 나타나는 특성이다. 넥엔트로피가 증가하면 체계 내에 질서와 법칙이 유지되며, 정보의 필

요성이 높아진다.

> 📘 부부 갈등으로 인해 가족 내 엔트로피가 증가한 경우, 부부가 외부 자원인 상담실을 통해 부부상담을 받고 관계가 회복되는 계기를 맞게 된다. 따라서 외부 도움으로 가족 내 역기능적 관계가 개선되고 가족원 간 긴장이 감소하게 되는데, 이 상태는 넥엔트로피에 해당된다.

⑧ 시너지(synergy)

- 체계 내에 유용한 에너지가 증가하는 것이다.
- 체계 구성요소 사이에 상호작용이 증가하면서 나타난다.
- 시너지는 개방체계의 속성인데, 개방체계는 에너지를 고갈시키지 않고 구성요소의 상호작용을 촉진함으로써 계속해서 에너지를 만들어내기 때문이다.

> 📘 부부갈등이 있는 가족이 상담을 통해 부부관계가 개선되면 가족 전체의 분위기가 긍정적으로 바뀌고 경우에 따라서는 예전에 없었던 가족 모임이나 행사에 적극 참여하거나 자녀들이 더욱 성숙해지는 등의 긍정적 변화가 나타날 수 있다.[39]

⑨ 균형(평형상태, equilibrium)

- 체계가 고정된 구조를 가지고 주위환경과 수직적인 상호작용을 하기보다 체계 내에서 수평적인 상호작용을 하면서 거의 교류를 하지 않는 상태이다.
- 주로 폐쇄체계에서 나타나며 체계의 구조 변화가 거의 없는 고정된 균형상태이다.
- 변화보다는 현상 유지를 가장 바람직한 상태로 여기면서 다른 조직이나 집단과 거의 교류를 하지 않는 폐쇄적인 관료조직이나 엘리트 집단을 예로 들 수 있다.

수평적 상호작용
- 체계 내에서 이루어지는 상호작용
- 가족이라는 체계 내에서 부모·자녀 혹은 형제관계

수직적 상호작용
- 경계를 넘어 두 체계 간에 발생하는 상호작용
- 자녀와 학교교사 간 상호작용, 부모와 직장상사 간 상호작용

⑩ 항상성(homeostasis)

- 체계가 균형을 위협받았을 때 이를 회복하고자 하는 체계의 경향을 말한다. 비교적 안정적이며 지속적인 균형상태를 유지하기 위한 체계의 속성이다.
- 항상성은 체계의 변화와 유지라고 하는 2가지 기능 중에서 체계의 일관성을 유지하려는 기능에 해당된다.
- 주로 개방체계에서 나타나는 균형상태이다.
- 환경과 지속적으로 상호작용하면서 정적인 균형보다는 역동적인 균형을 이루고 있는 상태로, 이 때 체계의 구조는 크게 달라지지 않는다.

> 📘 부부가 심각한 갈등을 반복하면서 지내오다가 자녀가 아프면 자녀를 치료하는 동안 잠시 덮어두었다가 자녀가 완쾌하면 예전과 같이 갈등상태에 돌입하게 되는 경우이다.

⑪ 안정상태(steady state)

균형이나 항상성에 비해 더욱 개방적이고 역동적이다. 항상성이 체계의 일관

성을 유지하기 위해 일정한 범위 내에서만 변화하려고 하는 데 비해, 안정상태는 체계 자체를 변화시키는 노력을 통해 외부자극을 받아들인다.

> 예 자녀가 성인이 되었는데도 기존 방식대로 아버지가 자녀의 일을 결정하려 한다면 이는 자녀와 관련된 의사결정을 아버지가 주도하는 기존 체계의 일관성을 고수하려는 항상성에 해당된다. 그런 경우 환경변화(자녀의 성장)에 맞게 체계를 수정하기보다는 체계의 항상성을 유지하기 위해 아버지의 결정에 자꾸 반발하는 자녀를 더 꾸짖는 방식으로 반응할 수 있다. 그러나 안정상태에서는 체계가 붕괴되지 않도록 환경변화에 맞게 체계 자체를 변화한다. 즉 아버지 주도적인 의사결정을 자녀가 주도하는 방식으로 바꾸거나 여럿이 함께 의사결정하는 방향으로 체계 자체의 구조를 변경해가는 것이다.

⑫ 투입 - 전환 - 산출 - 환류

투입 - 전환 - 산출 - 환류

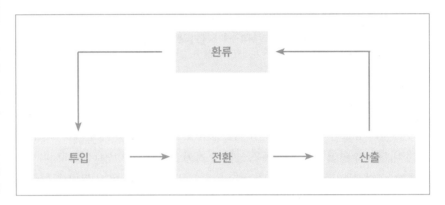

- 투입: 환경에서 체계로 자원, 에너지, 정보 등이 유입되는 것을 말한다. 과업 관련 투입과 유지 관련 투입이라는 두 형태가 있다.
  - 과업 관련 투입: 사회체계가 관심을 갖는 욕구, 문제 혹은 기회로 발생하는 것
    > 예 사회복지기관에서 클라이언트 문제
  - 유지 관련 투입: 욕구를 충족하거나 문제를 다루거나 기회를 모색하거나 이용하는 데 필요한 자원
    > 예 사회복지사 또는 원조에 필요한 자원
- 전환: 투입된 자원, 에너지, 정보 등을 가지고 체계 내에서 산출하기 위해 처리하는 과정을 말한다.
- 산출: 체계가 처리한 결과를 환경에 배출하는 것을 말하며, 이는 다른 체계에는 투입으로 작용하는 동시에 그 자체의 환류를 통해 다시 투입으로 작용한다. 과업산출, 유지산출, 소모로 나눈다.
  - 과업산출: 과업 관련 투입으로 처리된 결과
    > 예 사회복지기관의 경우 원조를 요청한 클라이언트 문제를 종결한 결과
  - 유지산출: 유지 관련 투입의 결과
    > 예 클라이언트가 사회복지기관과 접촉해서 습득한 대인관계에 대한 지식과 기술

- 소모: 과업산출과 유지산출을 낳는 데 있어 자원이 비효과적·비효율적 혹은 부적절하게 사용된 경우를 의미

  예 사회복지사의 소진(burn-out)

- 환류: 자신이 수행한 것에 관한 정보를 체계가 받는 것이다. 환류는 정보의 투입에 반응하는 행동을 가져오며, 새로운 정보에 자신의 행동결과를 포함시켜, 다음의 행동을 수정하는 의사소통의 조직망을 의미한다. 체계의 순환적 성격을 잘 나타내주는 개념이다. 체계의 작동을 점검하고 적응적 행동이 필요한지를 판단하여 이를 수정하는 능력을 의미한다.

⑬ 정적 환류

- 체계가 한쪽 방향으로 계속 이탈되어 가는 것을 말한다.
- 주로 엔트로피가 증가하고 있는 체계에서 나타난다.
- 체계에 급진적이고 불연속적인 변화를 통하여 체계 전체를 변화시키는 환류를 의미한다.

  예 부부 싸움이 심각해져서 어떤 배우자도 결과를 통제할 수 없는 상태에 도달한 경우를 말한다.

  예 사회복지사의 도움에도 불구하고 아동의 분노의 문제가 전혀 해결되지 않고 오히려 분노의 빈도가 심각해진 경우를 들 수 있다.

⑭ 부적 환류

- 체계의 이탈을 수정하거나 변화시키는 것을 말한다.
- 원래의 행동을 감소시키거나 혹은 지속하지 못하도록 상호작용의 형태를 바꾸거나 목표를 수정하는 것을 의미한다.
- 체계의 항상성을 유지하고, 변화를 극소화하면서 체계 자체를 유지시키는 환류, 즉 체계 내의 부분만을 변화시키고 체계 전체는 유지하는 기능을 한다.

  예 아동이 밖에서 놀다가 밤늦게 들어온 경우 부모는 아동의 행동을 야단치면서 똑같은 행동을 반복하지 않게 한다.

⑮ 호혜성(reciprocity)

한 체계에서 일부가 변화하면, 그 변화가 모든 다른 부분들과 상호작용하여 나머지 부분들도 변화하게 된다는 것이다. 이는 순환적 인과성을 의미하기도 한다. 호혜성의 원리와 관련된 개념이 동등결과성과 다중종결성이다.

⑯ 동등결과성

- 각각 다른 체계들이 초기에는 각각 다른 상태였다고 하더라도 투입(input)이 같은 경우에는 비슷한 안정상태에 도달할 것이라는 의미이다.
- 여러 가지 다른 방법으로 동일한 결과를 얻을 수 있기 때문에 단지 한 가지

사고에만 집착하지 않는 것이 중요함을 시사한다.

> 📖 사회복지사는 한 가족을 위해 다양한 곳에서 필요한 자원을 얻을 수 있다. 생계급여, 주거수당, 식품권, 보조금, 개인적인 후원 등이 있을 수 있으며, 그 중 가능한 대안을 선택한다.

⑰ 다중결과성(다중종결성)

처음의 조건과 수단이 비슷하다고 할지라도 다른 결과가 야기된다는 체계이론의 기본 가정이다.

> 📖 동일한 치료적 접근을 하더라도 그 치료의 결과의 질은 체계에 따라 달라질 수 있음

⑱ 공유영역(interface)

• 두 가지 체계가 함께 공존하는 곳으로서 체계 간의 교류를 의미한다.
• 경계는 체계의 정체성을 유지하기 위해 필요한 반면, 공유영역은 서로 다른 두 체계가 공통의 이익이나 관심을 추구하기 위해 필요하다.

⑲ 관계

둘 또는 그 이상의 사람이나 체계 사이의 상호 정서적 교류, 역동적 상호작용, 감정, 인지, 행동의 관련성을 뜻한다.

(5) 체계이론과 사회복지실천

• 모든 체계가 유사한 관계 속성을 지니고 있다는 인식에 기초한 일반체계이론의 등장으로 원조전문직에서는 이전의 기계적이고 환원적인 사고에서 벗어날 수 있었다.
• 개인과 사회의 문제는 원인-결과의 관계로 해석되기보다는 상호연결된 전체로 파악된다. 즉, 개인과 환경은 어느 한쪽이 다른 한쪽에 일방적인 영향을 끼치는 것이 아니라 양자가 모두 원인인 동시에 결과인 상호적 원인관계로 형성된 전체로 파악된다. 따라서, 문제 사정과 개입체계를 명확하게 해준다.
• 체계적 관점은 사회복지실천의 목적과 잘 부합된다고 할 수 있는데, 문제의 파악 및 개입의 초점을 개인 또는 환경의 어느 한 곳에 두기보다는 상호작용하며 영향을 주고받는 전체에 두기 때문이다.

4. 사회체계이론

일반체계이론을 사회복지실천에 적용하여 체계 간 상호작용 등을 설명하려

한 것이 사회체계이론인데, 일반체계이론은 추상적이고 실천적 적용에 어려움이 있기 때문에 사회의 심리적 · 사회적 구조와의 관계를 설명하는 사회체계이론이 발달했다.

(1) 사회체계이론의 개념

인간행동에 영향을 미치는 다양한 체계 수준(개인, 가족, 조직, 집단, 지역사회)을 설명하는 이론이다.

(2) 체계관점의 사회복지실천이론

① 핀커스와 미나한(Pincus & Minahan, 1973)의 4체계이론

핀커스와 미나한은 일반체계이론을 사회복지실천에 응용하여 4체계이론을 소개했다. 사회복지사가 실천과정에서 다루게 되는 대상을 클라이언트체계, 변화매개체계, 표적체계 및 행동체계인 4체계로 분류했다.

② 콤튼과 갤러웨이(Compton & Galaway, 1983)의 6체계이론

콤튼과 갤러웨이는 4체계에 전문가체계와 문제인식체계(의뢰-응답체계)를 덧붙여서 6체계이론을 제시했다.

4체계 모델, 6체계 모델은 <사회복지실천론> 5장에서 상세히 다루고 있다.
- 4체계: 클라이언트체계, 변화매개체계, 표적체계, 행동체계
- 6체계: 4체계+전문가체계, 의뢰-응답체계

2

기출회차				
1	2	3	4	5
6	7	8	9	10
11	12	13	14	15
16	17	18	19	20
21	22	23		

강의로 복습하는 기출회독 시리즈

Keyword 015

생태체계관점

1. 생태체계관점의 구성

- 생태체계적 관점은 일반체계이론(체계적 관점)과 생태학이론(생태적 관점) 이 결합된 것이다.
- 생태적 관점은 환경과 유기체가 역동적인 평형상태를 유지하면서 성장하는 과정에 관심을 두는데, 이것을 인간행동에 적용하면 인간과 주변환경 간의 상호작용, 상호의존성 또는 역동적 교류와 적응에 초점을 둔다.
- 브론펜브레너는 인간발달과정을 분석하는 가운데 체계론적 관점을 확대하여 '생태적 체계'라는 용어를 사용했는데, 그 이론을 생태학적 이론 혹은 생태학적 모델이라고 한다.
- 생태체계관점에 기초한 사회복지실천모델은 저메인과 기터맨의 '생활모델'이다.

생태체계관점의 구성

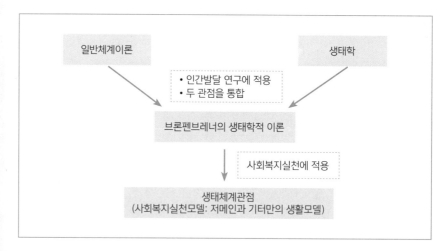

2. 생태학이론 23회기출 🏆

중요도 ⭐⭐⭐

생태체계의 구성(미시체계, 중간체계, 외부체계, 거시체계, 시간체계)에 관한 문제가 주로 출제되었다. 각각의 체계에 대한 개념과 예시를 구분하여 정리하도록 하자. 23회 시험에서는 생태체계의 구성에 관한 문제가 3문제나 출제되었다.

(1) 브론펜브레너(U. Bronfenbrenner)

브론펜브레너는 활동적이며 성장하는 인간이 환경과 어떻게 관계되어 있는지를 이해하는 방법으로 인간발달의 생태학을 생각했다. 그는 유아의 발달이 이루어지는 주변 세계와 더 넓은 세계와의 관계를 이해하려고 하였고 유아들의 주변 세계에 대한 해석과 그 해석들이 어떻게 변화하는지에 초점을 두었다. 또한 인간발달과정을 분석하는 가운데 체계론적 관점을 확대하여 '생태적 체계'라는 용어를 사용했고, 인간을 둘러싸고 있는 생태학적 환경을 가장 가까운 것에서부터 가장 먼 것에 이르기까지 4개의 구조체계로 구분했으며, 이후 시간체계를 추가했다. 브론펜브레너의 이론을 생태학적 이론 혹은 생태학적 모델이라고 한다.

(2) 생태체계의 구성 ⭐꼭!

사회환경 속에서 다양하게 상호 작용하는 체계들 [41]

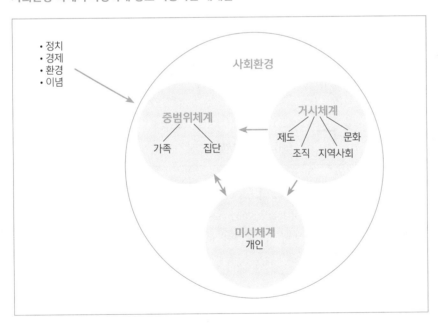

① 유기체(organism) [40]

- 개별적이고 통제적이며 살아 있는 체계로 에너지와 정보를 필요로 한다.
- 가족, 조직, 사회는 유기체로 구성된 생활체계의 예라고 할 수 있으며 인간 유기체는 그들의 환경과 상호작용하면서 인간 생태체계를 구성한다.

② 미시체계(micro system)

- 개인 혹은 인간이 속한 가장 직접적인 사회적 · 물리적 환경이다.
- 인간은 넓은 의미에서 생리적 · 심리적 · 사회적 체계의 한 형태이며, 이러한 체계들 모두는 상호작용한다.
- 인간과 직접적이고 대면적인 상호작용을 함으로써 인간에게 영향력을 미치며, 미시체계 내에서 아동과 부모, 또래, 교사와 같은 요인들 간에는 직접적인 상호작용이 이루어진다.
- 개인의 특성과 성장시기에 따라 미시체계는 달라진다. 예를 들어, 어릴 때는 가족이 미시체계이지만 청소년기에는 더 큰 영향을 미치는 또래집단이 미시체계가 될 수 있다.

③ 중간체계(meso system)

- 두 가지 이상의 미시체계들 간의 관계 혹은 특정한 시점에서 미시체계들 간의 상호작용을 의미한다.
- 개인은 각 미시체계와 관련되어 각각의 역할을 수행하는데, 미시체계 간의 연결이 제대로 이루어지지 못하면 어려움을 겪는다.
- 가족, 직장, 여러 사교집단 등 소집단이나 가족과 같은 개인을 둘러싸고 있는 두 가지 이상의 환경에서 일어나는 과정과 연결성이다.
- 중간체계는 발달하는 개인이 새로운 환경으로 이동할 때마다 형성되거나 확대된다.

한걸음 더
미시체계와 중간체계의 구분

어떤 때는 부모체계를 미시체계라고 하고, 어떤 때는 중간체계라고 하기도 한다. 미시체계란 나(개인)를 중심으로 나와 직접 관련이 있는 체계들을 말한다. 나의 부모님, 형제, 학교, 친구들 등이 속한다. 한편, 중간체계란 나(개인)를 제외하고, 나의 미시체계들 사이의 관계를 말한다. 예를 들면 엄마와 아빠는 나의 미시체계라고 할 수 있고, 엄마와 아빠의 관계는 나의 미시체계들의 관계이므로 중간체계라고 할 수 있다.

④ 외(부)체계(exo system)

- 개인과 직접 상호작용하지는 않으나 미시체계에 영향을 주는 사회적 환경이다.
- 개인은 외체계에 직접 참여하지는 않지만 이러한 환경들은 인간행동에 여러 가지 영향을 미친다. 가령 어머니의 취업 여부에 따라 아동의 생활패턴이 달라지는 것도 외체계의 영향이라고 할 수 있다.

⑤ **거시체계(macro system)**

- 개인이 속한 사회의 이념이나 제도의 일반적인 형태 혹은 개인에게 영향을 미치는 환경요소, 광범위한 사회적 맥락이다.
- 개인의 생활에 직접적으로 개입하지는 않지만 간접적으로도 강한 영향력을 발휘하며, 하위체계에 대한 지지기반과 가치 준거틀을 제공한다.
- 개별 미시체계(개인)는 사회환경 속에서 상호작용하는 거시체계의 영향을 지속적으로 받는다.
- 사회복지실천에서 거시적 접근은 사회 전반을 개선하고 바꾸는 일에 참여하는 것이다.

⑥ **시간체계(chronosystem)**

- 개인의 전 생애에 걸쳐 일어나는 변화와 역사적인 환경을 포함하는 체계이다.
- 어떤 시대에 출생하여 성장했는지에 따라서 개인은 발달과 삶에 큰 영향을 받는다. 부모, 가족, 친구, 학교 등 개인을 둘러싼 미시체계에서부터 문화, 관습, 이념 등의 거시체계에 이르기까지 모든 생태체계는 개인에게 영향을 미치며, 이러한 생태환경은 과거, 현재, 미래의 시간체계의 변화 속에서 작용한다.

(3) 체계의 상호작용에 대한 이해

- 모든 체계는 사회환경 내에서 상호작용한다. 사회환경은 주변 조건이나 상황, 인간의 상호작용이며, 생존과 번성을 위해 환경과 효과적으로 상호작용하는 것을 강조한다.
- 미시체계는 사회환경 내의 다양한 체계와 역동적으로 상호작용한다.
- 개별 미시체계는 사회환경 속에서 상호작용하는 거시체계에서 지속적으로 많은 영향을 받는다.
- 사회복지실천 고유의 중요한 측면은 바로 개별 클라이언트체계에 미치는 거시체계의 영향을 사정하는 것이다. 이러한 실천에 대한 주요한 이론적 관점으로 조직이론과 지역사회이론이 있다.
- 사회환경에 미치는 사회적 힘의 영향력도 중요시해야 한다. 정치적인 힘(정부의 구조, 법, 민중에 대한 힘의 분배 등), 경제적인 힘(가능한 자원, 자원의 분배방식과 활용방법 등), 환경의 힘(폭발적인 인구 증가, 지속적인 산업화 등), 사상의 힘(인간이 추구하는 가치와 신념 등)이 있다.
- 인간행동을 이해하기 위해서는 사회환경 내의 다중적인 상호작용(중범위 또는 거시체계들 간의 상호작용)을 볼 수 있어야 하며, 동시에 개인의 정상

적인 삶에 지속적으로 작용하는 생리적 · 심리적 · 사회적 체계의 영향력을 이해해야 한다.
- 사회복지사는 두 가지 상호작용 측면, 즉 개인의 정상적인 주요 사건과 체계들이 어떻게 영향을 주고받는지 이해해야 한다.

3. 생태체계이론 ^{23회 기출} 🏆

생태체계이론, 생태체계관점, 생태체계적 관점, 생태체계적 모델은 다 같은 뜻으로 이해해도 된다. 이 이론 및 관점은 다양한 사회복지 영역에 포괄적으로 적용될 수 있지만 어느 하나의 개입기법을 가지는 다른 모델과는 좀 성격이 다르다. 이것은 문제를 가진 개인과 환경에 대한 개입에 있어 다양한 기술과 기법을 필요로 하는 사회복지사에게 통합적 접근을 가능하게 하는 데 유용성을 지닌다.

(1) 생태체계이론(관점)의 개념
- 생태체계이론은 생태적 관점과 체계적 관점을 통합한 것이다.
- 유기체들이 어떻게 상호 적응상태를 이루고, 어떻게 상호 적응해가는지에 초점을 두며, 인간과 주변환경 간의 상호교류, 상호의존성 또는 역동적 교류와 적응을 설명하는 통합적 관점이다.

(2) 생태체계이론의 특징
- 생태학에서 강조하는 자연환경의 영향과 체계이론에서 강조하는 환경의 체계수준이 함께 고려된 통합적 관점으로, 일반체계이론의 주요 개념들을 그대로 받아들이면서 그 이론이 가지는 한계점을 극복하기 위해 생태적 관점을 도입했다.
- 유기체가 환경 속에서 어떻게 역학적인 평형상태를 유지하고 성장해 가는지에 초점을 둔다. 즉, 인간과 환경 사이의 상호보완성을 설명하는 데 관심을 둔다.
- 인간과 환경은 서로 분리되어 있는 것이 아니라 지속적인 상호교류 안에서 존재하는 하나의 체계로 본다.
- 인간의 심리과정은 생물학적 · 대인관계적 · 문화적 · 경제적 · 정치적 요인 사이의 복합적인 상호작용의 결과이며, 이러한 요인들은 상호작용하면서 일생 동안 인간행동에 영향을 미친다고 설명한다.
- '환경 속의 인간'을 설명하는 데 있어 개인-환경 간에 적합성, 개인과 환경

간의 상호교류, 적응을 지지하거나 또는 방해하는 요소 등을 중요하게 여긴다.

- 가족, 지역사회, 문화 등 인간이 몸담고 있는 생태환경을 좀 더 체계적으로 구조화하고 이들 환경체계와 개인 간의 관계를 이해하는 것이 인간발달의 주요 과제임을 강조한다.
- 생태체계관점은 환경 속의 인간이라는 사회복지실천의 기본 관점을 반영하고 있다.
- 이 관점은 단순히 인과관계를 규명하는 것이 아니라 인간과 환경 간의 복잡한 상호보완성을 설명하는 데 관심을 둔다.

(3) 인간과 환경에 대한 관점 ⭐꼭!

① 환경 속의 인간
- 생태체계관점은 인간을 매우 복잡한 존재로 본다. 인간은 사고, 감정, 행동을 가진 생물학적, 심리학적, 영적, 사회적, 문화적 존재로서 환경을 구성할 뿐 아니라 환경에 영향을 받는 상호교환적인 위치에 있다.
- 생태학적 관점에서의 인간관은 한마디로 '환경 속의 인간'이라는 전체적 인간관을 가지고 있다.
- 인간은 환경에 반응할 뿐만 아니라 스스로 환경을 창조해 내는 주인이기도 하다.

② 인간과 환경 간 상호교류
- 환경과 인간을 하나의 총체로 간주한다.
- 인간은 환경과 지속적으로 상호 적응하면서 발달한다. 인간이 환경에 영향을 주는 것과 같이 사회적 · 물리적 환경 역시 인간에게 영향을 준다. 즉, 인간과 환경 모두는 변화할 수 있다는 것을 강조한다.
- 인간과 환경은 지속적인 상호작용과 상호교류를 통하여 서로에게 영향을 미치고, 서로를 형성하며, 상호 적응하는 호혜적 관계를 유지한다고 본다.

③ 진보적 변화로서의 인간발달
- 인간발달은 진보적인 것으로 본다.
- 개인과 다른 인간체계들이 내 · 외부적인 힘들에 반응해서 어떻게 변화하고 안정을 이루는가를 설명한다.

(4) 행동 및 부적응에 대한 관점 ⭐꼭!

- 인간의 현재 행동은 인간과 환경 모두의 상호 이익을 찾는 과정에서 나타나는 것으로 본다. 모든 개인과 사회체계가 자원과 욕구의 상호 이익을 달성할 수 있는 균형점에서, 인간은 행동의 동기가 유발되어 행동이라는 실체로 나타난다.
- 생태체계관점에 의하면 부적응이란 존재하지 않는다. 모든 인간행동은 내적인 욕구와 환경적인 욕구 사이의 조화를 찾기 위한 적응과정으로 보고 있기 때문에, 어떤 행동도 부적응 행동으로 규정할 수 없다. 그러므로 부적응적인 결과 혹은 수용되기 어려운 행동이 나타난다고 할지라도, 적어도 그 환경 안에서는 적응적인 것이며, 모든 행동은 그 상황 안에서는 의미가 있는 것으로 본다.

(5) 변화에 대한 관점

- 변화에 대해 매우 개방적이다.
- 클라이언트의 문제행동은 환경과의 상호작용에서 비롯된다. 특히, 클라이언트의 내적 욕구와 환경자원 간의 불일치에서 비롯된다고 보고 있으므로, 변화를 위한 다양한 가능성이 존재하는 것으로 본다.
- 클라이언트가 가진 어떠한 문제도 클라이언트 자신의 책임으로 보지 않고 클라이언트를 둘러싸고 있는 환경과의 상호작용의 산물로서 본다.

(6) 주요 개념 ⭐꼭!

① 사회환경

- 인간을 둘러싼 조건, 상황, 대인적 상호작용 등을 포함한다.
- 개인은 생존과 성장을 위해 환경과 효과적으로 상호작용해야 한다.
- 사회나 문화에서 형성하는 물리적 환경, 예를 들어 사람들이 사는 주택의 형태나 직업의 종류, 법이나 사회규범 등을 포함한다.
- 가족, 친구, 직장, 집단, 정부와 같이 개인이 접촉하는 체계들을 포함한다. 보건이나 주택, 복지, 교육제도 등의 사회제도도 사회환경의 또 다른 측면이다.

상호작용과 상호교류

상호작용이 서로 다른 정체성을 가진 인간과 환경이 서로 역동적으로 영향을 주고받는 교환적 관계라면, 상호교류는 개인과 환경이 하나의 단위, 관계, 체계로 융합되어 관계하는 것이다.

② 상호교류

- 인간이 환경 속의 다른 사람들과 의사소통하고 관계 맺는 것을 말한다.
- 상호교류는 무엇인가를 전달하고 교환하는 것이기 때문에 활동적이며 역동적이다.

- 상호교류에는 긍정적인 상호교류와 부정적인 상호교류가 있다.
- 긍정적인 상호교류
  예 내가 매우 사랑하는 사람도 나를 사랑한다는 사실을 아는 것, 일을 끝내고 급여를 받는 것 등
- 부정적인 상호교류
  예 15년간 일하던 직장에서 해고당하는 것, 키우는 개가 밤새 짖어 이웃이 경찰에 신고한 것 등

③ 에너지
인간과 환경 사이에 적극적으로 개입하는 자연발생적 힘으로 투입이나 산출의 형태를 띤다.

④ 공유영역
체계이론에서 말하는 공유영역과 유사한 개념으로 개인과 환경이 상호작용하는 지점을 말한다.

⑤ 적응(혹은 적응성)
- 인간이 환경에 대한 적응수준을 높이기 위해 사용하는 지속적이고 변화지향적이며, 인지적, 감각적–지각적, 행동적인 과정을 말한다. 주변 환경의 조건에 맞추어 조절하는 능력을 말한다고도 볼 수 있다.
- 환경변화를 위한 행동이나 자기 스스로 환경변화에 맞춰가는 것을 포함한다.
- 한 개인이 효과적으로 기능하기 위해서는 새로운 조건과 환경에 따라 변화하고 조절하는 적응력이 필요하다.
- 적응은 대개 노력이라는 형태의 에너지가 필요하며, 사회복지사는 사람들이 이러한 에너지를 가장 생산적으로 사용하도록 돕는다.

⑥ 적합성
- 적합성(goodness of fit)이란 인간의 적응 욕구와 환경자원이 부합되는 정도이며, 개인적 욕구와 사회적 요구 사이의 조화와 균형 정도를 의미한다.
- 인간과 환경 간에 부적응적 교류가 계속되면 인간발달과 건강, 사회적 기능은 손상되고 부적합성이 야기되지만, 적응적인 상호교류가 계속되면 인간은 성장하고 발달하며 적합성이 높아진다.

⑦ 대처
- 대처(coping)란 적응의 한 형태로 문제를 극복하기 위해 노력하는 것을 의미한다.

- 스트레스를 경험할 때 자연적으로 발생하게 되는 것으로, 정서적 고통을 통제하기 위해서 개인이 수행하는 행동이다.
- 대처에는 내적 자원과 외적 자원이 필요하다. 내적 자원은 자아존중감과 문제해결기술 등이며 외적 자원은 가족, 사회적 관계망, 조직의 지원 등이다.

한걸음 더

대처의 5가지 주요 기술

- 적절하게 기능하는 데 필요한 여러 형태의 정보 **예** 환자는 건강보험 혜택을 알아야 한다.
- 계획을 세우는 데 필요한 대처기술 **예** 실직자는 직장을 찾을 계획을 세워야 한다.
- 감정을 통제할 수 있는 대처기술 **예** 부부싸움을 할 때 사소한 이견으로 고함치지 않는다.
- 즉각적 충족 욕구의 통제 **예** 가계 예산에 따라 소비한다.
- 문제 상황에 접근하는 다양한 방법을 찾고 각 대안의 장단점을 평가하는 대처기술

⑧ 유능성

- 개인이 환경과 효과적으로 상호교류하는 상태로서 확고한 결정을 내리고, 자신의 판단을 신뢰하며, 자기확신을 갖고, 환경에 바람직한 영향을 미칠 수 있는 능력을 의미한다.
- 유능성은 환경과 성공적인 상호작용을 경험하는 데서 형성되는 것으로 일생에 걸쳐 확대될 수 있는 능력이다.
- 사람들의 생활문제를 완화시키는 적응전략 중 하나이다.

⑨ 상호의존

- 생태체계적 개념의 상호의존은 한 개인이 다른 사람이나 집단에 서로 의존하고 의지하는 것을 말한다.
- 개인은 다른 사람들이 없다면 존재할 수 없다. 고도의 산업사회에서 인간은 생존하기 위해 서로 필요한 상호의존 관계에 있다.

⑩ 스트레스

- 개인과 환경 사이의 상호교류에서 나타나는 불균형으로 야기되는 생리·심리·사회적 상태를 말한다.
- 스트레스는 개인이 지각한 요구와 이러한 요구를 충족시킬 수 있는 자원을 활용할 수 있는 능력 사이의 불균형에서 발생한다.

⑪ **거주환경**(habitat)

개인의 문화적 맥락 내에 존재하는 물리적 및 사회적 환경을 말한다.

⑫ **적소**(생활영역, niche)

- 특정 집단이 공동체의 사회적 구조에서 차지하는 직접적 환경이나 지위들을 말한다.
- 특정 집단이 한 적소의 수용 한계를 초과하면 선택의 압력이 작용한다.
- 체계 내에서 수용할 수 있는 능력이 한정되어 있고 또 구성원들은 항상 모든 가용자원 공간, 즉 적소를 채워 나가려는 경향이 있다고 가정해보면 체계는 경쟁관계에 있는 성원들 중 각 적소에 가장 적합한 것들을 선택한다 ('적재적소'라는 말을 떠올려보자).

(7) 생태체계이론과 일반체계이론의 비교

- 생태체계이론은 일반체계이론에서 충분한 설명이 없었던 체계 간의 공유영역에 대해 적응과 상호교류라는 개념으로 그 중요성을 강조한다.
- 체계의 변화 혹은 속성만을 강조한 일반체계이론에 비해 생태체계적 관점은 체계의 변화와 체계의 유지기능을 동등하게 중시한다.
- 생태체계적 관점은 일반체계이론보다 실제생활 속에서 살아가는 인간의 문제에 관심을 가지기 때문에 인간적 관심과 실천적인 경향을 띤다.

(8) 생태체계이론과 사회복지실천

① **사회복지실천에 미친 영향**

사회복지실천은 인간과 그 주변 환경을 다루는 전문분야이다. 그럼에도 불구하고 기존의 많은 사회복지이론들은 환경 내 인간의 개념에 대한 충분한 설명을 제시하지 못했다. 사회복지가 오랫동안 '환경 속의 인간'에 관심을 가져왔음에도 불구하고 대부분의 직접적인 실천은 개인, 집단, 가족을 중심으로 이루어져 왔고, 인간과 사회환경, 문화와의 상호관계에 대해서는 소홀했다. 그러나 생태체계관점이 사회복지분야에 도입됨으로써 사회복지실천은 인간과 환경의 개념에 대한 이해의 폭이 넓어졌다.

② **생태체계관점의 의의**

- 사회복지실천의 중요한 이론적 준거틀을 제시할 뿐 아니라 인간과 환경과의 관계를 이해하기 위한 구체적인 방법을 제공했다.
- 클라이언트의 정신 내적 생활과 환경적 조건을 개선하는 데 목적을 두고 실

시하는 서비스, 즉 직·간접적인 사회복지실천의 통합이 가능하게 되었다.

- 개인-환경 간의 적합성, 개인과 환경 간의 상호교류, 이러한 교류에 영향을 미치는 힘에 대한 폭넓고 포괄적인 실천지식을 제공해주고 있다.

- 사회복지사가 클라이언트체계의 자원을 발견하며, 클라이언트체계의 역량을 강화하는 개념적 도구로서 활용되기도 한다.

- 클라이언트는 사회복지사와의 상호작용과 긍정적 생활경험을 통해 성장할 수 있다고 보며, 원조과정은 회복과 역량강화의 과정이라는 신념으로 사회복지전문직의 인본주의적 철학을 뒷받침해 준다.

- 클라이언트가 속한 환경 내의 타인들과 상호작용하는 방식, 특히 클라이언트가 진보적 힘을 최대한 발휘하는 것을 방해하는 생활상의 문제에 관심을 가지게 되었다.

- 생태체계이론은 개인, 가족, 지역사회 그리고 더 큰 체계에 어려움을 유발하는 상황을 좀 더 적응적 상황으로 재구조화한다. 또한 아동·청소년복지, 정신건강문제, 학교사회사업, 실직노숙인 문제를 비롯한 여러 사회복지영역에 포괄적으로 적용될 수 있다.

- 생태체계이론은 어느 하나의 개입기법을 가지는 모델이 아니며, 문제를 가진 개인과 그 환경에 대한 개입에 있어 다양한 기술과 기법을 필요로 하는 사회복지사에게 통합적 접근을 가능하게 함으로써 그 유용성이 더욱 크다.

- 생태체계적 관점이 사회복지실천에 적용된 생활모델(life model)에서는 유기체로서의 한 사람이 그를 둘러싸고 있는 환경과 어떻게 적응관계를 유지하게 되는가에 주요 관심을 두면서 개인이 겪는 고통이나 스트레스의 원인을 단지 심리적인 과정이나 외부환경으로만 돌리는 이분법적인 사고를 배제하고 그것을 환경과 개인 간의 상호교환의 산물로서 볼 것을 강조한다.

- 사회복지실천 과정 중 사정도구로서 직접적인 유용성이 있다. 개인이나 가족을 포함하는 클라이언트 체계가 외부환경 체계들과 어떻게 관련되어 있는지를 그림으로 나타내는 생태도를 활용하게 되었다.

생활모델(life model)
- 생태체계관점을 사회복지실천에 적용한 모델
- 사람이 환경과 어떻게 적응관계를 유지하는가에 관심
- 개인이 겪는 어려움을 환경과 개인 간 상호교환의 산물로 봄

한걸음 더

생태도[42]

- 클라이언트와 환경체계(개인, 기관 등) 관계의 정보 제공. 사각형, 원, 선 등으로 표현하는 사정 도구. 1975년 앤 하트만이 고안한 것으로서, 클라이언트 및 클라이언트와 관련된 사람, 직접적 으로 관련된 사회복지기관과 환경의 영향 및 그 상호작용의 변화를 묘사
- 클라이언트의 주요 환경이라고 간주되는 체계를 그려서 클라이언트체계의 요구와 자원 간의 균형을 보여줌
- 클라이언트에게 유용한 자원이나 환경이 무엇인지 알 수 있으며, 클라이언트체계에 스트레스 가 되는 체계는 무엇인지, 이들 체계와 가족은 어떤 관계를 맺고 있는지에 대한 정보를 얻을 수 있음
- 환경 속의 인간에 초점을 두기 때문에 클라이언트를 생태학적 관점에서 이해하는 데 도움이 됨

6장 가족체계, 집단체계

한눈에 쏙!

중요도

① 가족체계
- 1. 가족구조의 다양성
- 2. 가족체계의 역동성 ★

② 집단체계
- 1. 집단의 개요
- 2. 집단 유형
- 3. 집단의 구조적 요소
- 4. 집단구성원의 역할

기출경향 살펴보기

이 장의 기출 포인트

6장에서 학습하는 내용은 <사회복지실천기술론>을 통해 자세히 다뤄지기 때문에 <인간행동과 사회환경>에서는 출제비중이 낮으며, 출제된다고 하더라도 난이도가 낮은 문제들이 출제되고 있다. 체계로서 가족 및 집단이 갖는 의미와 속성, 기본적인 개념들을 정리해야 한다.

최근 5개년 출제 분포도

연도별 그래프

문항수

5 -				
4 -				
3 -				
2 -				
1 -		1		
0 -	0 0		0 0	
	19 20	21	22 23	회차

평균출제문항수

0.2 문항

2단계 학습전략

데이터의 힘을 믿으세요!
강의로 복습하는 **기출회독 시리즈**

3회독 복습과정을 통해
최신 기출경향 파악

최근 10개년 핵심 키워드

기출회독 016	가족체계	2문항
기출회독 017	집단체계	5문항

기본개념 완성을 위한 **학습자료 제공**

기본개념 강의, 기본쌓기 문제, O X 퀴즈, 기출문제, 정오표, 묻고답하기, 지식창고, 보충자료 등을 **아임패스**를 통해 만나실 수 있습니다.

1

가족체계

1	2	3	4	5
6	7	8	9	10
11	12	13	14	15
16	17	18	19	20
21	22	23		

강의로 복습하는 기출회독 시리즈

Keyword 016

가족

서로에 대한 의무를 가지고 함께 거주하는 사람으로 구성된 일차 집단

1. 가족구조의 다양성

(1) 가족의 정의

• 오늘날 가족의 형태는 매우 다양하다. 바커는 가족을 '서로에 대한 의무를 가지고 함께 거주하는 사람으로 구성된 일차 집단'이라고 정의했다.

• 가족은 자녀를 두었거나 자녀가 없는 양부모 형태일 수도 있고, 한부모가족일 수도 있으며, 혼합가족이나 계부모가족 혹은 이들 외의 다른 형태일 수도 있다.

• 이러한 가족에 대한 정의를 다음과 같이 자세히 검토해 보면 가족이라는 개념이 얼마나 융통성 있는 개념인지를 알 수 있다.

① 일차집단

• 이는 친밀하면서 상호 빈번하게 대면 접촉을 하는 사람들이 공통의 규범을 가지고 상호 지속적이면서 광범위한 영향력을 공유한다는 의미를 내포한다.

• 여기서 규범이란 집단성원들이 어떻게 행동해야 하는가에 관한 기대를 의미한다.

② 서로에 대한 의무

다른 가족원에 대한 상호 관여와 책임을 의미한다.

③ 함께 거주한다는 것

어느 정도는 가족원들끼리 함께 산다는 것을 의미한다.

(2) 가족형태

① 핵가족

부부와 미혼자녀로 구성된 가족을 말한다.

② 수정핵가족
- 핵가족의 단점을 보완한 가족 형태이다.
- 다세대 주택과 같이 외형상으로는 한 울타리 안에 거주하지만 실제로는 안채, 바깥채 혹은 위층, 아래층 또는 같은 집에 살아도 한 끼는 다같이, 아침 식사는 제각기 등 서로 간에 사생활을 유지하며 동거하는 방식이다.

③ 확대가족
부모가 결혼한 자녀 및 그들의 손자녀와 함께 사는 가족형태를 말한다.

④ 수정확대가족
- 부모와 자녀의 가족들이 별개의 가구를 구성하여 살지만, 가까운 거리에 떨어져 살기 때문에 마치 한집에 사는 것처럼 자주 왕래하고 협조하면서 살아가는 방식이다.
- 절충적인 방법으로서 사생활을 방해하지 않고 자녀가 큰 부담을 느끼지 않으면서 친밀한 관계를 유지한다.

⑤ 한부모가족
모자가족 또는 부자가족을 말한다.

2. 가족체계의 역동성

가족성원은 가족 내의 다른 모든 가족성원에게 서로 영향을 주고받으며, 가족체계는 적응과 균형을 지속적으로 추구하는데, 이를 가능하게 하는 가족체계의 보이지 않는 힘을 역동성이라 한다.

(1) 가족체계의 역동적 개념
- 가족구성원 모두는 가족 내에서 다른 가족원에게 일어나는 일의 영향을 받는다.
- 가족구성원 각자와 전체로서의 가족은 가족을 둘러싼 다른 많은 환경체계에 영향을 받는다.
- 가족치료는 가족구성원 간의 의사소통과 상호작용을 향상시키고 변화를 위해 사회복지사 및 가족치료 전문가가 가족에게 개입하는 방법으로서 가족이 하나의 체계라는 개념에 근거한다.
- 가족문제에 대한 해결책을 찾는 데 있어 개입의 표적은 가족체계이다.

중요도

가족의 역동성과 경계에 관한 부분은 언제라도 출제될 가능성이 있다. 가족 내의 모든 가족성원들이 서로 영향을 주고받으며 적응과 균형을 지속적으로 추구하는 하나의 체계라는 점, 상호작용 패턴, 경계의 엄격성과 침투성 등을 중심으로 이해하자.

- 가족과 외부체계를 구분하는 경계는 엄격함과 침투성 정도에 따라 다양하다.
- 가족은 시간이 지나면서 반복되는 상호작용 패턴, 즉 적응과 균형을 추구하는 단위이다.
- 가족은 더 큰 사회체계의 요구와 가족구성원들의 요구를 모두 충족시켜야 한다. 이것이 가족의 과업이다.

(2) 가족체계의 핵심 개념

- 전체로서의 가족은 각 가족원의 개인적인 특성의 합보다 크다.
- 가족은 변화와 안정성의 균형을 맞추려고 노력한다.
- 한 가족구성원의 변화는 가족성원 전체에 영향을 미친다.
- 가족성원의 행동은 순환적 인과관계로 가장 잘 설명된다.
- 가족은 더 큰 사회체계에 속하며 많은 하위체계를 포함한다.
- 가족은 기존의 규칙에 따라 움직인다.

(3) 가족의 경계 ⭐ꗗ

① 외부경계

- 폐쇄형 가족체계(closed family systems): 가족 내에서 권위가 있는 사람이 이웃과 지역사회라는 더 넓은 공간과 떨어진 가족공간을 만들어 낸다. 따라서, 폐쇄형 가족체계의 특징은 외부와의 상호작용과 사람, 물건, 정보, 생각의 출입을 엄격히 제한하는 것이다. 잠긴 문, 대중매체에 대한 부모의 엄격한 통제, 여행에 대한 감시와 통제, 낯선 사람에 대한 세밀한 조사, 출입금지, 높은 담장, 전화번호부에 등록되지 않은 전화 등은 폐쇄형 가족체계의 전형적인 모습이다.
- 개방형 가족체계(open family systems): 개방형 체계에서 구성원들의 행위를 제한하는 규칙은 집단의 합의과정에서 도출된다. 결론적으로 가족의 경계는 유동적이다. 가족의 영토는 더 큰 지역사회의 공간으로 확대되는 동시에 외부문화도 가족공간으로 유입되는 것이다. 개인은 다른 식구들에게 악영향을 주거나 가족규범을 위반하지 않는 범위 내에서 외부와의 왕래를 스스로 통제할 수 있다. 개방형 가족체계의 특징은 손님이 많은 집, 친구의 방문, 외부활동에 참여, 외부집단에의 소속, 지역사회활동에 참여, 대중매체에 대한 최소한의 검열과 정보교환의 자유 등이다.
- 임의형 가족체계(random family systems): 이 부류에 속하는 가족구성원은 각자 자신의 영역과 가족의 영역을 확보하면서 개별적인 패턴을 만들어 간다. 예를 들어, 집안 내 사생활에서의 갈등이 공공장소에서도 표현될 수

있는 것이다. 임의형 가족체계는 가족경계선의 방어를 중요하지 않게 생각한다. 그래서 외부와의 교류에 제한이 없다. 실제로 임의형 가족은 집안 출입의 권리를 손님이나 제3자에게까지 확대하려는 경향이 있다.

② 내부경계와 하위체계

모든 가족은 성, 관심사, 세대, 기능의 토대 위에 형성된 하위체계들 간의 공존을 위한 연계를 구축한다. 가족구성원들은 여러 개의 하위체계에 동시에 속해 있으면서 같은 하위체계들에 공통적으로 속해 있는 다른 구성원들과 개별적인 관계를 맺는다.

- 핵가족의 하위체계: 남편과 아내, 어머니와 딸, 형제자매, 아버지와 딸 등
- 확대가족의 하위체계: 할머니와 손녀, 삼촌과 조카, 장모와 사위 등
- 3가지 주요 하위체계인 부부체계, 부모−자녀체계, 형제자매체계의 안정적인 형성은 가족 전체의 건강과 안녕에 결정적인 작용을 한다. 최상의 가족기능을 위해 이 3가지 주요 하위체계의 경계선들이 명확하게 규정되어야 한다. 부부체계, 부모−자녀체계, 형제자매체계들은 관련된 가족규범에 따라 상대적으로 완성된다. 예를 들어, 어떤 어머니는 막내가 심부름을 하지 않은 것을 꾸짖을 때 첫째가 끼어들지 못하게 함으로써 부모−자녀체계의 영역을 확실하게 규정한다.
- 문화적 맥락도 가족의 하위체계들의 역할을 규정하는 요소이다. 전통적인 인디언 부족들은 50대 중반이 되거나 손자를 보기 전까지는 성인으로서의 역할을 할 수 없다고 생각해 왔다. 이런 이유로 조부모가 자녀양육의 책임을 맡았고, 부모−자녀체계라는 하위체계의 의미는 부모와 자식관계보다는 조부모와 손자를 포함하는 넓은 개념이다(Tafoya, 1989).
- 가족 하위체계 간 경계선의 명확성은 가족기능을 평가하는 데 유용한 기준이다. 명확한 경계일수록 기능적이다.
- 경직된 경계: 구성원들의 개별적 차이들을 광범위하게 수용한다. 그러나 일치감, 애정, 소속감이 부족한 경향이 있다. 이탈성이 강하고 유리되어 서로 도움을 주고받기가 어렵다. 가족의 지도원리가 매 순간 변하기 때문에 가족체계가 조직화되기 어렵다.
- 모호한 경계: 결속성이 강한 밀착된 가족체계는 모든 구성원들의 획일적인 감정과 생각을 강요하여 속박감을 준다. 이런 가족은 구성원들에게 가족 전체에 대한 희생을 요구한다. 그래서 구성원들의 자립적인 탐구, 활동, 문제해결을 지원하지 못한다.

2 집단체계

기출회차

1	2	3	4	5
6	7	8	9	10
11	12	13	14	15
16	17	18	19	20
21	22	23		

강의로 복습하는 기출회독 시리즈

Keyword 017

1. 집단의 개요

(1) 집단의 성립 요건

집단은 서로 같은 집단에 소속하고 있다는 집단의식과 공동의 목적이나 관심사가 있으며, 이들 목적을 성취함에 있어서 상호의존적인 특성과 의사소통, 인지 및 반응을 통한 상호작용, 단일한 행동을 할 수 있는 2인(혹은 3인) 이상의 사회적 집합체라고 정의할 수 있다. 이러한 정의에 기초해볼 때 소집단은 20명 이하의 성원으로 구성되는 집단으로 정의하는 것이 바람직하겠다.

(2) 집단의 상호작용

집단 내에서 이루어지는 사회적 상호작용은 힘의 역동적인 교환행동이다. 집단과정에 참여한 사람들은 접촉을 통하여 참여자의 사고, 감정, 행동 그리고 태도를 변화시키는 결과를 낳는다. 이러한 상호작용의 유형은 다음과 같다.

① 기둥형

지도자가 중심적 위치를 차지하고 성원과 지도자 양자 간의 의사소통이 활발히 이루어지는 유형을 말한다.

② 순번형

성원들이 돌아가면서 이야기하는 유형을 말한다.

③ 뜨거운 자리형

다른 성원들이 지켜보는 가운데 지도자와 한 성원만이 의사소통을 하는 유형을 말한다.

④ 자유부동형

성원들이 자유롭게 이야기할 수 있는 유형을 말한다.

(3) 집단결속력

- 집단에는 집단 내에 남아 있도록 하는 구심력과 집단으로부터 벗어나도록 만드는 원심력이 존재하는데, 이 모든 힘의 결과를 집단결속력이라고 한다.
- 결속력이 강한 경우는 성원들이 함께 있으려 하고 집단에 소속되려는 경향이 강한 반면, 결속력이 약해지는 경우에는 집단에 더 이상 소속되기를 원하지 않는다.

(4) 집단의 목적

- 집단의 목적은 그 집단에 관여한 모든 사람들의 기대가 융합된 것으로 집단의 존립 이유, 기대, 희망 등을 포함하여 하나일 수도 있고 복합적일 수도 있으며, 여러 개의 하위목표를 가질 수도 있다.
- 전체 집단의 목적은 성원의 개인적 목적, 기관의 서비스 목적, 그리고 집단 사회복지사의 목적이 통합되어 전체 집단이 공동으로 추구하여 나타나는 집단활동의 바람직한 결과를 의미한다.

2. 집단 유형

(1) 치료집단, 과업집단, 자조집단

치료집단, 과업집단, 자조집단 등은 <사회복지실천기술론> 10장을 통해 자세히 공부하기 때문에 여기서는 간단히 살펴본다.

① 치료집단(treatment group)

- 성원의 사회정서적 욕구에 대한 만족을 증가시키려는 광범위한 목표가 있다.
- 치료집단에서는 의사소통이 공개적으로 이루어지고 성원들이 적극적으로 상호작용할 수 있도록 격려한다.
- 치료집단에서 하는 역할들은 상호작용의 결과에 따라서 끌어낼 수도 있다.
- 치료집단에서의 과정은 집단에 따라 유연하거나 형식적이다.
- 치료집단에서 자기공개성은 매우 높고, 진행과정은 집단 내에서만 이루어지며, 집단과정의 성공은 성원들의 치료목표 달성에 근거한다.
- 치료집단의 유형은 다음과 같다(Toseland & Rivas, 1995).
  - 지지집단: 성원들이 스트레스를 주는 생활상의 사건을 잘 대처하고 효과적으로 적응할 수 있도록 원조하는 집단이다.
    > **예** 이혼한 부부의 자녀집단, 암환자나 그 가족으로 구성되어 질병의 영향과 대처방법을 논하는 집단, 아동양육의 어려움을 함께 나누는 한부모집단, 정신병원에서 퇴원하여 지역사회에서의 적응을 다루는 집단 등
  - 교육집단: 성원들의 지식, 정보 또는 기술의 향상이 목적인 집단이다.

학습에 대한 공통의 관심사를 가진 사람들로 구성된다.

> 📖 청소년 성교육 집단, 예비부모교육을 받는 미혼 성인집단, 위탁가정의 부모가 되려는 집단, 특정 약물이나 질환에 대해 정보를 획득하는 집단 등

- 성장집단: 능력과 자의식을 넓히고 개인적인 변화들을 이끌어낼 수 있는 기회들을 성원들에게 제공하면서 자아향상을 강조하는 집단이다. 병리를 치료하기보다는 사회정서적인 건강을 증진시키는 데 중점을 둔다.

> 📖 부부를 위한 참만남 집단, 청소년을 위한 가치명료화 집단, 여성을 위한 의식고양집단, 은퇴 후의 삶에 대해 초점을 맞추는 노인집단 등

- 치유집단(therapy group): 성원들 스스로 자신의 행동을 바꾸고 개인적 문제들을 완화하거나 거기에 대처하고, 혹은 사회적 외상이나 건강상의 외상 이후에 스스로 원상복귀시킬 수 있도록 돕는 집단이다. 치유집단에서는 지지를 강조함과 동시에 치료와 회복에 중점을 둔다.

> 📖 마약중독자 치료집단 등

- 사회화집단: 사회관계에 어려움이 있는 집단성원들이 사회생활에 필요한 사회적 기술을 배우거나 증진시키기 위한 집단이다. 프로그램 활동, 구조화된 실천, 역할기법 등을 사용한다.

> 📖 이전에 공공시설에 수용됐던 사람들을 위한 사교클럽 등

② 과업집단(task group)

- 과업집단은 과업의 달성을 위해서, 성과물을 산출해 내기 위해서 또는 명령을 수행하기 위해서 만들어진다.
- 과업집단에서의 의사소통은 특정 과업에 관한 논의에 집중되어 있다.
- 과업집단에서 하는 역할들은 각 성원들에게 할당될 수 있다.
- 과업집단에는 보통 형식적인 일정과 규칙들이 있다.
- 과업집단은 자기공개성이 낮고, 진행과정은 은밀할 수도 있고 대중에 공개적일 수도 있다.
- 집단의 성공은 산출 결과, 성과 등에 근거한다.

> 📖 위원회, 협의회, 자문회의 등

③ 자조집단(self-help group)

- 자조집단은 마약이나 암 또는 비만과 같은 핵심적인 공동 관심사가 있다는 점에서 과업집단과 구분되지만 치료집단과는 유사하다.
- 사회복지사는 자조집단을 형성하는 데 도움을 줄 수도 있지만 이 집단은 집단의 성원으로서 비전문가들이 이끌어간다는 점에서 치료집단과 구분된다.
- 자조집단에서 사회복지사는 직접 개입하지 않고 간접적인 도움을 제공한다.
- 자조집단이 강조하는 것은 대인 간의 지지와 개개인에게 다시 한 번 자신의

삶을 책임질 수 있는 환경을 만들어주는 것이다.

예 치매노인 가족집단, 국제결혼 이주여성 자조모임, 단주 자조모임 등

(2) 개방집단과 폐쇄집단

① 개방집단

계속해서 새로운 성원에게 집단을 열어둔다. 무제한으로 구성원을 받을 수 있다.

② 폐쇄집단

일단 집단이 진행되고 있으면 어떠한 성원도 받아들이지 않는다. 구성원 수가 어떤 한계로 제한되어 있다.

(3) 쿨리(Cooley)의 집단에 따른 사회적 관계 유형

① 일차집단(원초집단)

가족, 또래집단, 놀이집단, 이웃, 마을 등 대면 접촉과 친밀감을 바탕으로 하며, 개인의 인격 형성에 절대적 영향을 미치는 집단이다. 도덕, 관습 등 비공식적 통제가 이루어진다.

② 이차집단

학교, 회사 등 목적달성을 위해 만들어진 집단으로, 계약에 따라 인위적으로 형성된다. 법률, 규칙 등의 공식적 통제가 이루어진다.

(4) 자연집단과 형성집단

① 자연집단(natural group)

가족, 또래집단과 같이 자연발생적으로 만들어진 집단이다. 일차집단과 유사하다.

② 형성집단(formed group)

각종 위원회나 팀처럼 일정한 목적을 갖고 만들어진 집단이다. 목적달성을 위한 과업과 과업을 진행하기 위한 구조와 규칙을 갖는다. 형성집단이 추구하는 목적에 따라 치료집단과 과업집단으로 분류되기도 한다.

3. 집단의 구조적 요소

(1) 응집

- 집단에서 응집은 중심 역할을 하기 때문에 지도자는 이런 긍정적인 힘을 반드시 독려해야 한다.
- "누가 참석하고 참석하지 않았는지 보세요…", '우리', '우리를', '우리의' 등을 언급하면서 참석자들을 하나로 하는 행위로 응집력을 독려한다(Henry, 1992: 167).

(2) 규범구조

지도자는 첫 모임에서 규범적인 '지침'을 포함하는 명시적인 계약을 맺으면서 집단의 치료적 환경을 만들고 일종의 '작업하는 집단'으로 단계를 시작한다. 치료적 행동을 촉진시키기 위해 다음과 같은 기준을 만들 수 있다.

- 문제를 해결하는 데 합의에 의해 결정하는 방법 사용하기
- '나' 입장에서 말하여 감정과 발언을 개별화하기 **예** '나'는 이렇게 생각해, 느껴, 원해 ….
- 집단과제나 임무에 초점 맞추기
- 개인이나 집단의 힘, 발전에 대해 광범위한 초점을 갖기
- 다른 사람 앞에서 그 사람을 '이야깃거리'로 만들지 않기
- 의사소통에 장애가 되거나 집단이 하는 일에 방해가 되는 문제가 발생할 경우 '하던 일을 멈추는 것'에 동의하기

(3) 하위집단 구조

- 하위집단은 집단에 다양한 영향을 주면서 필연적으로 출현하는데, 집단기능을 유용하게 하거나 집단과정에 묻히기도 한다.
- 부정적인 하위집단은 집단에서 충성과 배제의 이슈를 불러일으키기도 하며, 지도자의 권위에 도전하거나 같은 하위집단에 속한 성원들만 단편적으로 의사소통하기도 한다.

(4) 지도력 구조

집단지도자는 집단목적, 개인의 목표, 집단의 유지 등에 관한 역할을 한다.

- 지도자는 집단지도력과 그와 관련된 행동들을 모든 성원에게 분배해야 한다.
- 집단지도자는 장기적으로 자신의 역할을 중심 위치에서 서서히 주변으로 약화시켜나가도록 한다.
- 집단지도자는 성원이 스스로 집단 방향을 설정할 수 있을 때까지 충분한 책임을 유지해야 한다.

4. 집단구성원의 역할

(1) 과업 역할

- 집단이 과업을 달성할 수 있도록 기여하는 역할을 말한다.
- 문제해결 및 과업달성에 관한 정보 제공, 아이디어 제시, 사실관계 파악 및 분석, 집단의 진행사항 파악 및 방향 유지, 하위집단의 활동 조정 등

(2) 사회정서적 역할

- 집단 형성 및 유지에 관한 역할로, 집단 내 대인관계, 상호작용, 심리적인 측면에 초점을 둔다.
- 성원들의 긴장완화를 도움, 긍정적인 의사소통을 주도, 의견 차이 및 갈등을 중재, 원활한 감정표현을 도움, 집단의 목적 및 규칙에 대한 제안 등

(3) 개인적 역할

- 집단의 과업달성이나 대인관계에는 관심이 없고 오직 개인적인 문제에만 관심이 있는 자기중심적인 역할을 말한다.
- 다른 성원에 대한 공격·배척·질투, 자신의 업적을 과장하며 인정받는 데에만 주력, 권위적 자세, 의사소통의 독점, 집단의 과업과 무관하게 개인의 어려움 토로, 적절하지 못한 유머나 냉소적 태도 등으로 집단활동에 방해가 될 수 있음

7장 조직체계, 지역사회체계, 문화체계

한눈에 쏙!　　　　　　　　　　　　　　　　　중요도

❶ 조직체계 및 지역사회체계

1. 체계 간 상호관계

2. 조직체계

3. 지역사회체계

❷ 문화체계

1. 문화의 개념과 특성　★★★

2. 문화의 유형

3. 다문화　★★★

기출경향 살펴보기

1

기출회차

1	2	3	4	5
6	7	8	9	10
11	12	13	14	15
16	17	18	19	20
21	22	23		

강의로 복습하는 기출회독 시리즈

조직체계 및 지역사회체계

1. 체계 간 상호관계

• 개인, 가족 등은 미시체계이지만, 지역사회와 조직은 거시체계이다.
• 이 두 체계는 사회와 소집단들의 중간매체로서 그 안에서 긴밀한 정서적 교류들이 일어난다.
• 지역사회는 주로 감정과 정서로 연결되어 있으며, 조직은 일반적으로 공식적 계약에 의해 형성되고 규칙에 의해 유지된다.
• 개인 등 미시체계와 조직체계, 지역사회체계는 상호 긴밀한 영향력을 행사하는 관계이다.

사회체계로서 개인, 조직, 지역사회의 관계 [43]

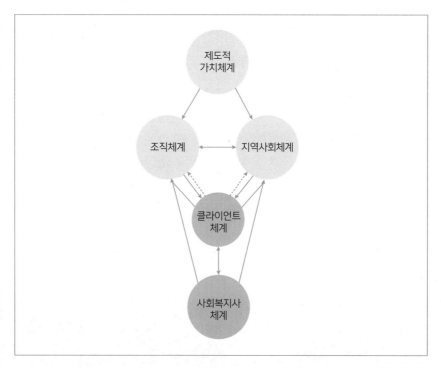

(1) 조직체계와 클라이언트체계의 관계

조직은 자원을 처리하고 클라이언트에게 배분하는 구조를 포함한다. 클라이언트는 조직 내에서 공식적인 역할이 없기 때문에 자신에게 제공되는 자원을 포함하여 대부분의 조직체계에 직접적인 영향력을 거의 행사하지 못한다. 그러나 유사한 관심사를 가진 클라이언트와 연대하거나, 기관 행정가에게 변화 압력을 행사하는 전략을 사용하거나, 대중매체에 문제를 알린다거나, 정책결정가나 정치가에게 대안을 제시하는 등의 방법으로 기관의 변화를 유도할 수 있다.

(2) 지역사회체계와 클라이언트체계의 관계

지역사회는 자원이나 직업, 사회적 지지체계로 사람들에게 필요한 것을 투입한다. 클라이언트는 커다란 지역사회의 구성단위 또는 하위체계이다. 이 커다란 거시체계의 통합 부분으로, 클라이언트는 지역사회에 영향을 미칠 수 있는 방법을 배운다. 지역사회는 미시체계와 거시체계를 연결하는 중간체계이기도 하다.

(3) 조직체계와 지역사회체계의 관계

서비스를 제공하는 조직체계는 지역사회 성원이 활용할 수 있는 자원에 고유한 영향력을 행사하며, 마찬가지로 지역사회 문제와 욕구는 서비스의 특성과 분배에 영향을 준다. 예로, 효과적으로 기능하는 기관은 지역사회에서 필요하지 않은 서비스는 제공하지 않는다.

2. 조직체계

(1) 조직의 개념과 특성

① 조직의 개념

- 특정한 목표를 달성하기 위하여 의도적으로 구성된 집합체이다.
- 공식화된 분화와 통합의 구조 및 과정 그리고 규범을 내포하는 사회체계이다.

② 조직의 특징

- 목적 · 목표지향적이다.
- 위계구조가 존재한다.

집단과 조직

집단과 조직은 구분없이 쓰이기도 하지만, 집단이 대면적 접촉이 가능한 소수의 집합체를 말하며(예 또래집단), 조직은 목표달성을 위해 공식적인 위계관계에 따라 구성된 집합체를 말한다(예 회사조직).

- 분업을 기반으로 한다.
- 조직의 운영과 유지를 위해서 외부로부터의 투입이 필요하다.
- 조직의 특성에 맞는 일정한 규범을 갖는다.
- 조직만의 독특한 문화를 갖는다.

③ 사회체계로서의 조직의 특성
- 조직은 환경 속에서 다른 체계와 지속적으로 상호작용한다.
- 조직의 욕구 중 가장 중요한 것은 목적·목표달성이다.

(2) 조직 유형

① 사회적 기능에 따른 체계이론을 적용한 조직 유형
- 생산조직: 경제활동을 담당한다. 예 기업조직 등
- 정치조직: 사회의 목적을 달성한다. 예 정당, 국회 등
- 통합조직: 사회의 질서유지를 담당한다. 예 군대 등
- 잠재적 형태 유지조직: 사회화를 담당한다. 예 학교, 교회 등

② 조직활동 결과에 따른 조직 유형
- 호혜조직: 조직구성원이 모두 상호 이익을 얻는다. 예 노동조합 등
- 기업조직: 조직의 소유자가 이익을 독점한다. 예 기업체 등
- 봉사조직: 조직 이용자가 가장 많이 이익을 얻는다. 예 학교, 병원 등
- 공익조직: 일반대중이 조직활동 대상이다. 예 군대, 경찰 등

③ 복종을 기준으로 한 조직 유형
- 강제조직: 조직구성원 의사와 상관없이 강제적으로 참여한다. 예 교도소 등
- 자발조직: 자유롭게 가입하거나 탈퇴할 수 있다. 예 종교단체, 전문직 단체 등
- 공리조직: 실리적인 목적을 위해 가입하거나 탈퇴할 수 있다. 예 회사 등

④ 조직이 사용하는 통제 형식에 따른 조직 유형
- 강압조직: 위협과 처벌을 통제수단으로 사용해 조직구성원들을 통제한다. 예 교도소 등
- 보상조직: 조직구성원들이 스스로 받을 혜택을 계산하게 하여 통제한다. 예 회사 등
- 규범조직: 도덕적 개입과 사회적 수용을 통제수단으로 사용하여 조직구성원들이 조직에 강한 의무를 느끼게 한다. 예 종교단체 등

(3) 조직이론

① 고전이론

- 관료제 이론은 위계적인 권위구조, 규칙과 규정, 사적 감정 배제, 분업과 전문화, 경력지향성, 실적주의, 능률성 강조를 특성으로 갖는 조직이론이다.
- 과학적 관리론은 생산성을 높이기 위해 시간연구와 동작연구를 토대로 생산의 전 과정을 최소단위로 구분하여, 과업 성과에 따라 임금을 지급하는 것을 제시한 조직이론이다.

② 인간관계이론

- 인간관계이론은 '조직기능의 비공식적이며 심리사회적인 부분의 역할'을 강조한다.
- 중요한 개념으로 직원의 근로의욕과 생산성, 만족, 동기, 지도력, 소집단 행동의 역동성을 포함한다.
- 이 이론에서는 실무자 집단(중범위 체계)이 매우 중요하다.
- 직원은 협동하여 일하고 집단의 결정과정에 참여한다. 고용주는 조직의 정책과 실무에서 직원의 참여를 장려한다.

③ 구조모델

- 구조모델은 '조직에 있어서 구조와 과정 모두'를 강조한다.
- 이 모델은 조직의 합리적인 구조와 그 구조에 관여하는 사람들의 비합리적이며 불완전한 행동 모두에 초점을 둔다.
- 직원의 생산성을 최대한 활용하기 위해 의견을 신중하게 제안하고 모든 변수를 고려한다.

④ 체계이론

- 체계론적 접근에서는 조직을 상호작용과 균형상태에서 기능하는 상호 관련된 부분들 또는 하위체계로 이루어진 사회체계로 해석한다.
- 체계이론은 관련된 다양한 하위체계 간의 상호작용을 강조한다. 또한 환경의 중요성과 조직에 대한 다른 체계의 영향력을 강조한다.
- 비합리적인 상호작용을 무시하기보다는 예측과 지속적인 사정과 적응을 강조한다.

지역사회의 개념과 기능, 이론, 모델 등에 관한 상세한 내용은 <지역사회복지론>을 통해 상세히 학습한다.

3. 지역사회체계

(1) 지리적 지역사회와 기능적 지역사회

① 지리적 지역사회

• 일정한 지리적 영역 내에 살고 있는 모든 주민을 포함한다.
• 지역주민은 거리적으로 가까이 함께 살고 있다.
• 정치적 · 종교적 · 경제적 집단은 서로 분리되어 있는 동시에 중복되어 있다.

② 기능적 지역사회

• 동일한 관심을 가진 주민들로 구성된 공동체이다.
• 합의성, 일체감, 공동 생활양식 및 가치, 공동 노력이 강조된다.
• 정당, 교회, 전문적 단체 등이 속한다.

(2) 지역사회의 기능(길버트와 스펙트)

① 생산 · 분배 · 소비

지역사회 구성원들은 상품과 서비스를 생산하고 분배하며 소비하는 과정에서 기능한다.

② 사회화

사회화는 지역사회의 제도, 특히 가족과 사회가 구성원에게 지식, 사회의 가치, 행동패턴을 전수하는 과정이다.

③ 사회통제

지역사회가 주민들에게 사회규범에 순응하도록 행동을 규제하는 기능이다.

④ 사회참여

사회적 참여는 지역사회가 제공하는 제반활동에 구성원들이 자발적으로 참여하는 것인데, 종교조직, 민간조직, 비공식 집단 등이 주도한다.

⑤ 상호원조

구성원들은 개인적으로 자신의 욕구를 충족할 수 없는 상황에서 상부상조한다.

(3) 지역사회에 관한 이론적 관점

① 구조적 관점
지역사회는 정치적·사회적 기능을 수행하고, 국가와 개인 사이를 중재하며, 지역사회의 권력구조에 주목하는 관점을 지닌다.

② 인류생태적 관점
- 환경과 지역주민 간의 관계에 초점을 두면서, 지역사회 내의 분업이나 지역사회 내부와 지역사회 간의 상호의존성으로 어떻게 직업의 계층구조가 발생하는지를 강조한다.
- 주요 개념인 경쟁, 격리, 통합은 사회복지사가 지역사회를 분석할 때 모든 지역주민을 공평하게 지지적으로 대할 수 있도록 돕는다.

③ 사회심리적 관점
- 의미, 정체성, 비소외적(non anomic) 관계, 소속감을 강조한다. 연대성, 유의미성, 안전성은 삶의 필수적인 요소이다.
- 지역사회 구성원들이 서로 어떻게 느끼고 상호작용하는가와 관련이 있다. 주민들이 자신을 얼마나 지역사회의 일부라고 느끼는지, 그 안에서 편안하게 느끼는지 등 사람들의 느낌이 중요하다.
- 퇴니스의 공동사회(gemeinschaft)와 이익사회(gesellschaft)의 개념이 해당된다.
    - 공동사회: 자연적·생득적 의지에 따라 결합된 집단으로 전통과 관습에 따라 행동하는 비공식적 집단
    - 이익사회: 합리적 의지에 의해 결합된 집단으로 인간관계가 수단적, 일시적으로 일어나는 공식적 집단

④ 사회체계 관점
지역사회 내의 다양한 사회체계들이 어떻게 상호작용하는가를 분석하는 것을 강조한다. 지역사회 체계 속의 클라이언트를 이해하는 데 도움이 된다. 지역사회를 구성하는 사회체계들 사이에는 상호관련성, 상호작용이 발전한다.

(4) 지역사회복지실천모델(Rothman)

① 지역사회개발모델
- 지역사회개발모델은 지역사회의 변화가 지역사회 수준에서 다양한 사람들

로스만은 1968년 「지역사회조직 실천의 모델」이라는 논문을 통해 지역사회복지활동을 지역사회개발, 사회계획, 사회행동 등 3가지로 구분하여 설명하였다. 이후 이 구분을 근간으로 다양한 지역사회복지실천모델이 제시되면서 여전히 가장 전형적인 지역사회복지실천모델로 인식되고 있다.

의 폭넓은 참여로 이루어진다는 것이다. 이 모델은 문제를 발견하고 해결하는 데 있어서 다양한 계층의 사람들을 포함한다. 여기서 강조되는 것은 민주적 절차와 합의, 자발적 협조, 토착적인 지도력 개발, 자조 등이다.

- 실천가의 역할: 조력자, 분석가, 조정자, 문제해결 기술과 윤리적 가치를 교육하는 교사의 역할

② 사회계획모델

- 사회계획모델은 문제해결의 기술적인 과정을 강조한다. 이 접근에서는 복잡한 산업사회에서 지역사회의 변화를 위해 복잡한 변화 과정을 지도할 고도로 훈련받은 숙달된 계획가가 필요하며, 따라서 전문가의 역할을 중요시한다.
- 실천가의 역할: 숙달된 계획가, 전문가

③ 사회행동모델

- 사회행동모델은 민주주의와 사회정의에 따라 자원과 처우가 향상되도록 지배계층에 압력을 가하는 것으로, 소외된 집단을 조직하는 것을 강조한다. 사회행동모델 접근은 주요 제도나 공공조직의 기본 정책을 바꾸는 것으로, 흔히 힘과 자원의 재분배를 요구한다. 지역사회개발가가 통합된 지역사회를 기대하는 반면, 사회행동가는 행동 목표인 지배계층과 대립한다.
- 실천가의 역할: 사회행동가

2 문화체계

강의로 복습하는 기출회독 시리즈

Keyword 018

1. 문화의 개념과 특성

중요도 ★ ★ ★

문화의 전반적인 특성을 묻는 유형이 주로 출제되었다. 문화체계의 내용은 이론적으로 확립된 내용들보다는 상식 수준의 폭넓은 내용들로 구성되지만, 내용이 광범위한 만큼 실천과목을 총 정리하는 복합적이고 난해한 문제들이 출제되기도 한다.

(1) 문화의 정의

• 문화는 지식, 신앙, 예술, 도덕, 법률, 관습 및 기타 사회구성원인 인간으로부터 획득된 모든 능력과 관습의 복합 총체이다.

• 인간이 자연상태에서 벗어나 일정한 목적 또는 생활 이상(理想)을 실현하려는 활동 과정 및 그 과정에서 이룩한 물질적 · 정신적 소득의 총칭을 의미한다. 특히 학문, 예술, 종교, 도덕 등 인간의 내적 정신활동의 소산이다.

한걸음 더
물질문화와 비물질문화

1. 물질문화

인간이 만들어서 사용하는 물리적인 대상을 말하며, 인간이 환경에 적응하고 기본적인 욕구를 충족시키기 위해 필요한 도구, 사용기술 등을 포함한다. 예를 들어 맹수들의 위협에서 벗어나기 위해 불을 사용하는 것, 수로를 만들어 농경생활을 하는 것, 의식주를 비롯한 교통 및 통신 수단 등이 물질문화에 속한다.

2. 비물질문화

문화의 토대가 되는 것으로 만져서 알 수 없는 것들을 일컫는다. 비물질문화는 크게 규범문화와 관념문화로 나뉜다.

• 규범문화는 사회 구성원들의 행위를 규제하거나 관계를 규정하는 규범, 원리를 말하며, 사회의 질서를 유지하고 전체로서의 사회 운영을 가능하게 하는 제도와 습관을 말한다. 혼인 제도, 법률 제도, 교육 제도, 경제 제도 등 사회 구성원들에게 행동의 기준을 제시해주는 역할을 한다.

• 관념문화는 인간에게 삶의 방향을 제시해주고 정신적인 삶을 풍요롭게 해주는 지식과 가치, 태도를 말한다. 신화, 철학, 문학, 종교, 예술, 윤리 등 인간이 자기 자신이나 자연, 사회 등에 대하여 지니는 관념적인 것들을 말한다.

(2) 문화의 특성 ⭐

• 인간의 생활양식으로 특정한 민족이나 사회가 지속적으로 간직해 온 다양한 분야의 생활모습이며, 인간 생존에 필수적인 요소로서 사회구성원들에게 내면화되어 인간행동에 영향을 미치는 사회체계이다.

7장 조직체계, 지역사회체계, 문화체계 **203**

- 문화는 인간집단의 행동방식을 제시하고 구조화하며, 그 행동에 의미를 부여한다.
- 다른 사회의 구성원과 구별되는 공통적인 속성을 지닌다(공유성).
- 문화는 학습을 통해 후천적으로 획득되며, 사회화를 통해 개인의 일부가 된다(학습성).
- 상징적인 수단인 언어와 문자를 통해 세대 간에 전승되며 축적된다(누적성/축적성).
- 새로운 기술과 물리적 조건, 시대적 환경에 적합한 방식으로 끊임없이 수정되고 조절되며, 새로운 문화 특성이 추가되면서 문화는 변동한다(변동성/가변성/역동성).
- 문화는 지식, 도덕, 제도 등 수많은 부분들이 긴밀한 관계를 유지하면서 전체적으로 체계를 이루고 있다(총체성/전체성/체계성).
- 문화는 외형으로 드러나는 것 외에 내재적 의미가 따로 있다(상징성).
- 모든 사회에 공통적인 문화형태가 있다. 즉, 모든 사회에 존재하는 복잡한 체계의 언어, 혼인제도, 종교 등은 각 나라가 형성하고 있는 보편적인 유형들이다(보편성).
- 문화의 다양성은 인간사회의 문화형태가 매우 상이함을 일컫는다(다양성).
- 문화는 인간에게만 있는 것이고, 문화가 없는 인간은 생각할 수도 없다(사회성).
- 문화는 사회적 구성물인 정치, 경제, 사회, 역사 등이 상호작용한 결과물이다.
- 문화는 초개인적인 특성을 지닌다.
- 문화가 사회통합의 기회를 제공하기도 하지만, 문화갈등은 사회적 긴장을 일으키기도 하고 특정한 집단에 대한 억압이나 소외의 원인이 되기도 한다.

바로 뒤에서 공부할 문화마찰, 문화변용, 문화변화, 문화접촉, 문화진화 등의 용어는 이러한 변동성과 관련된다.

한걸음 더 　　　　문화의 정의는 가변적이다!

현대의 사회과학분야에서는 문화에 대한 정의 그 자체보다는 문화가 사회 안에서 어떤 작용과 기능을 하고 있는지에 더 관심을 둔다. 문화에 대한 정의는 철학·역사학·사회학·인류학에서 저마다 독특한 방식으로 폭넓게 내려지고 있으며, 또한 시대에 따라 변해왔다. 이는 인간이 접하는 모든 것이 문화라 할 정도로 문화 자체가 일상생활과 밀접히 관련되어 각 영역에서 문화에 대한 개념을 정리하기 때문이다. 이와 같이 폭넓은 문화 개념은 사회복지실천 측면에서 적응체계와 관념체계로 이해할 필요가 있다.[44]

- 적응체계로서의 문화: 문화를 자연환경에 대한 적응체계로 간주함으로써 문화를 생태학적으로 유용하고, 사회적으로 전달되는 행동양식으로 여겨 문화변화를 적응과정으로 봄
- 관념체계로서의 문화: 문화를 사람들의 지각, 신념, 평가, 행동에 관한 일련의 규준으로 여김으로써 자연환경적 요인보다도 인간의 정신활동을 중시

(3) 사회체계로서의 문화

- 문화는 개별 클라이언트에게 영향을 주는 주요 거시체계 중 하나이다.
- 개별 미시체계가 살고 있는 사회 관습이나 습관, 기술, 예술, 가치, 사상, 과학, 종교적 · 정치적 행동을 포괄한다.
- 체계 간의 상호교류를 개념화할 수 있는 수단을 제공해주는 체계이론은 문화적 차이를 이해하는 데 유용하며, 문화 진보를 이해하고 서로 다른 문화체계 간의 상호교류를 평가하도록 한다.

(4) 문화의 기능 [45] ⭐

① 사회화 기능

인간이 어떻게 세상을 인식할 것인가를 가르쳐주는 지침을 통해 개인의 성격을 형성하고 변화시키며, 개인에게 다양한 생활양식을 내면화시켜 개인이 사회에 적응하면서 살아갈 수 있게 하는 사회화의 기능을 한다.

② 욕구충족 기능

다양한 생활양식을 통해서 의식주와 같은 개인의 기본적 욕구를 충족시켜주는 욕구충족의 기능을 한다.

③ 사회통제 기능

규범이나 관습 등으로 개인 행동에 대한 규제와 사회악의 제거를 통해 사회통제의 기능을 수행한다.

④ 사회존속 기능

사회가 계속해서 존재할 수 있는 것은 사회가 문화를 학습하고 전승하여 새로운 구성원들에게 필요한 생활양식을 전승해주기 때문이다. 즉, 문화는 사회를 존속시켜주는 기능을 한다.

(5) 주요 개념 ⭐

① 문화접촉(culture contact)

둘 이상의 다른 문화가 서로 접촉하는 것을 말한다. 다른 문화를 지닌 사람들의 접촉에 의해서도 일어나고, 직접적인 인간의 접촉 없이 전파에 의해 일어날 수도 있다.

② 문화마찰(culture conflict)

서로 다른 문화가 접촉하면 사람들은 저마다 자기 문화의 규준으로 상대를 헤아리므로 서로 오해와 마찰이 생겨나는 일이 많다. 그러한 마찰과 갈등을 문화마찰이라고 한다.

③ 문화변용(acculturation)

독립된 문화를 지닌 둘 이상의 사회가 오랫동안에 걸친 직접적인 접촉에 의해 한쪽 또는 양쪽의 문화체계에 변화가 일어나는 현상을 말한다.

④ 문화변화(문화변동, culture change)

사회와 문화체계가 변화하는 것을 말한다. 문화변화는 내부적 요인(자연환경의 변화, 경제적 요인, 인구요인 등)과 외부적 요인(외부문화로부터 다른 문화요소가 전파되는 경우 등)에 의해 일어난다.

문화변화가 비교적 단기간에 빠르게 변화하는 특징이라면, 문화진화는 장기간에 걸쳐 일어나는 변화라고 볼 수 있다.

⑤ 문화진화(cultural evolution)

인류의 문화가 원시상태에서 현대문명에 이르기까지 발전되어 오면서, 이전 시기의 문화는 수정과 변형을 거쳐 다음 시기의 문화에 기초가 되며 단계적으로 변화해나간다는 것에 초점을 둔 개념이다.

⑥ 문화상대주의(cultural relativism)

고전적인 문화진화주의에 대한 비판의 하나로서, 어떤 문화든 저마다 독자적인 발전을 이루어 왔으며, 이러한 문화에 대하여 특정한 문화 입장에서 다른 문화의 우열을 결정하는 것은 올바르지 않다고 주장하는 견해이다. 문화상대주의와 대조적인 견해는 자신이 소속된 민족의 관점에서 다른 민족의 가치관·문화 일반의 일들을 받아들이는 자민족중심주의이다.

⑦ 문화사대주의

다른 사회의 문화만을 동경, 숭상한 나머지 자기문화를 업신여기거나 낮게 평가하는 태도를 말한다.

2. 문화의 유형[46]

(1) 문화의 유형

① 은둔문화(convert culture)
외부에서 손쉽게 파악할 수 없는 감추어진 문화

② 하위문화(subculture)
전체 문화의 일부분을 이루는 문화. 한 사회집단 내에서 다른 것과 구분될 수 있도록 다르게 나타나는 생활양식
> 예 빈민지역에서 나타나는 특유의 생활양식인 빈곤문화는 빈민들의 하위문화에 해당됨

③ 절반문화(half culture)
어느 한 문화가 완전한 의미의 독자적인 형태를 이루지 못하고 다른 문화에 의존하는 것. 한 민족이나 지역의 문화가 다른 문화나 지역의 문화에 의존하여 살아가는 것

④ 주변문화(marginal culture)
문화의 중심으로부터 멀리 떨어져 문화영역의 경계선 지역에 위치하여 문화 특질을 적게 지니고 있는 것

⑤ 민속문화(folk culture)
어느 한 민족에서 오랫동안 일반 대중들에게 전승되어 온 전통적인 문화. 전승된 신앙, 풍습, 의례 등의 형태로 서민생활에 남아 있는 문화

3. 다문화

중요도

다문화 또는 다문화주의의 특성을 살펴보고, 베리의 문화적응모형의 네 가지 유형의 차이를 구분할 수 있어야 한다.

(1) 다문화 · 다문화주의
- 다문화주의란 일반적으로 인간사회의 인종적, 문화적 다양성을 설명하는 데 사용되는 개념이다.
- 이주노동자 및 결혼이주여성의 증가로 인해 다문화에 대한 관심이 확산됨에 따라 사회복지정책 및 실천 영역에서 다문화주의에 대한 관심이 높아졌다.

(2) 한국의 다문화실태와 과제

• 한국에서 다문화와 관련한 주요 집단에는 결혼이주여성, 이주노동자, 새터민(북한이탈주민) 등이 있다. 이들은 불편한 의사소통과 문화의 이질성, 사회의 편견과 차별, 폭력과 학대, 제도적 지원의 미흡으로 인한 어려움을 겪고 있는 것으로 나타나고 있다.

• 이주노동자들의 노동현장에서의 차별과 비인격적 대우, 열악한 노동환경, 임금체불과 각종 위법행위들, 결혼이주여성에 대한 가정폭력과 사회적 차별, 다문화가족 자녀에 대한 차별 등이 또 다른 문제로 제기되고 있다.

• 다문화사회에서는 문화적, 인종적, 민족적 다양성이 공존하며 사회통합을 이루기 위한 변화가 필요하다.

(3) 베리의 문화적응이론 ⭐꼭!

① 주요 특징

• 베리(Berry, 1997)는 문화적응(Acculturation)을 문화적 접촉이 동반하는 문화적 · 심리적 변화의 과정을 포함하여 넓은 의미에서 정의하고 있다. 문화적 변화는 어느 집단 내의 관습, 경제적, 정치적 삶의 방식의 변화 등을 의미하며, 심리적 변화는 개인들이 자신의 문화적 정체성과 문화변용에 대해서 갖게 되는 태도의 변화를 포함한다고 할 수 있다.

• 베리는 문화적응이 이주 집단의 모국의 고유문화에 대한 문화적 유지와 이민사회의 주류문화에 대한 방향성이라고 할 수 있는 접촉과 참여라는 두 개의 축으로 구성된다는 다차원적 접근방법을 제시하였다. 더 나아가 그는 문화적응이란 개인이 모국의 고유문화를 유지하느냐 여부와 이주사회의 주류문화에 적극적으로 참여하고 그 관계를 유지하느냐의 여부에 따라서 통합(Integration), 동화(Assimilation), 분리(Segregation), 주변화(Marginalization)라는 4가지 적응 유형으로 구분할 수 있다고 주장하였다.

② 4가지 유형

베리(Berry)의 문화적응모형

구분		모국의 문화적 정체성과 특성을 유지할 것인가	
		강	약
주류사회와 관계를 유지할 것인가	강	통합	동화
	약	분리	주변화

- 통합: 주류사회와의 관계를 유지하면서 동시에 모국의 고유문화의 문화적 정체성과 특성을 유지
- 동화: 주류사회와 관계는 유지하지만 기존의 모국의 고유문화의 문화적 정체성과 특성을 포기
- 분리: 주류사회와의 관계는 유지하지 않고 모국의 고유문화의 문화적 정체성과 특성을 유지
- 주변화: 주류사회와의 관계도 유지하지 않으며 동시에 모국의 고유문화의 문화적 정체성과도 접촉을 거부

(4) 용광로 이론과 샐러드볼 이론

① 용광로 이론
다양한 문화가 용광로처럼 하나로 녹아들어 새로이 창조된다는 의미이다. 소수의 문화나 다른 문화권의 이민자를 있는 그대로 받아들이지 않고 주류 문화에 녹아들게 한다는 점에서 동화주의적 이론이다.

② 샐러드볼 이론
다양한 문화가 하나의 그릇 속에서 각자의 고유한 특성을 유지하며 어울림을 샐러드에 비유한 것이다. 주류 문화를 중심으로 하는 것이 아니라 다양한 문화의 가치를 있는 그대로 동등하게 인정한다는 점에서 다문화주의적 이론이다.

8장 태아기, 영아기, 유아기

한눈에 쏙!   중요도

❶ 태아기
- 1. 태아기   ★ ★ ★
- 2. 태아기의 사회복지실천

❷ 영아기
- 1. 영아기의 특징   ★ ★ ★
- 2. 영아기의 발달   ★ ★ ★   23회 기출
- 3. 영아기의 사회복지실천

❸ 걸음마기
- 1. 걸음마기의 특징   ★ ★ ★
- 2. 걸음마기의 발달   ★ ★ ★   23회 기출
- 3. 걸음마기의 사회복지실천

❹ 학령전기
- 1. 학령전기의 특징   ★ ★ ★   23회 기출
- 2. 학령전기의 발달   ★ ★ ★   23회 기출
- 3. 학령전기의 사회복지실천

기출경향 살펴보기

최근 5개년 출제 분포도

연도별 그래프

평균출제문항수

2.6 문항

2단계 학습전략

데이터의 힘을 믿으세요!
강의로 복습하는 **기출회독 시리즈**

3회독 복습과정을 통해
최신 기출경향 파악

최근 10개년 핵심 키워드

기출회독 019	태아기	9문항
기출회독 020	영아기	9문항
기출회독 021	유아기	9문항

기본개념 완성을 위한 **학습자료 제공**

기본개념 강의, 기본쌓기 문제, O X 퀴즈, 기출문제, 정오표, 묻고답하기, 지식창고, 보충자료 등을 **아임패스**를 통해 만나실 수 있습니다.

우리 교재의 발달단계 구분 안내

● 발달단계의 구분은 학자마다 상이하다

발달단계의 구분은 학자마다 정의와 기준이 조금씩 다르다. 절대적이고 획일화된 기준은 없기 때문에 발달단계와 함께 연령을 연결시켜 암기해야 하며, 단계의 명칭보다는 연령을 기준으로 판단하는 것이 좋다.

학자별 발달단계 구분

Zastrow 등의 구분		Newman 등의 구분		이 책의 구분			사회복지사1급 시험에서의 구분	
명칭	연령	명칭	연령	명칭		연령	명칭	연령
태아기	임신~출산	태아기	임신~출산	태아기		임신~출산	태내기	수정~출산
유아기	0~1.5세	유아기	0~2세 (24개월)	영유아기	영아기	0~1.5/2세	영아기	0~2세
걸음마기	1.5~3세	걸음마기	2~3세		걸음마기	1.5/2세~4세	유아기	3~6세
초기학령기	3~6세	초기학령기	4~6세	학령전기		4~6세		
후기아동기	6~12세	아동기	6~12세	아동기		6/7세~12세	아동기	7~12세
청소년기	12~19세	청소년기	12~18세	청소년기		12/13~18/19세	청소년기	13~19세
청년기	19~29세	청년기/ 청소년 후기	18~24세	청년기		19~29세	청년기	20~39세
중년기	30~65세	성인초기	24~34세	장년기		30~64세		
		성인중기	34~60세				중년기	40~64세
노년기	65세 이상	노년기	60~75세	노년기		65세 이상	노년기	65세 이상
		노년 후기	75세 이상					

● 발달단계의 명칭과 연령을 연관짓자

발달기를 지칭하는 명칭이 많아서 공부에 혼란을 느끼는 경우를 많이 보는데, 1급 시험에서는 발달기 명칭이 어느 시기를 가리키는지 분명히 구분할 수 있게 연령표기를 반드시 한다. 다만, 걸음마기와 학령전기라는 명칭은 발달심리학에서 사용되는 전문용어이고, 일반적으로 이 시기는 어린아이라는 뜻의 유아기(幼兒期)라 일컫는다. 1급 시험에서도 걸음마기와 학령전기를 합쳐 유아기(3~6세)라는 명칭을 쓰는 경향이 있다. 즉, 영아기 이후 학교에 들어가기 전까지를 일반적으로 유아기라고 지칭하고 있으니 이 점에 유의하자.

학자별 발달단계 구분 비교

발달단계를 본격적으로 공부하기에 전에 앞서 공부한 학자들의 발달단계를 다시 한번 확인해보자. 각 단계별 특징을 확인하는 문제에서 어느 학자의 어느 단계에 해당하는지를 알아야 풀 수 있는 선택지는 반드시 등장한다.

● 기출예문

기출번호	발문
21-01-11	유아기(3~6세) 남아는 오이디푸스 콤플렉스를 경험하고 여아는 엘렉트라 콤플렉스를 경험한다.
18-01-22	청소년기(13~19세)는 피아제의 인지발달과정 중 형식적 조작기에 해당된다.
20-01-23	중년기(40~64세)에는, 융에 따르면 외부세계에 쏟았던 에너지를 자신의 내부에 초점을 두며 개성화의 과정을 경험한다.
19-01-23	에릭슨은 노년기(65세 이상)의 발달과제로 자아통합이 중요하다고 주장하였다.

우리 교재 발달단계 구분		프로이트 심리성적발달	에릭슨 심리사회발달	융	피아제		콜버그 도덕성발달
					인지발달	도덕성발달	
8장	태아기						
	영아기 (~1.5/2세)	구강기 (출생~18개월)	영아기 신뢰:불신	아동기 (출생~ 사춘기)	감각운동기 (출생~2세)		
	걸음마기 (1.5/2~4세)	항문기 (18개월~3세)	유아기 자율:수치		전조작기 (2~7세)		
	학령전기 (4~6세)	남근기(3~6세) 오이디푸스/ 엘렉트라 컴플렉스	학령전기 주도성:죄의식			타율적 도덕성 (4~7세)	전인습적 (4~10세)
9장	아동기 (6/7~12세)	잠복기 (6세~사춘기)	학령기 근면:열등		구체적 조작기 (7~11/12세)	7~10세: 과도기	
						자율적 도덕성 (10세~)	인습적 (10~13세)
10장	청소년기 (12~18/19세)	생식기 (사춘기 이후)	청소년기 자아정체감: 역할혼란		형식적 조작기 (12세~성인)		후인습적 (13세~)
11장	청년기 (19~29세)		성인초기 친밀감:고립감	청년 및 성인초기 (~40세)			
12장	장년기 (30~64세)		성인기 생산성:침체	중년기 개성화 과정			
13장	노년기 (65세~)		노년기 자아통합:절망	노년기			

1

태아기

기출회차

1	2	3	4	5
6	7	8	9	10
11	12	13	14	15
16	17	18	19	20
21	22	23		

강의로 복습하는 기출회독 시리즈

Keyword 019

수정에서부터 출생까지를 태내기라는 명칭을 사용하는 교재도 있고, 태아기라는 명칭으로 사용하는 경우도 있다. 또한 세부적인 시기 구분에 있어서 명칭에 차이가 있기 때문에 혼란을 느낄 수 있다. 여기에서는 수정에서부터 출생까지를 배란기, 배아기, 태아기로 구분하고 이를 포괄하여 태내기 · 태아기로 혼용해서 사용하고 있음을 밝혀둔다.

인간의 성장과 발달은 정자와 난자가 수정되는 순간부터 시작된다. 이 순간부터 한 개체로서 생명을 지니게 된다. 세상에 태어나기 이전 모태 내의 여러 가지 환경은 태내의 건강만이 아니라, 출생 후 성장과 발달에 큰 영향을 미치기 때문에 태아기 발달에 대한 관심이 높아지고 그 중요성 또한 증대되고 있다.

개인의 발달에 태내의 환경이 영향을 미치기 전에 관여하는 것이 유전이다. 개인이 가지고 있는 유전 정보는 한 개인의 발달을 위한 테두리를 설정해준다. 그 테두리는 인간이 지니게 되는 다양한 자원의 내용과 질을 결정하기도 하고 또한 발달장애를 초래하기도 한다.

유전정보는 일반적으로 개인의 발달 비율, 개인차를 구성하는 특징들, 비정상적 발달 등에 영향을 미치게 된다.

중요도

유전적 요인으로 발생하는 발달장애, 임산부가 태아발달에 미치는 영향 등에 관한 문제가 주로 출제되곤 한다.

1. 태아기

(1) 태아의 성장 ⭐

태내기 · 태아기라 함은 난자와 정자가 만나 수정된 순간부터 출산에 이르기까지의 약 38주의 기간을 말한다.

① 배란기(수정 후 2주)

수정(정자와 난자가 만남) 후 수정란이 자궁벽에 착상할 때까지의 시기를 말한다.

배란기 외에 발아기, 배종기, 배시기, 난체기, 정착기 등으로 쓰이기도 함

배아
자궁벽에 착상한 수정란을 말함

② 배아기(수정 후 2~8주)

- 태반이 발달한다.
- 배아는 태반과 연결된 탯줄을 통해 모체로부터 영양분과 산소를 공급받고, 배설물을 방출한다.
- 중요한 신체기관이 형성된다.

③ 태아기(수정 후 9주~출생)

- 태아는 인간의 모습을 갖추기 시작한다.
- 임산부가 태아의 움직임을 알 수 있다.

(2) 임신기간 구분

- 흔히 임신기간을 10개월이라고 하는데, 수정에서부터 출생까지를 계산하면 태아의 발달기간은 266일로서 약 9개월이 된다. 수정이 되면 임신 1일 혹은 1주가 되는 것이 아니라 5주가 되기 때문에 한 달이 줄어들게 되는 것이다.
- 9개월에 걸치는 이 기간을 약 3개월씩 임신초기, 임신중기, 임신말기로 구분한다.

출산예정일 계산
- (월경이 마지막으로 있었던 월 – 3)월 (월경이 마지막으로 있었던 일자 + 7)일
- 정상 분만: 출산예정일 전후 2주 사이 분만
- 예 최후 월경이 4월 12일에 있었다면 1월 19일이 출산예정일임

① 제1단계(임신초기, 임신 1~3개월)

- 가장 중요한 시기로, 태아의 급속한 세포분열이 일어나므로 임산부의 영양상태, 약물복용에 가장 영향을 받기 쉽다.
- 원시적인 형태의 심장과 소화기관이 발달한다. 두뇌와 신경계의 구조, 팔과 다리가 될 부위도 나타난다. 일반적으로 발달은 두뇌에서부터 몸 전체로 내려가면서 이루어진다.
- 태아는 인간의 모습을 갖추기 시작한다. 눈, 코, 입을 비롯한 얼굴 전체 모습이 드러난다.

② 제2단계(임신중기, 임신 4~6개월)

- 태아는 계속 성장하며, 손가락, 발가락, 피부, 지문, 머리털 등이 형성된다.
- 16~20주 사이에 대아의 움직임을 느낄 수 있다.
- 이 시기에 태어난다면 생존가능성이 희박하다.

③ 제3단계(임신말기, 임신 7~9개월)

- 태아 발달이 완성되고 출산 후 자궁 밖에서 생존하기 위한 준비를 마친다.
- 30주 정도가 지나면 신경계의 조절능력이 생기게 되므로 인큐베이터에서의 생존이 가능해진다. 임신 210일(7개월)을 출산예정일보다 빨리 태어난 태아가 살 수 있는 생존가능연령이라고 부른다.

(3) 태아기의 영향 ★꼭!

임산부와 태아의 관계는 상호적이다. 임산부는 신체적인 것뿐만 아니라 정서적·심리적으로도 태아에게 영향을 미친다.

① 임산부의 영양상태

- 임산부는 음식을 평상시보다 15~30%(300~500kcal) 정도 더 섭취하는 것이 바람직하다.
- 영양결핍은 조산, 저체중아의 출산, 신생아 사망률과 연관된다. 잘못된 식이요법은 태아의 중추신경계 발달에 좋지 않은 영향을 미치며, 신생아가 질병에 취약해지는 결과를 초래한다.
- 임신한 여성은 단백질과 엽산(folic acid: 빈혈의 특효성분. 태아의 두뇌나 신경계 등의 기형을 예방), 철분, 칼슘, 비타민 A, B6, C, D, E를 충분히 섭취하는 것이 매우 중요하다.
- 특히 비타민이 부족할 경우 태아의 기형, 괴혈병, 곱추, 발육부진을 초래할 수 있고 정신발달 또한 지연된다.

② 약물 복용과 치료

- 어떤 약물이 태아에게 좋지 않은 영향을 미치는지에 대해서는 아직도 불확실한 측면이 많다. 약품을 사용하거나 약물치료를 받기 위해서는 반드시 의사의 자문을 받아야 한다. 약물의 영향 혹은 부작용은 약의 용량과 복용했을 당시의 임신기간에 달려 있다. 임신 1~3개월은 태아가 약물에 가장 취약한 시기이다.
- 테라토겐은 기형을 유발하는 물질이다. 진정제의 일종인 탈리도마이드를 복용했던 여성은, 손이 아주 작고 팔의 길이가 짧거나 혹은 아예 팔이나 다리가 없는 아이를 출산할 수 있다. 항생제의 일종인 테트라싸이클린은 이가 누렇게 착색되거나 뼈 조직이 변하는 기형을 유발하기도 한다.
- 약물치료가 아니더라도 아스피린이나 카페인 등을 지나치게 복용하는 것도 위험하다. 마약중독은 많은 문제를 초래할 수 있다. 마약은 저체중아 출산, 조산, 경련 등의 증상을 초래한다. 약물중독자가 낳은 신생아는 이미 그 약물에 중독되어 있는 경우가 많다.

태아알코올증후군
임신 중 알코올 섭취로 태아에게 중추신경계통 장애, 체중 미달, 안면기형 등의 증상이 나타나는 것

③ 알코올

- 임신 중에 알코올을 섭취하는 것은 태아에게 많은 영향을 미친다. 대표적인 것이 태아알코올증후군(FAS, fetalalcohol syndrome)이다.
- 임신 중에 알코올을 많이 섭취한 임산부의 아이는 특이한 얼굴과 작은 머리, 작은 몸, 선천적인 심장질환, 관절상의 결함, 정신능력의 저하, 그리고 이상한 행동패턴을 보인다. 지금으로서는 알코올 섭취가 어느 정도까지 안전한지 정확히 알 수 없기 때문에 아예 섭취하지 않는 것이 최선의 대안이다.

④ 흡연

• 많은 연구에서 흡연은 저체중아 출산, 임신기간의 단축, 자연유산의 증가, 임신과 출산에 관련된 문제의 증가, 출생 시 사망(분만을 앞두고 태아 혹은 신생아가 사망하는 것)과 관련이 있다고 보고한다.

• 간접 흡연도 태아에게는 위험하다. 그리고 이러한 영향은 아동기로 이어진다. 임신기간 중 흡연을 했던 임산부의 4세 아이를 비흡연자의 아이들과 비교한 연구 결과, 언어발달과 인지발달에서 상당한 어려움을 나타낸 바 있다.

⑤ 임산부의 나이

임산부의 연령이 16세 이하 또는 35세 이상일 경우 태아의 선천성 결함 가능성이 높아진다.

• 10대 임산부의 경우 유산, 조산, 사산 비율이 높고 저체중아, 지체아를 낳거나 출산 시 결함 발생율이 높으며, 아동이 성장과정에서 신체적 학대, 성장지체를 더 많이 경험하는 경향이 있다.

• 35세 이상의 산모는 미숙아 출산, 자연유산, 임신중독증 및 난산이 되기 쉽다. 40세 이상의 산모는 다운증후군의 태아를 낳을 가능성이 크다. 45세 이상의 임산부는 20세 임산부에 비해 다운증후군과 같은 염색체 이상의 아이를 출산할 가능성이 40배 높고, 자연유산, 임신중독증, 난산, 미숙아 출산, 기타 신경이나 심장기형, 성장지체 등을 보인다.

⑥ 임산부의 질병

• 임신 초기의 풍진은 태아의 신체적 장애(시각장애나 청각장애 등)와 정신적 장애(지적 장애 등)를 초래한다. 임신 4개월 이전이 위험하다.

• 당뇨병은 건강한 임산부보다 기형아를 낳을 확률이 3배 이상 높다.

• 후천성면역결핍증(AIDS)은 모체로부터 감염되는데(15~30%), 감염된 태아는 비정상적으로 작은 얼굴과 두개골을 갖게 되며, 임신 초기에 감염되었을 경우에는 더욱 심각한 문제를 초래한다.

• 임산부가 매독이나 임질과 같은 성병에 감염되었을 경우, 감염된 태아는 30%가 출산 전에 사망하며 그렇지 않은 경우에도 기형아 출산이나 시각장애를 초래한다.

⑦ 모자의 혈액 불일치

• Rh+의 남성과 Rh-의 여성이 Rh+의 자녀를 임신하게 될 때 둘째 아이부터 치명적인 위험이 발생한다.

• Rh+의 남성과 Rh-의 여성이 Rh+의 자녀를 임신하게 될 때 혈액상반 현

상이 나타나는데, 첫 아이일 때는 태반으로 인해 혈액상반 현상이 나타나지 않으나 분만과정에서 피가 섞이게 되면 모체혈액은 Rh+인자에 대항하기 위해 항체를 형성한다. 그 결과 둘째 아이는 혈액상반 현상이 나타나 적혈구 파괴 및 산소호흡을 방해하여 태아를 유산 및 사산시킨다. 출생해도 빈혈, 청각장애, 뇌성마비, 지적장애 등을 동반한다.
- 임신 직후부터 로감주사를 주기적으로 맞음으로써 예방이 가능하다.

⑧ 임산부의 분만횟수
출산경험이 있는 산모가 첫아이를 임신한 산모보다 자궁과 태반 사이의 혈액의 흐름이 빨라 태내환경이 더 좋다.

⑨ 기타 요인
- 사회적 · 경제적 요인: 적은 수입, 낮은 사회경제적 지위
- 임산부의 정서상태: 임신에 대한 양가감정

잠깐!

임산부의 정서상태 관련 요인
- 아이를 원하는지의 여부
- 자녀 수
- 경제적 여건
- 임산부의 정서적인 성숙 정도
- 남편과의 관계

(4) 유전적 요인에 의해 발생할 수 있는 태아기의 주요 장애 ★
- 유전은 인간의 발달한계, 특히 신체적 성숙과 관련된 한계와 성숙 속도, 기질적 차이를 만들어 내며, 비정상적인 발달을 가져오기도 한다. 즉, 신체적 특징뿐 아니라 사회성, 활동적 성격과 같은 기질적 측면도 유전적 요소의 영향을 받는다.
- 많은 비정상적 발달이 유전적 요소에 기인한다. 염색체가 없거나 필요 이상의 염색체가 존재하는 것은 태아에게 치명적 영향을 미친다.
  - 불필요한 염색체가 존재하는 경우: 다운증후군, 클라인펠터증후군 등
  - 필요한 염색체가 부족한 경우: 터너증후군 등

잠깐!

성(性)염색체
정자와 난자가 결합하는 순간 정자와 난자로부터 각각 23개의 염색체가 만나 새로운 46개(23쌍)의 염색체 배합이 형성된다. 22쌍의 상(常)염색체와 23번째 한 쌍을 성(性)염색체라 한다.

성염색체 이상
- 정상적인 성염색체는 남자는 XY, 여성은 XX
- X 한 개만 있으면 터너증후군
- XXY, XXXY 등은 클라인펠터증후군
- XYY는 거대남성증후군

① 다운증후군(down syndrome)
- 염색체 이상으로 생기는 선천성 질환이다.
- 특징: 눈가에 진 두꺼운 주름 때문에 눈이 처져 보임. 신장이 짧음. 두개골이 넓고 짧음. 손가락이 짧고 손바닥은 넓음. 첫 번째 발가락과 두 번째 발가락 사이가 특히 넓게 보인다.
- 다른 사람들보다 21번째 염색체가 하나 더 있다.

② 터너증후군(turner syndrome)
- 성염색체 이상으로 발생하는 장애이다.
- X염색체가 1개이고 전체 염색체 수가 45개이다. X염색체가 하나뿐이라서

외견상 여성으로 보이지만 2차 성징이 거의 없는 것이 특징이다.

③ 혈우병(hemophilia)
- 혈액이 응고되지 않는 선천적 장애이다.
- 성염색체인 X염색체 이상으로 발생한다. 질병 저항력이 약하다.

④ 클라인펠터증후군(klinefelter syndrome)
- 남성에게서 발생하는 성염색체 이상으로, XXY, XXXY, XXXXY 성염색체를 가지고 있어 정자의 생산이 불가능하다. 외모는 남성이지만, 사춘기에 여성의 2차 성징이 나타난다.
- 가슴이 큰 것이 특징이다.

⑤ 거대남성증후군(XYY 증후군, supermale syndrome)
- 남성으로서 Y염색체를 더 많이 가지고 있는 것으로, XY 대신에 XYY형을 이룬다.
- 평균보다 키가 크고 지능이 낮은 경향이 있다.

⑥ 페닐케톤뇨증(PKU, Phenylketonuria)
- 단백질 분해효소가 결여되어, 소변에 페닐피루브산이 함유되어 배출되는 증상이다.
- 특징: 금발, 백안, 치아 사이가 많이 벌어져 있음. 굽은 자세, 운동과다 등
- 출생 즉시(생후 1개월 이내) 특수한 식이요법을 실시해야 지적장애를 억제할 수 있다.

⑦ 겸상 적혈구 빈혈증(sickle-cell anemia)
헤모글로빈을 암호화하는 유전자의 염기 하나가 바뀌어 비정상적인 헤모글로빈이 만들어지고, 이것이 적혈구에 축적되어 적혈구의 모양이 낫 모양(겸상)으로 되는 유전자 돌연변이이다.

⑧ 흑내장성 지진아(tay-sachs disease)
- 안구진탕, 수정체 혼탁으로 시력이 매우 낮고, 전신 쇠약증세를 보인다.
- 보통 2~3세에 사망한다.

(5) 태아기 검사

① 초음파 검사
- 초음파 검사는 태아를 진단하는 가장 일반적인 방법이다. 태아의 이미지를 TV와 같은 스크린에 형상화하기 위해 초음파를 사용한다.
- 이 검사법은 임신 4주 혹은 5주에 시행할 수 있으며, 태아의 성별과 자궁 내의 자세, 그리고 다양한 신체의 이상을 탐지해낼 수 있다.

② 양수검사
- 양수검사(amniocentesis)는 임산부의 복강을 통해 자궁에 바늘을 삽입하여 양수를 채취하는 방법이다.
- 이 방법으로 태아의 성별, 염색체 이상을 알아낼 수 있다. 양수에는 태아세포가 포함되어 있기 때문에 다운증후군, 근육영양장애 및 척추이열을 비롯한 선천성 기형을 알아낼 수 있으며, 태아의 성별도 구분할 수 있다.

③ 융모생체표본검사(CVC, chorionic villi sampling)
- 융모생체표본은 태아의 선천성 기형을 진단하는 또 다른 방법이다.
- 가느다란 플라스틱 관을 질에 삽입하거나 혹은 복강을 통해 바늘을 자궁으로 삽입하는 것이다. 융모생체표본(태아를 감싸고 있는 융모막 위의 가느다란 실 같은 모양의 융기)을 채취하여 유전적 이상의 가능성을 분석한다.
- 임신 9~11주 사이에 가능하며, 염색체 이상이 의심되거나 35세 이상 임산부에게만 제한적으로 권고하는 검사이다.

④ 산모 혈액검사
- 산모 혈액검사는 임신 15~20주 사이에 이루어지며, 이 검사를 통해서 태아의 다양한 상태를 알아낼 수 있다. 예를 들어, AFP(alpha feto protein)라 불리는 물질의 양을 측정한다. AFP 수준이 높다는 것은 두뇌와 척수에 이상이 있음을 경고하는 것이다. AFP 수준을 검사함으로써 다운증후군의 가능성도 알아볼 수 있다(Haddow et al., 1992).
- 초음파검사, 양수검사, 이 두 가지 모두는 혈액검사의 결과를 확인하기 위해 사용되기도 한다.

2. 태아기의 사회복지실천

(1) 사회복지실천과 관련된 태아기 문제

① 생물학적 차원의 문제
- 임산부의 건강 및 영양상태
- 선천성 장애예방을 위한 산부인과적 문제의 검토
- 임산부의 연령이 매우 많거나 적은 것
- 임신에 관련된 여러 문제 전력이 있는 것
- 유전적 질병이나 만성질환의 존재
- 약물사용이나 중독
- 유전상담이 필요한 경우(임산부 가계에 유전병이 있는 경우, 유전적 결함이 있는 자녀를 출산한 경험이 있는 경우, 습관성 유산 경험이 있는 경우, 임산부의 연령이 많은 경우 등)
- 불임문제

② 심리적 차원의 문제
- 계획하지 않은 임신에 대한 부정적인 심리적 반응
- 임신기간 중 유발되는 불안, 스트레스, 정서적 흥분 등의 정서적 변화
- 임신 및 출산과정에 대한 지식이 거의 없는 것
- 부모로서의 역할 변화와 그에 따르는 책임을 받아들이는 것이 매우 어렵고 부적합하게 느껴지는 것

③ 사회적 차원의 문제
- 빈곤으로 인해 임신기간 중 필요한 영양과 의료적 보살핌을 받지 못하는 것
- 물리적 환경이 열악한 것
- 직장인 임산부의 과도한 업무부담으로 인한 신체적 과로와 스트레스

(2) 태아기 관리
사회복지사나 보건전문가가 조산 혹은 저체중아 출산의 위험이 있는 여성을 발견하고 의료, 영양, 교육, 그리고 심리사회적인 개입을 하는 것으로, 이러한 서비스의 제공은 임신의 결과를 긍정적으로 이끈다는 면에서 매우 중요하다. 사회복지실천 측면에서 다음 네 가지를 염두에 두어야 한다.
- 사회복지사는 임산부가 복잡한 보건관리체계를 잘 이용할 수 있도록 돕고, 이용 가능한 보험이나 의료서비스를 받을 수 있도록 해야 한다.

임산부에 대한 사회복지실천
- 건강상태, 영양상태 점검 및 관리
- 출산 및 산후조리
- 안정적인 환경의 조성
- 임산부 교육
- 관련 자원 및 정보의 제공과 연계

- 사회복지사는 클라이언트의 욕구를 반영하여 진료소 내부 환경을 개선하는 옹호자의 역할을 수행해야 한다.
- 사회복지사는 임산부(클라이언트)가 진료소에서 제공하는 서비스, 예를 들어 정기진료, 검사, 임산부 교육 등에 참석할 수 있도록 돕는다.
- 사회복지사는 실질적인 서비스를 한다. 즉, 높은 위험에 처해 있는 임산부를 선별하여, 전화나 서신으로 다음 진료일을 확인해주고, 직접 그 지역을 방문하는 것 등이다.

(3) 낙태

사회복지사는 원치 않는 임신을 한 여성을 도울 때, 경우에 따라 조력자(enabler), 교육자(educator), 중개자(broker), 옹호자(advocate)로서 역할을 한다.

- 조력자: 사회복지사는 여성이 무엇을 할 것인지 결정하는 데에 도움을 줄 수 있다. 클라이언트가 스스로 대안을 발견하고 그것의 장점과 단점을 평가하도록 도울 수 있다.
- 교육자: 사회복지사는 임신한 여성에게 낙태과정, 유산, 태아발달, 그 외 여성이 선택할 수 있는 대안들에 대해 정확한 정보를 제공한다. 또한 미래에 또 다시 원치 않는 임신을 하지 않도록 예방하는 데 필요한 피임방법에 관한 정보를 제공한다.
- 중개자: 사회복지사는 클라이언트가 낙태를 최종 결정했다 해도 적절한 자원을 발견해야 한다. 낙태가 가능한 의료기관, 임산부 건강관리 상담, 입양서비스 등이 그 예이다. 사회복지사는 이러한 가능한 자원과 이용 방법을 설명하고 서비스를 직접 받을 수 있도록 도와준다.
- 옹호자: 서비스 접근이 매우 제한된 지역의 여성이나 빈곤여성의 경우 낙태서비스에 좀 더 원활하게 접근할 수 있도록 돕고, 필요한 경우 경제적인 지원도 할 수 있어야 한다. 또한 여성이 원하는 서비스를 획득하는 데 장애가 되는 법이나 정책을 변화시키는 역할을 한다.

(4) 불임(난임)

불임부부를 돕는 사회복지사의 역할은 조력자, 중재자(mediator), 중개자, 교육자, 분석가 및 평가자(analyst, evaluator), 옹호자이다.

- 조력자: 불임부부에게 최선의 선택이 가능한 대안을 찾아준다. 합의를 하지 못할 때 사회복지사는 타협하여 서로 만족스런 결정을 이끌어내도록 중재자의 역할도 할 수 있다.
- 교육자: 사회복지사는 클라이언트에게 구체적이고 정확한 자료를 갖고 실

질적인 대안과 절차를 알려줄 수 있다.

• 중개자: 사회복지사는 클라이언트를 구체적인 자원과 서비스에 연결시켜 줄 수 있다.

• 분석가와 평가자: 사회복지사는 기관에서 제공하는 치료의 효과성을 평가하는 데 관여할 수 있다. 예를 들어, 어떤 불임클리닉의 임신 성공률이 5% 미만일 때, 사회복지사는 그 이유를 평가하는 데 도울 수 있다. 또한 클리닉의 효과성을 향상하기 위해 기관과 클라이언트 및 지역사회에 알릴 수 있다.

• 옹호자: 클라이언트 입장에서 서비스를 받는 과정에서 클라이언트가 소외되고 있지는 않는지, 방해요인은 없는지, 서비스 비용이 너무 비싼 것은 아닌지 등을 살펴서 필요한 부분을 주장할 수 있다.

2

영아기

기출회차

1	2	3	4	5
6	7	8	9	10
11	12	13	14	15
16	17	18	19	20
21	22	23		

강의로 복습하는 기출회독 시리즈

Keyword 020

영유아기(嬰乳兒期)		학령전기	아동기	청소년기	청년기	장년기	노년기
영아기 (출생 ~1.5/2세)	걸음마기						
	유아기(幼兒期)						

중요도
★ ★ ★

영아기는 학자별 이론의 내용과 결합하여 자주 출제된다. 프로이트의 구강기, 에릭슨의 유아기(신뢰감 대 불신감), 피아제의 감각운동기에 속하며, 이에 해당하는 주요 발달 특성을 반드시 정리해야 한다.

1. 영아기의 특징

• 영아기는 출생 후부터 만 1.5세 혹은 2세까지를 말하는데, 생후 한 달까지를 특히 신생아기라고 한다.

• 프로이트의 구강기, 에릭슨의 유아기, 피아제의 감각운동기에 해당한다.

• 제1성장 급등기에 해당한다.

• 감각운동을 통하여 지능발달을 도모한다.

• 주로 양육자인 어머니와의 관계의 양과 질이 대상관계와 대인관계 그리고 사회관계에 있어서 신뢰감과 불신감을 형성하는 근간이 된다고 볼 수 있다.

• 이 시기의 발달과업을 충실히 수행하면 건강한 신체와 정신 및 정서적 안정이 조화롭게 이루어져 건전한 인격체로 성장·발달하는 밑거름이 형성된다.

한걸음더

제1성장 급등기와 제2성장 급등기

영아기의 신체발달 특징은 매우 빨리 성장한다는 것이다. 태어난 지 1년 이내에 몸무게가 3배 정도로 증가하며, 2세가 되면 기본적인 운동능력을 갖추고 언어와 개념을 형성한다. 이렇듯 일생 중 가장 빠른 속도로 성장하는 영아기를 제1성장 급등기라 한다. 이후에도 꾸준히 성장하긴 하지만 영아기만큼의 급속한 성장은 이루어지지 않다가 아동기에 이르면 이전 시기에 비해 매우 완만한 신체성장을 보이게 된다. 그러다 청소년기에 이르면 다시 급속한 신체적 변화를 경험하게 된다. 우선 신장과 체중이 급격히 증가하며 생식기관이 성숙하고 2차성징이 출현한다. 소화기, 폐, 심장과 같은 내부기관도 급속히 성장한다. 사람의 생애 중 가장 빠른 신체적 성장이 일어나는 시기는 출생 후 1~2년 사이지만, 청소년기에 일어나는 성장 또한 다른 단계들에 비해 매우 급속하므로 이 시기를 제2성장 급등기라 부른다.

2. 영아기의 발달

1) 신체발달

(1) 신체발달의 특징

- 신생아의 몸무게는 대체로 2.4~4.5kg이고, 키는 45~55cm이다.
- 여아가 남아에 비해 몸무게와 키에서 약간 작은 경향이 있다.
- 영아는 초기에 사람의 얼굴과 풍선을 구별하기 시작하고, 그 후에 사람들의 얼굴을 구별하며 부모의 얼굴을 인식한다.
- 머리에서 발가락으로 발달이 진행된다.
- 다리보다는 먼저 머리와 팔 같은 상체를 사용하는 법을 배운다.
- 먼저 몸통부터 시작하여 점차 몸의 끝 사지를 통제하는 것을 배운다.
- 신생아는 대부분의 시간을 잠자는 데 보낸다.
- 머리는 전신의 약 1/4로 다른 부위에 비해 비교적 크다.
- 신생아의 두개골에는 6개의 숫구멍이 존재한다.
- 생후 6~7개월경부터 이가 나오기 시작하여 2년 6개월 정도면 20개의 젖니가 모두 나온다.
- 주로 입과 입 주위의 신체기관을 통하여 현실거래를 하는 시기로, 빨기, 깨물기, 침뱉기, 삼키기, 보유하기, 다물기 등의 형태를 보인다.

(2) 신생아의 반사운동 ⭐

빨기반사, 젖찾기반사, 연하반사 등은 적응이나 생존을 위해 필요한 반사행동이라는 점에서 생존반사(survival reflexes)로 구분되고, 모로반사, 걷기반사, 파악반사, 바빈스키반사 등은 생존을 위해 필요한 것은 아니지만 진화론적 관점에서 중요한 반사행동으로 이를 원시반사(primitive reflexes)라고 구분한다.

① 빨기반사(sucking response)

- 음식물 섭취를 위한 중요한 반사로서 입에 닿는 것은 무엇이든 빤다.
- 신생아가 음식을 받아먹을 수 있는 능력을 촉진한다.

② 젖찾기 반사 · 탐색반사(rooting reflex)

- 자극에 대한 자동적인 움직임을 말하는데, 입술이나 입 근처 볼에 작은 것 하나라도 닿기만 하면 자동적으로 머리를 돌려 찾는다.
- 뺨이나 입술 근처에 손가락이나 젖꼭지를 대면 자극이 있는 쪽으로 입을 돌려 찾는다.

영아기의 발달단계별 특성을 묻는 문제는 거의 매회 출제되고 있다. 영아기 발달단계에서는 애착, 대상영속성, 감각운동 등의 특징에 관한 내용이 가장 많이 출제되었다. 23회 시험에서는 영아기의 전반적인 발달특징을 묻는 문제가 출제되었다.

숫구멍

완전히 뼈가 되지 않고 막으로 남아 있는 부위. 출생 시에 아기가 산도(아기가 지나가는 통로. 자궁의 아래쪽 끝과 질)를 통과하도록 돕는 기능을 하며, 출생 후에는 뇌의 성장을 가능하게 한다.

원시반사는 비생존반사로 생후 일정 기간이 지나면 사라지는데, 이는 신생아의 반사운동이 점차 의식적이고 자발적인 반응행동으로 대체되기 때문이다. 원시반사가 정상적으로 나타나고 사라지는지를 살펴보는 것은 신생아의 신경계발달 및 인지발달을 가늠하는 지표로서 의미가 있다.

보충자료

**영아기 운동기술의
발달과정**

③ 연하반사 · 삼키기반사(swallowing reflex)

음식물을 삼키는 반사운동이다.

④ 모로반사(Moro's reflex)

- 껴안는 반사운동으로 경악(驚愕)반사라고도 한다.
- 큰 소리가 나면 팔과 다리를 벌리고 마치 무엇인가 껴안으려는 듯 몸 쪽으로 팔과 다리를 움츠리는 반사운동이다.
- 생후 1주경에 시작되어 3~4개월 정도가 되면 사라진다.

⑤ 걷기반사(walking reflex)

- 걸음마반사라고도 한다.
- 바닥에 아이의 발이 닿아 바른 자세가 갖춰지면 아이가 자연스럽게 한 다리를 들어올리려고 하는 경향이다. 이것은 초보적인 보행 모습과 비슷하다.

⑥ 파악반사(grasping reflex)

- 쥐기반사 혹은 손바닥 반사라고도 한다.
- 손가락으로 신생아의 손바닥을 누르면 손가락을 꽉 움켜쥐는 반응이다. 발바닥도 마찬가지로 손가락으로 자극하면 발가락을 앞으로 오므린다.
- 손바닥의 파악반사는 생후 2~3개월 무렵 소실되고, 발바닥의 파악반사는 8~9개월 무렵 소실된다.

⑦ 바빈스키반사(babinski reflex)

- 발바닥을 자극했을 때 발가락을 펼쳤다가 오므리는 반사운동이다.
- 생후 6개월 이후 서서히 사라진다.

(3) 감각 및 지각발달

① 시각

- 감각정보의 80% 정도를 받아들이는 시각의 발달은 인간의 감각 능력 중에서 가장 늦게 성숙한다.
- 생후 2~3개월 정도면 삼원색의 기본 색깔 대부분을 구별할 수 있어 색채를 근거로 물건을 구분할 수 있다. 생후 4~5개월 정도면 붉은 색 계통 또는 푸른색 계통 등으로 기본 색깔별로 분류할 수 있고 시각조절 능력도 성인 수준에 이른다.
- 출생 직후 물체에 초점을 고정시키지 못하고 가시거리도 극히 제한되나,

생후 1개월경에는 사물에 초점을 맞추고 응시하는 것이 가능해진다.

- 영아의 시지각 특성: 영아는 전체보다는 부분을, 정지된 것보다는 움직이는 물체를, 흑백보다는 컬러를, 직선보다는 곡선을 선호하며, 단순한 도형보다는 좀 더 복잡한 도형을, 다른 사물보다는 인간의 얼굴 그 중에서도 눈을 가장 선호한다.

② 청각

- 영아의 청각 능력은 출생 후 얼마 되지 않아 곧 성인 수준에 도달한다.
- 출생 직후에는 높고 강한 소리에만 반응을 보이지만, 며칠이 지나면 소리에 대해 여러 가지 다른 반응을 보인다.
- 영아는 사람의 목소리, 특히 여성의 높은 목소리를 좋아하는 것으로 보고되고 있다.

③ 미각

- 출생 시 맛을 구별하는 능력을 가지고 태어나지만 성장하면서 더 발달된다.
- 미각은 태내에서도 어느 정도 기능을 하며, 출생 직후에도 여러 가지 맛을 구분하는 것이 가능하다. 쓴맛, 신맛, 짠맛보다는 단맛이 나는 액체를 더 오래 빤다.

④ 후각

냄새를 맡을 수 있는 능력을 이미 가지고 태어나며, 성장하면서 냄새에 대한 민감도가 증가하지는 않는다고 본다.

⑤ 통각

태어날 무렵, 통각에 둔하지만 생후 며칠 이내에 고통에 대한 감각이 발달하게 된다.

⑥ 촉각

- 신생아는 주로 촉각에 의존하여 주변환경을 인지한다.
- 출생 시 촉각은 입술과 혀를 제외하고는 발달되어 있지 않은데, 생후 6개월이 지나면 발이나 손의 촉각을 이용해서 주변을 탐색한다.

2) 인지발달

(1) 감각기관과 운동기능을 통한 세상 인식

- 피아제의 감각운동기에 해당하므로 감각운동기의 특징들을 보인다.
- 영아가 세상을 인식하는 것은 감각기관과 운동기능을 통해 이해하는 것에 국한된다. 영아가 이해하고 기억하는 것은 자신이 직접 보고, 듣고, 느끼고 행동하는 것에 의존한다.
- 경험을 조직하는 데 언어를 쓰지 않으며, 직관과 환경에서의 직접적인 탐색을 통해 개념을 형성한다.
- 주로 감각운동을 통하여 지능발달을 도모한다.

(2) 목적지향적 행동

자신의 행동과 그 행동에서 나타나는 결과를 예측할 수 있게 되면서부터 자신의 욕구충족을 위해 의도적으로 행동하며, 새로운 목적을 성취하기 위해 의도적으로 익숙한 수단을 사용하기도 한다.

목적지향적 행동
목적을 위해 수단을 활용하는 것은 2차도식의 협응이다.
예 사라진 장난감을 찾기 위해(목적) 방해물을 치운다(수단 사용).

> **예** 영아가 장난감을 잡으려고 했을 때 엄마가 손을 뻗어서 가로막자 영아는 엄마의 손을 치우고 장난감을 잡았다. 이는 목적을 달성하기 위해 둘로 분리된 도식, 즉 방해물 치우기와 장난감 잡기를 협응한 것이다.

(3) 대상영속성 형성 ⭐꼭!

- 어떤 대상이 눈앞에 보이지 않거나 들리지 않아도 그것이 계속 존재한다고 믿는 것이 대상영속성인데, 9~10개월이 되면 이 개념이 생기기 시작한다.
- 대상영속성 개념이 없는 영아는 대상을 더 이상 지각할 수 없다고 느끼는 순간, 즉 눈에서 보이지 않는 순간부터 그 대상을 즉각 잊어버리지만, 대상영속성이 생기면 대상을 볼 수 없거나 들을 수 없어도 그 대상의 이미지를 생각하거나 활용하여 간단한 문제를 해결할 수 있다.
- 예를 들어, 장난감을 빼앗아 숨겨도 그것을 찾으려고 하지 않는다면 대상영속성 개념을 확립하지 못한 것이다. 이 무렵에 분리불안이 나타나는 것도 대상영속성과 관련이 있다. 눈에 보이지 않는 양육자를 잊지 않고, 그 이미지를 계속 생각하고 찾기 때문에 분리불안을 보이는 것이다. 그러다가 대상영속성이 완전히 확립된 시기에 분리불안은 사라진다.

대상영속성
생후 9~10개월 정도(감각운동기)에 대상영속성 개념이 형성되기 시작하여 만 2세경(전조작기)에 완전히 확립된다.

(4) 정신적(혹은 상징적) 표상 사용

- 정신적으로 대상을 표상(representation)하기 시작한다. 눈앞에 없는 사물이나 사건들을 정신적으로 그려내기 시작하고 행동을 하기 전에 머릿속에서 먼저 생각한 후에 행동을 한다.

지연모방
어떤 행동을 목격한 후 그 행동을 그 자리에서 곧장 모방하지 않고 일정한 시간이 지난 후에 그 행동을 재현하는 것

- 정신적 표상이 가능해지면서 지연모방을 한다. 지연모방은 행동을 정신적으로 표상할 수 있는 능력과 그것을 정확하게 표현할 수 있는 능력을 필요로 한다.

3) 언어발달

(1) 언어 이전 시기(출생~12개월) [47]

- 언어발달의 첫 단계는 울음이다. 출생 후 약 1개월까지 분화되지 않은 반사적인 울음을 울다가 점차 이유를 알 수 있는 분화된 울음으로 바뀌게 된다.
- 4~5개월경에 옹알이가 나타난다. 옹알이는 영아에게 놀이의 기능을 하며, 이후 모국어 습득의 중요한 기제로 작용한다.
- 생후 1년경이 되면 분명하게 이해할 수 있는 단어를 사용하게 된다. 예 '엄마', '아빠' 등

(2) 언어 시기(생후 12~24개월)

- 생후 1년 반이 지나면, 두 단어를 결합한 의사표현이 가능하고, 2세경이 되면 어휘 수가 증가하여 250~300개의 단어를 이해하며 명사, 동사, 적은 수의 형용사도 구사할 수 있다.
- 24개월경에는 문장을 만들기 위해 단어를 연결시킬 수 있다. 예 '엄마, 쉬', '엄마, 빠빵' 등
- 언어발달의 특징은 자기중심적인 언어 사용이다. 상대방의 입장을 이해할 수 있는 능력이 없기 때문에 혼자 중얼거리거나 반복한다.

4) 사회정서발달

(1) 정서발달 ★

① 정서분화

- 정서발달은 성격발달의 기초가 되는 것으로 만 2세까지 성인에게서 볼 수 있는 대부분의 정서가 나타난다.
- 신생아도 기쁨이나 슬픔 같은 정서를 가지고 태어나지만 분화가 덜 된 정서이며, 연령이 증가함에 따라 점차 분화된 정서를 나타낸다.
- 영아기 초기에는 기쁨, 슬픔, 놀람, 공포 등 일차정서가 나타나고, 첫 돌이 지나서 수치, 부러움, 죄책감 같은 이차정서가 나타난다.

② 정서를 나타내는 방법

• 울음: 배고픔, 분노, 고통, 좌절을 나타낸다.

• 미소와 웃음: 웃음은 4개월에 시작한다. 영아의 웃음은 반사적 미소, 사회적 미소, 선택적 미소로 나누어 생각할 수 있다.

  - 반사적 미소: 출생 직후부터 나타난다. 중추신경계의 발달로 자동적 미소를, 특히 잠들 때 짓는다.

  - 사회적 미소: 직접 보거나 듣는 사람에게 반응하면서 미소짓는 것이며, 출생 후 4주면 시작한다.

  - 선택적 미소: 자신이 인식하는 사람과 소리에 대해 반응하면서 미소짓는다. 3개월 반이면 시작한다.

한걸음 더 | 일차정서와 이차정서

1. 일차정서(기본정서)

행복, 분노, 놀람, 공포, 슬픔, 기쁨 등 현재 일어난 상황 때문에 생기는 직접적이고 반응적인 감정이다. 선천적인 것으로 신생아에게서도 나타나며, 얼굴표정만 보고도 알 수 있다.

• 적응적 일차정서: 애착, 정체감 등과 관련되며 갈등해결 및 친밀한 관계형성에 필요한 정서이다.

• 부적응적 일차정서: 과거의 상처와 과거경험에서 해결하지 못한 문제에서 비롯된다. 버려진 느낌, 부끄러움, 현재에 근거하지 않은 부적절한 불안, 폭발적 분노, 경멸 등이 이에 속한다.

2. 이차정서(복합정서)

수치심, 부러움, 죄책감, 자부심과 같은 정서로 첫 돌이 지나서야 나타난다. 직접적인 반응을 극복하려고 시도하거나 일차정서에 대한 반발로 나오는 부수적인 감정반응이다.

(2) 애착형성과 발달 ⭐ꜛꜛ

대상관계이론은 양육자와의 초기 경험을 통해 현재의 인간관계의 틀이 형성된다는 이론이다.

보충자료

대상관계이론

① 애착

• 영아기에 발생하는 가장 중요한 형태의 사회적 발달이 애착이다.

• 애착(attachment)은 영아와 양육자 사이에 형성되는 애정적 유대관계이며, 애정이나 사랑과 같은 긍정적 정서의 의미를 지닌다. 애착은 주로 신체적 접촉을 통해 형성된다.

• 보통 유아는 일차적 양육자인 어머니와 애착을 형성하는데 영아가 특정 인물에게 애착을 형성하게 되면, 그 사람과 있을 때 기쁨을 느끼고, 불안한 상황에서는 그의 존재로 위안을 받는다.

• 영아기에 형성된 애착은 이후 인지, 정서, 사회성 발달에 중요한 영향을 미친다. 일반적으로 안정된 애착관계를 형성한 영아는 유아기에 자신감, 호기심, 타인과의 관계에서 긍정적인 성향을 보인다.

1. 안정애착형

주위를 탐색하기 위해 어머니로부터 쉽게 떨어진다. 그러나 낯선 사람보다 어머니에게 더 확실한 관심을 보이며, 어머니와 함께 놀 때 밀접한 관계를 유지한다. 또한 어머니와 격리되었을 때에도 어떤 방법으로든 능동적으로 위안을 찾고 다시 탐색과정으로 나아간다. 이들은 어머니가 돌아오면 반갑게 맞이하며, 쉽게 편안해진다.

2. 회피애착형

어머니에게 반응을 별로 보이지 않는다. 이들은 어머니가 방을 떠나도 울지 않고, 어머니가 돌아와도 무시하거나 회피한다. 어머니와의 관계에서 친밀감을 추구하지 않으며, 낯선 사람에게나 어머니에게 비슷한 반응을 보인다.

3. 저항애착형

어머니가 방을 떠나기 전부터 불안해하고, 어머니 옆에 붙어서 탐색을 별로 하지 않는다. 어머니가 방을 나가면 심한 분리불안을 보인다. 어머니가 돌아오면 접촉하려고 시도는 하지만, 안아주어도 어머니로부터 안정감을 얻지 못하고 분노를 보이면서 내려달라고 소리를 지르거나 어머니를 밀어내는 양면성을 보인다.

4. 혼란애착형

불안정애착의 가장 심한 형태로 회피애착과 저항애착이 결합된 것이다. 어머니와 재결합했을 때에도 얼어붙은 표정으로 어머니에게 접근하거나 어머니가 안아줘도 먼 곳을 쳐다본다.

② 애인스워드의 애착발달 4단계

- 애인스워드(Ainsworth, 1979)는 어머니와의 기본적인 애착은 보통 생후 7개월경에 형성되며, 애착형성을 위한 민감기는 생후 1.5개월에서부터 생후 2년까지 확대될 수 있다고 본다.
- 2세 이후의 애착형성은 불가능한 것은 아니지만 대단히 어렵다고 본다.

애인스워드의 애착발달 4단계

제1단계 (출생~3개월)	생후 첫 3개월 동안 영아는 울음, 발성, 미소, 응시 및 시각적 추적으로 양육자와 접촉을 시도하고, 양육자를 자기 곁에 머무르게 하려고 노력한다. 이 시기에 영아는 감각적 접촉에 의해 양육자의 독특한 특성을 인지한다.
제2단계 (4~6개월)	영아의 반응은 몇몇 친숙한 성인에게 한정된다. 영아는 일차적인 양육자는 물론, 한 두 사람의 다른 성인도 구별할 수 있다. 친숙한 사람이 나타나면 미소 짓고 좋아하며, 그가 떠나면 싫어하는 표정을 짓는다.
제3단계 (7개월~2세)	양육자에 대한 분명한 애착을 형성하며 다른 가족에 대해서도 애착행동을 나타낸다. 애착대상에게 능동적으로 접근하고 접촉을 시도한다.
제4단계 (2세 이후)	영아와 양육자는 협력자 관계를 형성할 수 있다. 아동의 인지능력이 증대되면서 타인의 소망이나 목표를 탐지하고 예상할 수 있으며, 사회적 관계에 대한 기본 이해를 획득한다. 따라서, 양육자가 외출할 때 따라가겠다고 떼를 쓰기도 하지만, 양육자가 돌아올 때까지 기다릴 수도 있다.

③ 뉴만과 뉴만의 애착발달 5단계

단계	연령	특징
1	출생~3개월	빨기, 젖찾기, 쥐기, 웃기, 쳐다보기, 껴안기, 눈으로 따라하기 등을 사용하여 주요 양육 제공자와 가까움을 유지하려고 한다.
2	3~6개월	낯가림이 시작되는 시기, 애착형성의 결정적 시기이며, 낯선 사람보다는 친밀한 사람들에게 반응을 더 보인다.
3	6~9개월	애착 대상에게 접근하여 신체적 접촉을 하려 한다.
4	9~12개월	애착 대상에 대해 내부적 초상/표상(representation)을 형성한다.
5	12개월 이후	안전과 친밀감의 욕구를 채워줄 수 있는 방법을 사용하여 애착 대상에게 영향을 줄 수 있는 다양한 행동들을 한다.

(3) 낯가림과 분리불안 ★

① 낯가림

- 영아가 애착을 형성하게 되면, 그 반작용으로 낯선 사람에 대해서는 불안을 보이게 되는데, 영아가 낯선 사람에 대해 불안반응을 보이는 현상을 낯가림이라고 한다.
- 일반적으로 낯선 사람이 다가오거나 부모가 낯선 사람에게 자신을 맡기면 큰 소리로 운다.
- 대개 생후 5개월에서 15개월 사이에 나타나는 행동이다. 일반적으로 6~8개월경에 나타나기 시작해 첫 돌 전후에 최고조에 달했다가 서서히 감소한다.
- 낯가림은 특정인에 대한 애착형성의 표시이며, 영아의 탐색행동과 밀접한 관련이 있다.

② 분리불안

- 영아가 부모나 애착을 느끼는 대상과 분리될 때 나타내는 불안반응이다.
- 정상적인 애착유대를 형성한 영아들은 어머니와 분리되면 슬퍼하고 불안해하며 심한 울음반응을 나타낸다.
- 분리불안은 친숙 정도 및 분리기간 등 여러 요인에 영향을 받는다.
- 안정적인 애착을 형성한 영아는 불안정한 애착을 형성한 영아보다 분리불안 반응을 덜 보이는 경향이 있다.
- 보통 낯가림보다 조금 늦은 생후 9개월경(대상영속성이 나타나기 시작하는 시기)에 나타나기 시작하여 첫돌이나 15개월경에 절정에 달하며, 그 이후에는 점차 감소되어 20~24개월경(대상영속성이 확립되는 시기)에 없어진다.

분리불안
- 애착 대상과 분리될 때 나타내는 불안반응
- 9개월경 시작, 첫 돌 혹은 15개월경에 절정, 이후 감소
- 대상영속성의 형성과 관련됨

3. 영아기의 사회복지실천

(1) 발달이정표에 관한 실천

영아의 정상적인 발달이정표를 이해함으로써 잠재적인 발달지체나 발달상의 문제를 조기에 사정할 수 있고, 사회복지사는 미래에 발생할 어려움을 최소화하거나 예방할 수 있도록 돕는다. 예를 들어, 언어 문제를 조기에 진단한다면 부모나 선생님은 유아에게 좀 더 특별한 치료를 제공할 수 있을 것이다. 이때 아이는 성장할 수 있는 더 나은 기회를 갖게 될 뿐 아니라 또래와 좀 더 잘 어울릴 수 있게 될 것이다.

(2) 감각 및 지각발달 측면의 실천

영아기의 아동들에게 중요한 것은 감각 및 지각의 발달에 관한 문제이다. 이 시기의 아동들은 촉각, 시각, 청각 등의 감각기관을 통하여 외부대상과의 현실거래를 하기 때문에 감각 및 지각의 발달은 신체발달과 심리사회적 발달에 많은 영향을 미친다. 아이가 적절한 반응을 보이지 못할 경우에는 아이에 대한 정확한 진단과 치료, 어머니에 대한 정서적 지지, 치료를 제공해야 할 것이다. 특히, 인지발달의 장애가 심해 지적장애가 있는 아동에게는 조기치료를 제공해야 하며, 부모에게 지지적 상담서비스를 제공해야 한다. 언어발달과 정서발달에 장애가 있는 아이들에게도 조기치료 및 훈련을 제공해야 하며 부모교육 프로그램을 통해 긍정적인 환경을 조성할 필요가 있다.

(3) 신체적 측면

- 선천적인 질병과 장애 문제: 조기치료와 교육 기회를 제공하고, 장애아 부모와 가족에 대한 지지서비스를 제공한다.
- 운동장애: 영아의 운동장애는 인지 또는 정서발달에 많은 영향을 미치게 되므로, 영아의 운동발달 상태를 평가하고 필요시에는 의학적 진료나 서비스를 받을 수 있도록 연계한다.

(4) 사회적 발달측면

① 애착확립에 대한 문제

지속적이고 책임 있는 보호의 결핍은 아동기, 청소년기 등 사회적 관계에 지장을 초래할 가능성이 높다. 따라서, 부모-자녀 간에 효과적인 애착관계를 형성하기 위해 양육기술을 교육하고 양육의 질을 높일 수 있는 서비스를 개발한다.

② 양육문제

여성의 사회진출이 증가하면서 영아와의 분리문제를 해결하기 위해 양질의 보육시설 및 보육서비스가 필요하다. 또한 맞벌이 부부를 대상으로 영아와의 효과적인 애착을 형성할 수 있는 양육기술에 대한 교육이나 정보 제공이 필요하다.

3 걸음마기

기출회차

1	2	3	4	5
6	7	8	9	10
11	12	13	14	15
16	17	18	19	20
21	22	23		

강의로 복습하는 기출회독 시리즈

Keyword 021

	영유아기		학령전기	아동기	청소년기	청년기	장년기	노년기
영아기	**걸음마기(1.5/2~4세)**							
	유아기(幼兒期)							

※ 걸음마기~학령전기를 일반적인 용어로 유아기(3~6세)라고도 함

1. 걸음마기의 특징

중요도 ★ ★ ★

걸음마기부터 학령전기에 이르는 시기(3~6세)를 일반적인 용어로 유아라 일컫는다. 걸음마기와 학령전기라는 표현은 발달학적인 전문용어로서 기억하고, 실제 시험에서는 일반적으로 유아기라고 표기하는 경향이 있다. 유아기의 전반적인 특성을 묻는 문제가 자주 출제되고 있다.

• 꾸준히 신체발달이 이루어지고 인지적 성장과 언어발달이 빠른 속도로 이루어진다.

• 프로이트 발달의 항문기에 해당하므로, 대소변의 배출과 보유를 통해서 현실거래를 하고 상당한 쾌감과 만족감을 얻게 된다.

• 에릭슨 발달의 2단계(초기아동기)로, 자율성 대 수치심과 회의(의심)의 시기이다.

• 피아제의 전조작기 전기(전개념적 사고단계)로서 유아는 자기중심적이다. 영아기에 발달한 도식이 내적인 표상으로 바뀌는 시기로서 사물을 상징적으로 조작할 수 있다. 추상능력이 발달하여 모방, 상징놀이, 언어기술의 획득이 가능해진다.

• 자유로운 독립적 보행이 가능한 걸음마기에서는 끊임없는 지적(知的) 호기심을 충족시키기 위해 많은 탐험과 학습을 하게 된다.

• 부모로부터 사회화 교육을 받고 이를 바탕으로 향후 사회적 행동의 기준이 되는 가치관을 학습하게 된다.

• 이전 시기에 발달한 대인관계 및 사회관계에 대한 믿음과 불신, 그리고 자신의 가치관 확립 등은 향후 독립된 인격체로서의 출발과 정신적인 성숙의 밑거름이 형성되는 계기가 된다.

2. 걸음마기의 발달 23회기출 🏆

1) 신체발달

- 영아기에 비하면 신체 성장 비율은 감소되지만 그래도 꾸준히 성장한다.
- 신체발달은 머리 부분에 집중되어 있으나, 점차 신체 하부로 확산되어 신체비율의 변화가 생긴다. 여전히 머리가 신체에 비해 큰 편이지만 하체의 길이가 길어지고 가늘어진다.
- 3세 정도가 되면 걷는 능력이 정교해지고 달리기와 뛰기 등 운동능력이 발달한다.
- 유아 운동발달의 속도나 질적 특성은 유아의 동기, 학습 기회, 연습, 성인들의 지도에 따라 다르다. 충분한 동기와 학습기회가 있더라도 연습과 성인의 적절한 지도가 있어야 바람직한 기술을 습득할 수 있다.
- 대근육을 사용하는 달리기, 도약, 균형 잡기, 기어오르기, 던지기 등의 발달을 성취하게 되고, 소근육 운동인 블록 쌓기, 젓가락 잡기, 만들기, 그리기 등의 활동들을 한다.

2) 인지발달

(1) 걸음마기의 인지발달단계

- 걸음마기는 피아제의 인지발달단계 중 전조작기 전기단계인 전개념적 사고단계(2~4세)에 해당한다.
- 환경 내의 대상을 상징화하고 이를 내면화시키는 과정에서 성숙한 개념을 발달시키지 못한다.
- 걸음마기의 상징적 사고, 자기중심적 사고, 물활론적 사고, 인공론적 사고, 전환적 추론 등은 전개념적 사고의 특징이다.
- 이 시기에 모방, 심상, 상징화, 상징놀이, 언어기술과 같이 상징적으로 사물을 조작할 수 있는 표상기술을 익힌다.

(2) 걸음마기 사고의 특성 ⭐꼭!

① 상징적 사고와 가상놀이(상상놀이, 상징놀이)

- 여러 형태의 상징으로 표현할 수 있는 상징적 사고는 감각운동기 말기에 시작되지만, 언어를 습득하고 상상력이 풍부해지는 전조작기에 주를 이룬다.
- 상징적 사고가 가능해짐으로써 가상놀이(상상놀이, 상징놀이)를 즐기게 된

다. 가상놀이는 가상적인 사물이나 상황을 실제 사물이나 상황으로 상징화하는 놀이를 말한다. 긴 막대를 총이라고 하면서 노는 것은 가상놀이의 사례에 해당된다.

- 걸음마기 초기에는 부모 행동을 모방하거나 친숙한 사물을 상징화하여 단순한 놀이를 하지만, 책이나 텔레비전에서 보고 들은 이야기들을 상징화하여 놀이로 확대한다.

② 자기중심적 사고

- 전조작기에는 자신과 타인을 구별할 능력이 생기지만 타인의 입장은 생각할 수 없다. 이를 자기중심성이라고 한다. 다른 사람의 입장에서 세상을 보는 것이 쉽지 않아 자신의 관점에 비추어 다른 사람의 감정이나 사고를 예측하는 경향을 의미한다.
- 자기중심성 때문에 다른 사람의 입장에서 사물을 볼 수 없다. 다른 사람의 욕구와 관점을 인식하지 못하는 것으로 이기적인 것과는 다른 의미이다. 또래들과의 상호작용을 통해 극복될 수 있다.

> **예** 자신이 좋아하는 것을 다른 사람도 좋아한다고 생각하기도 하고, 숨바꼭질 놀이를 할 때 자신이 술래를 볼 수 없으면 술래도 자신을 볼 수 없다고 생각하여 몸은 다 드러내놓고 얼굴만 가린 채 숨었다고 생각하기도 한다.

③ 물활론적 사고

- 물활론적 사고는 무생물이 감정, 의도, 동기, 생각과 같은 살아 있는 생명의 특성을 가진다고 사고하는 것을 의미한다.
- 전조작기의 유아가 생물과 무생물을 구분하는 방식은 성인의 경우와 다르다. 이 시기 유아들은 물활론적 사고를 한다.

> **예** 구름이 와서 해님을 가리자 해님이 화가 났다고 생각한다.

④ 인공론적 사고

세상의 모든 사물이나 자연현상은 사람이 자신의 목적에 맞도록 쓰려고 만들어진 것이라고 믿는 사고이다.

> **예** 사람들이 집이 필요해 집을 짓듯이, 해와 달도 우리를 비추게 하기 위해 사람들이 하늘에 만들어두었다고 생각하거나 누군가가 파란 물감으로 하늘을 칠해서 하늘이 파랗다고 생각한다.

⑤ 전환적 추론

- 전개념적 사고단계의 유아는 귀납적 추론이나 연역적 추론을 하지 못하고 전환적 추론(혹은 비약적 추론, 전도추리)을 한다.
- 전환적 추론이란 특정 사건으로부터 다른 특정 사건을 추론하는 것이다.

전환적 추론
- 특정 사건으로부터 다른 특정 사건을 추론
- 두 사건이 인접해서 일어나면 두 현상 간에 관계가 없는데도 인과관계가 있는 것으로 생각함

두 가지 사건이 시간적으로 근접해서 발생하며, 두 현상 간에 아무런 관계가 없는데도 인과관계가 있다고 생각한다.

> **예** 자신이 동생을 미워하기 때문에 동생이 아프게 되었다고 생각한다. 항상 낮잠을 자던 아이가 어느날 낮잠을 자지 않았는데 자신이 낮잠을 자지 않았기 때문에 아직 '낮'이 아니라고 생각한다.

(3) 언어발달

- 2세 이전에는 언어와 사고가 별개로 존재한다.
- 추상능력의 발달로 언어기술의 획득이 가능해진다.
- 언어발달에서 어휘력 증가를 위해 주로 모방에 의존한다.
- 24개월경에는 문장을 만들기 위해 두 개 이상의 단어를 연결시킬 수 있다.

3) 사회정서발달

(1) 정서발달

- 걸음마기에는 정서분화가 두드러지게 나타난다. 정서가 복잡하고 다양해진다.
- 정서의 지속기간이 짧고, 강렬하며, 변하기 쉽고, 자주 나타난다.
- 정서이해 능력이 발달하여 정서를 표현하는 단어를 사용하거나 이해하는 능력이 급속도로 증가한다.
- 정서표현을 통제하는 능력인 정서규제 능력이 발달하여 자신의 부정적 감정을 덜 표현하거나 숨기기도 한다. 예를 들어, 마음에 들지 않는 선물을 받더라도 웃거나 마음에 든 것처럼 할 수 있다.

(2) 심리사회적 발달

① 자율성 발달

- 유아는 부모와 자신이 분리된 별개의 존재라는 사실을 인식하기 시작하기 때문에 많은 것을 자기가 원하는 방식대로 하려고 한다.
- 자기주장적이고 반항적인 행동은 3~4세에 절정에 달하는데, 이를 제1반항기라고 하며, 이러한 자기주장적이고 반항적 행동을 통해 자율성이 발달한다.
- 걸음마기 유아의 자율성과 자기통제 능력은 대소변 훈련에서 시작된다. 대소변 훈련은 개인의 자율성과 사회적 요구의 갈등이 최초로 일어나는 장으로서, 이러한 갈등의 성공적 해결은 자기통제 능력의 발달에 기여한다. 자기의 몸을 자유롭게 통제할 수 있어서 자신의 일을 스스로 잘할 수 있다는 생각을 하게 된다. 이를 통해 자율성이 획득된다.

잠깐!

인생의 두 반항기
- 제1반항기: 걸음마기
- 제2반항기: 청소년기

② 자기통제 발달

- 자기통제란 요구에 일치하는 능력, 상황에 따라서 행동을 수정하는 능력, 다른 사람의 지도나 지시를 받지 않고 사회적으로 바람직한 방식으로 행동하는 능력을 의미한다.
- 자기통제는 자의식이 성장하면서 발달하며, 걸음마기 유아의 자기통제 능력 획득은 대소변훈련에서 시작된다.
- 자기통제 능력은 성장하는 자아의 표현으로서 상황을 평가하고 어떻게 행동할 것인가를 이전 상황에 비추어 해석하는 인지능력을 의미한다. 충동을 통제하고 만족을 지연시킬 수 있는 것은 기본적으로 부모에 대한 신뢰감을 바탕으로 하여 발달한다.
- 걸음마기의 자기통제는 충동을 조절하고 통제하는 능력과 환경을 지배하는 능력이라는 두 가지 방향으로 발달한다.

잠깐!

요구에 일치하는 능력이란?
타인의 요구에 반응하는 능력
예 부모가 '안 돼'라고 말하면, 다른 아이의 장난감을 빼앗으려고 뻗었던 손을 오므리는 것

걸음마기에 발달하는 자기통제의 두 유형

충동의 통제 (분노에 대한 통제)	• 유아는 부모가 말로 설명하거나 또는 벌을 주는 것을 경험하면서 분노를 통제하는 방법을 학습한다. 부모의 분노통제 방법을 모방하여 분노통제 능력을 발달시킨다. • 긍정적 자아개념이 발달되도록 하기 위해서는 분노를 표현하게 하면서도 통제를 잃지 않도록 가르쳐야 한다. 영아기에 습득한 신뢰감과 인지적 능력(언어, 상상능력)은 충동을 통제할 수 있게 해준다.
환경에 대한 통제	• 환경에 대한 통제는 유아가 자신과 관련이 있는 일상생활과 활동을 결정하는 데 참여하려고 노력하면서 비롯된다. • 부모가 자꾸 '하지 말라'고 하면 좌절하므로 유아가 원하는 것을 수행하도록 허용해주면서 필요할 때 도움을 주는 것이 좋다. • 환경통제를 긍정적으로 경험하면 자신감을 갖게 된다. 예 자신이 입을 옷을 선택, 먹을 음식을 선택하는 것 등

③ 성역할 발달

- 성역할이란, 생물학적인 의미를 넘어서 사회화 과정에서 습득된 것으로, 그 사회에서 기대하는 남녀의 생활 및 행동양식, 규범을 의미한다.
- 유아는 자신의 성이 여자인지 남자인지를 인식하는 성정체감 형성으로부터 시작하여 성역할 고정관념과 유형화된 성적 행동양식을 발달시켜 나간다.
- 성정체감이 형성되기 시작하여 자신의 성을 구분할 줄 안다.
- 남녀 간 성 차이를 어렴풋이 이해하기 시작한다.

1. 성정체감
- 자신이 남자 혹은 여자라는 사실을 인식하는 것
- 자신을 남자 또는 여자로 범주화하는 능력
- 2년 6개월~3년 사이 형성(걸음마기)

2. 성역할 고정관념
- 남자와 여자의 역할에 관한 사회적 규범
- 성정체감과 비슷한 시기에 형성(걸음마기)

3. 성항상성
- 성은 한 번 결정되면 고정되어 변하지 않는다는 것
- 5~7세 사이(학령전기)에 형성

4. 성안정성
- 남아는 자라서 남자어른이 되고, 여아는 자라서 여자어른이 된다는 사실을 인지하는 것
- 학령전기에 확립

3. 걸음마기의 사회복지실천

(1) 사회복지실천과 관련된 걸음마기 문제[49]

① 부모의 양육태도

이 시기의 중요한 발달과업은 자율성을 확립하고 자기주장적인 독립성을 확립하며, 공격적인 충동을 억제하고 그것을 조절할 수 있는 능력을 획득하는 것이다. 고집이 세고 부정적이어서 자기 마음대로 되지 않으면 공격적인 행동을 보이는 이 시기에 부모가 일관된 태도로 허용되는 것과 허용되지 않는 것을 분명히 함으로써 아동들이 자신이 할 수 있는 것과 할 수 없는 것을 배우게 하여 중요한 자기통제가 이루어지도록 해야 한다. 이를 위해 올바른 부모의 양육태도와 자녀와의 올바른 관계형성을 위한 프로그램이 사회복지실천 현장에 필요하며, 특히 일관적이고 성숙된 부모의 양육을 위한 집단모임과 아동교육을 위한 부모역할 훈련프로그램이나 훈육프로그램을 개발하여 실시할 필요가 있다.

② 자폐 스펙트럼 장애

자폐 스펙트럼 장애는 사회적 상호작용의 장애, 언어성 및 비언어성 의사소통의 장애, 상동적인 행동, 관심을 특징으로 하는 질환이다. 대개는 3세 이

전에 다른 또래들과의 발달상의 차이점을 발견할 수 있다. 지능이나 자조 기능이 상대적으로 양호한 일부 아이들은 학령기가 되어서야 자폐 스펙트럼 장애를 진단받기도 한다. 각각의 문제 행동이 광범위한 수준에 걸친, 복잡한 스펙트럼을 갖고 있다는 의미에서 스펙트럼 장애라고 부른다. 자폐 스펙트럼 장애와 관련해 사회복지사는 정보 제공, 개입기관 소개, 부모에 대한 정서적 원조, 경비 지원 서비스, 자조모임 원조 등의 역할을 수행할 수 있다.

③ 전염병

이 시기 아동들에게는 감염성 장애로 수두, 디프테리아, 홍역, 볼거리, 백일해, 소아마비, 풍진 등이 자주 발생할 수 있으므로 예방접종을 철저히 해야 한다. 이러한 다양한 아동문제에 대한 정보 제공과 부모에 대한 정서적 원조, 치료기관 소개 등의 서비스를 수행할 수 있다.

4 학령전기

기출회차

1	2	3	4	5
6	7	8	9	10
11	12	13	14	15
16	17	18	19	20
21	22	23		

강의로 복습하는 기출회독 시리즈

Keyword 021

영유아기		학령전기(4~6세)		아동기	청소년기	청년기	장년기	노년기
영아기	걸음마기							
		유아기(幼兒期)						

※ 걸음마기~학령전기를 일반적인 용어로 유아기(3~6세)라고도 함

1. 학령전기의 특징 23회 기출 🏆

중요도 ★ ★ ★

앞서 설명한 걸음마기와 함께 유아기에 해당한다. 유아기의 전반적인 특성을 묻는 문제 형태로 자주 출제되고 있다. 특히, 프로이트, 에릭슨, 피아제, 콜버그 등의 이론과 연계지어 자주 출제된다. 23회 시험에서는 유아기의 전반적인 발달특성을 묻는 문제에서 프로이트, 에릭슨, 피아제 이론의 발달단계를 연결하는 내용이 선택지로 출제되었다.

- 학령전기는 4세부터 6세까지를 말한다.
- 프로이트 발달의 남근기에 해당된다. 초기적 형태의 양심인 초자아가 발달한다.
- 오이디푸스 콤플렉스와 엘렉트라 콤플렉스의 시기이다. 남아는 오이디푸스적 갈등을 해결해가는 과정에서 도덕, 규범, 가치관, 성에 관련된 행동 등을 배운다. 여아는 엘렉트라적 갈등을 통해 아버지가 사랑하는 어머니의 모든 것을 모방하는 동일시를 시작함으로써 여자다움을 배운다.
- 에릭슨의 심리사회발달단계의 3단계인 학령전기에 해당되며, 주도성(솔선성) 대 죄의식이 형성되는 시기이다.
- 피아제의 이론에 의하면, 전조작기 후기인 직관적 사고단계이자, 도덕성 발달단계로는 타율적 도덕성 단계이며, 콜버그의 도덕성 발달단계에서는 전인습적 도덕기에 해당된다.
- 근육과 골격의 발달은 계속 진행된다.[50]
- 수 개념이 발달하여 6세에 10까지 셀 수 있는 아동은 90%에 달하며, 실물 없이 100까지 셀 수 있는 아동도 85%나 된다. 6세가 되면 실물 없이 10 이하의 덧셈과 뺄셈이 가능하다.[51]
- 수와 종류는 알지만 상위개념과 하위개념을 완전히 구별하지 못하고, 사물이나 사건의 개별 특성만을 고려하여 추리한다.
- 유치원 입학 등으로 생활환경이 확대된다. 좀 더 복잡하고 다양한 사회적 영향을 받게 되는 시기이다.

- 또래집단과 상호작용을 통해 사회기술을 본격적으로 습득하고, 사물에 대한 호기심이 증가한다.
- 걸음마기 특징이었던 상상놀이보다는 좀 더 구조화되고 현실지향적인 집단놀이에 흥미를 가지는 등 새로운 형태의 놀이를 선호한다.

2. 학령전기의 발달 ^{23회 기출} 🏆

1) 신체발달

- 이전 단계에 비해 신체의 성장 속도는 다소 둔화되지만 지속적으로 이루어진다.
- 5세가 되면 출생 시보다 5배 정도로 체중이 증가하고, 신장은 2배 정도가 된다.
- 6세경에 뇌의 무게는 성인의 90~95%에 달한다.
- 운동기능은 더욱 발달하여 사각형과 삼각형을 그릴 수 있을 정도로 근육이 정교해지며, 공을 주고받을 수 있게 된다.
- 유치가 빠지고 보통 6세가 될 때까지 영구치는 나오지 않는다.
- 근육과 골격의 발달은 계속 진행되며, 머리 크기는 성인의 크기가 되고, 신경계의 전달능력도 향상된다.

2) 인지발달

(1) 직관적 사고 ⭐ ^{꼭!}
- 피아제의 인지발달단계 중 전조작기 후기단계인 직관적 사고단계(4~7세)에 해당하며, 학령전기 아동의 인지적 특성은 직관적 사고를 하는 것이다.
- 직관적 사고란, 어떤 사물을 볼 때 대상이나 상태가 갖는 여러 속성 중에서 가장 두드러진 지각적 속성에 의해 판단하는 것이다. 즉, 직관에 의해 사물을 파악하는 것이다.
- 여전히 신체의 경험과 지각적인 경험에 머물러 있지만, 사물을 기억하는 능력과 문제를 해결하는 능력은 지속적으로 성장한다.
- 정신적 표상에 의한 사고는 가능하나 아직 개념적 조작 능력은 발달하지 않은 상태이다.
- 판단이 직관에 의존하기 때문에 전체와 부분과의 관계를 정확하게 파악할 수 없다.

중요도 ⭐ ⭐ ⭐

유아기 발달 특성을 묻는 문제가 자주 출제되고 있다. 학령전기의 발달은 프로이트(남근기), 피아제(전조작기 후기인 직관적 사고단계), 에릭슨(주도성 대 죄책감), 콜버그(전인습적 수준의 도덕성)와 연결하여 이해하자. 성 안정성과 성향상성의 확립, 집단놀이 등의 특성에 관한 내용도 자주 출제된다. 23회 시험에서는 유아기의 전반적인 발달특성을 묻는 문제에서 영아기 발달 속도와의 비교, 성역할 발달 관련 내용이 선택지로 출제되었다.

- 직관적 사고를 하기 때문에 보존개념이 형성되지 못하며, 서열화, 분류화 (유목화)를 할 수 없다. 피아제는 구제적 조작기(7~11/12세)에 보존개념을 획득하게 되면 직관적 사고를 탈피할 수 있다고 보았다.

(2) 보존개념의 획득을 어렵게 하는 학령전기의 인지적 특성 ⭐꼭!

보존개념이란 물체의 외형이 변하더라도 그 물체에 더하거나 빼지 않는다면 그 물체의 양은 그대로 보존된다고 판단할 수 있는 능력을 말하는데, 대상의 겉모양이 변해도 본질적인 특성은 그대로 남아 있음을 의미한다. 이러한 보존개념의 획득을 어렵게 하는 학령전기의 인지적 특성을 살펴보자.

① 중심화(집중성, concentration)

두 개 이상의 차원을 동시에 고려하지 못한 채 한 번에 한 가지 차원에만 주의를 집중하는 것을 말한다. 상황의 한 가지 측면만을 보고 다른 중요한 측면은 무시해버리는 특징이 있다.

> 예 보존개념에 관한 실험에서 물의 양은 잔의 밑면적과 높이에 의해 결정되는데, 전조작기(직관적 사고기) 유아는 두 가지 차원을 동시에 고려하지 못하고 한 가지 차원만 보고 판단하여 대답을 한다. 물의 높이가 높은 컵의 물이 더 많다고 대답하거나, 면적이 넓은 컵에 담긴 물의 양이 더 많다고 대답하는 것이다.

② 직관적 사고

- 어떤 사물을 볼 때 대상이나 상태가 갖는 여러 속성들 중에서 가장 두드러진 지각적 속성에 의해 판단하는 것이다. 유아는 지각적 특성에 기반을 두어 판단하기 때문에 보존개념 형성이 어렵다.
- 물의 양을 비교하는 실험에서 높이와 너비라는 두 속성을 한 번에 고려하지 못하고, 높이나 너비 중 더 두드러진 지각적 특성 하나만을 비교하여 물의 양을 판단한다.

> 예 높이와 밑면적이 다르고 물의 높이도 다른 두 컵을 보았을 때 유아가 보기에 밑면적이 넓고 길이가 짧은 잔의 물의 양이 시각적으로 적어 보이기 때문에 그 컵의 물의 양이 더 적을 것이라고 생각한다.

③ 비가역적 사고

- 가역성(reversibility)이란 어떤 변화가 일어났을 때 이것을 먼저 상태로 돌려놓는 것이며, 사고의 가역성이란 사고가 진행되어 온 과정을 거꾸로 되밟아서 사고하는 것이다.
- 학령전기 아동(직관적 사고기)은 비가역적 사고를 하기 때문에 어떤 변화가 일어났을 때 변화과정을 거꾸로 되밟아가며 사고하지 못한다.

> 예 물을 모양이 다른 컵에 옮겼다가 처음 컵에 도로 부었을 때 물의 양이 똑같다는 사실을 이해하지 못한다.

(3) 도덕성 발달

① 일반적 특징
- 부모에게서 습득한 가치가 아동의 사고에 통합되면서 적합한 행동에 대한 기준이 생겨 자아개념의 일부가 된다.
- 가족과 사회의 도덕적 규칙을 내면화하고, 내면화된 규칙에 따라 행동한다.

② 초자아의 발달: 프로이트의 정신분석이론
- 프로이트에 의하면 이 시기에 초기적 형태의 양심인 초자아(superego)가 발달한다.
- 4~6세 정도 아동이 경험하는 오이디푸스 콤플렉스를 해결하는 과정에서 동성의 부모를 동일시하면서 도덕성이 발달한다고 본다. 부모의 훈육으로 아동의 성적 충동과 공격적 충동이 통제되는 과정에서, 아동은 부모의 도덕적 기준을 내면화하게 되고, 양심과 초자아가 발달하게 된다는 것이다.

③ 타율적 도덕성: 피아제의 인지발달이론
- 타율적인 도덕성은 성인의 신체적 힘에 대한 두려움과 어른의 권위에 대한 복종에서 시작되는 것으로, 사고 경향이 아직 자기중심적인 2~6세 동안 전조작기에 존재하는 도덕 수준이다.
- 학령전기 아동은 부모를 전지전능한 존재로 여기는 경향이 있고, 따라서 부모에 대한 이러한 일방적인 존중은 명령–복종의 타율적인 관계를 갖는다.
- 학령전기 아동의 도덕성은 타율적 도덕성 단계에 해당된다.

④ 전인습적 도덕기: 콜버그의 도덕성 발달이론
콜버그의 도덕성 발달단계에 따르면 학령전기의 아동은 전인습적 도덕기에 해당하며, 사회적 규칙을 내면화하면서 기초 수준의 도덕성이 발달된다. 이 단계에서 아동은 외부의 권위를 포함하며 타인의 사회적 기대와 규칙을 내면화한다.

3) 사회정서발달

(1) 정서발달
- 3~4세가 되면 즐거움, 사랑, 분노, 공포, 질투, 좌절감 등을 적절히 경험하고 표현하는 방법을 배운다.
- 5~6세가 되면 자신의 감정을 감추거나 가장하는 방식을 배운다. 이것은

방어기제 사용방법을 학습한 것이라 보는데, 불안을 감소시키기 위한 노력의 결과라는 견해가 있다.

- 3세경에 가족에게 애정을 보이며 또래아이들과 소꿉놀이에 열중한다. 4~5세가 되면 아기를 예뻐하고 돌봐주기도 한다.
- 2세경에는 가정을 무대로 질투를 표현하다가, 5~6세경이 되면 집 밖에서의 활동으로 가정 내에서의 질투가 감소한다.

(2) 성역할 발달

- 학령전기 아동은 자아개념에 자신의 성을 연결시킨다.
- 자신의 성역할에 대한 인식이 생겨서 여아는 여자에 맞는 행동과 사회적 관계에, 남아는 남자에 맞는 행동과 사회적 관계에 관심을 가지고 동성의 친구들과 어울린다. 또한 성에 따르는 사회적 기대를 의식한다.
- 성안정성을 이해하여 남아는 자라서 남자어른이 되고, 여아는 자라서 여자어른이 된다는 사실을 받아들이며, 사람의 행동이나 겉모습이 달라지더라도 성은 변하지 않는다는 성항상성이 확립된다.
- 이 시기에 인식하는 성역할은 성역할 기준에 영향을 미치기 때문에 아동발달에 매우 중요하다. 아동의 성역할 발달에는 생물학적 요인, 문화적 기대, 부모의 역할과 부모의 부재, 대중매체 등이 영향을 미친다.

① 성안정성과 성항상성의 확립

학령전기에는 성안정성과 성항상성 개념이 확립된다. 남아는 자라서 남자어른이 되고 여아는 자라서 여자어른이 된다는 사실을 받아들이며(성안정성), 사람의 행동이나 겉모습이 달라지더라도 성은 변하지 않는다는 성항상성이 확립된다.

② 성역할 고정관념의 심화

성역할 고정관념

성역할 고정관념은 성정체감이 형성되는 걸음마기에 형성되기 시작하여, 학령전기에 가장 심해짐

- 성역할 고정관념은 남성 또는 여성에게 속하는 것으로 생각되는 특성과 역할의 총체로 정의된다. 남성의 특성과 역할, 여성의 특성과 역할에 대한 믿음 같은 것이다.
- 성역할 고정관념은 사람들이 각 성에 대해 갖는 비교적 안정된 신념과 이미지로서, 사실일 수도 있고 사실이 아닐 수도 있는 추상적이며, 일반화된 것이다. 사람들은 자신이 알지 못하는 사이에 고정관념을 수용하는 경향이 있다.
- 유아는 자신의 성정체성을 형성하면 자신이 속한 사회의 성에 대한 고정관념을 배우기 시작한다.

- 성역할 고정관념은 다른 사람들의 행동과 사회적 역할을 관찰한 결과로써 획득된다. 일반적으로 성역할 고정관념은 걸음마기(3~4세경)에 약하게 나타나다가, 학령전기(5~6세경)에 가장 심해지고 초등학교 2학년경부터 감소하기 시작한다.

③ 성유형 행동의 발달(성유형화)

- 유아는 자기 성에 적합한 행동을 빠르게 습득하고 다른 성에 적합한 것보다는 자신의 성에 적합한 대상을 선호하게 된다.
- 긍정적인 부분은 자신의 성에 돌리고, 부정적인 부분은 다른 성에 돌리는 경향이 강해진다. 그래서 관습적인 성역할 안에서 벗어나는 것을 잘못된 일로 여기며, 또한 자신이 비난받거나 처벌받을 것이라고 생각한다.

  > **예** 남자아이는 인형을 가지고 노는 것보다는 로봇을 가지고 노는 것을 더 선호하고, 여자아이는 칼을 가지고 노는 것보다 인형 옷 입히기 놀이를 더 선호한다. 그래서 남아가 인형을 가지고 놀면 친구들이 놀리고, 자신도 창피함을 느낀다.

(3) 자아개념 형성

- 집단놀이 과정을 통해 자기중심성이 완화되며, 개인이 특정 역할을 행동하게 되면 타인은 개인의 행동에 따른 기대를 하게 된다는 것을 알게 된다.
- 학령전기의 아동은 자신에게 중요한 타인의 반응에 따라 긍정적 혹은 부정적 자아개념을 형성하게 된다.

(4) 집단놀이

- 놀이는 유아의 사회성 발달에 매우 중요한 역할을 한다.
- 놀이를 통해 유아는 사회적 관계를 형성 및 확대하고 사회적 기술과 역할을 습득하며, 운동기술을 숙달시키고 타인의 역할을 수용하게 된다. 또한 현실에서 경험한 좌절을 해소할 수 있으며 성취감을 경험하게 된다. 또한 협동과 상호작용의 즐거움을 경험하며, 자신을 표현하고 타인이 자신에게 어떻게 반응하는지 이해하게 되며, 역할관계의 상호성을 학습한다.
- 학령전기에는 걸음마기에 주로 했던 가상놀이보다는 좀 더 구조화되고 현실지향적인 집단놀이에 더 많은 흥미를 갖게 된다.
- 놀이 경험을 통해 자기중심성이 조금 완화되지만, 여전히 자기중심성은 남아 있다. 이러한 자기중심성 때문에 또래와 자주 다투게 되므로 또래와의 우정은 지속하기 어렵다. 친밀하고 지속적인 우정은 초등학교에 입학하는 아동기에 가서야 본격적으로 발달한다.
- 집단놀이는 걸음마기의 상상놀이와 아동기의 단체놀이(팀스포츠) 사이의 과도기적 놀이형태이다.

• 또래관계에서 남아는 남아끼리, 여아는 여아끼리 어울리는 경향이 있다.

집단놀이와 단체놀이

집단놀이는 몇 개의 쉬운 규칙을 가지고 있으며, 친구들과의 협동이나 상호작용에서 즐거움을 얻을 수 있는 유형의 놀이이다.

단체놀이(team play, team sports)는 심판이 필요하고 규칙이 매우 복잡하다. 단체놀이를 통해서 경쟁의 다양한 측면을 깨닫게 되며, 분업의 원리와 집단의 목표를 개인의 목표보다 상위에 놓는 것을 배우게 된다.

3. 학령전기의 사회복지실천

(1) 성격발달 측면의 실천

• 학령전기 아동은 에릭슨의 주도성(initiative) 대 죄의식(guilty)이 형성되는 시기이다. 따라서, 부모가 자녀의 호기심 및 환상적인 행동을 인정했을 때 아동은 자신의 행동에 목표와 계획을 세우는 주도성을 지니게 된다.

• 때로는 사회적인 규범이나 기준에 비춰 아동이 주도하는 행동이 바람직하지 못한 것이라면 부모로부터 제재를 받을 수 있다. 이때, 부모의 제재가 일관성 있고 부드러워야 하나 그렇지 못하고 너무 심한 꾸지람이나 체벌을 할 경우 자신이 주도한 행동에 대해 자신감을 상실할 뿐만 아니라 죄의식을 갖게 되기도 한다.

• 죄의식을 갖게 된 아동은 무슨 일이든 잘 체념하고 자신이 무가치함을 느낀다. 이런 아동은 소극적이 되며, 또래집단의 주변에서만 맴돌며 의존적이 된다. 에릭슨은 이런 아동들은 후에 소극성, 성적 무기력, 불감증, 정신병리적 행동 등으로 발전한다고 보았다.

(2) 정서발달 측면의 실천

• 3~4세경의 아동은 자신의 즐거움, 사랑, 분노, 공포, 질투, 좌절감 등을 적절히 경험하고 표현하는 방법을 배우게 된다.

• 특히, 남자아이들은 성역할 고정관념이 심화되면서 공격성향이 증가되는 경향이 있다. 또한 대중매체는 이러한 공격성과 성역할 인식에 큰 영향을 미친다. 따라서, 이 시기 아동들의 정서적 표현에 대한 사회적인 규범을 학습하도록 돕는다.

(3) 인지발달 측면의 실천

- 학령전기의 아동들에게서 나타날 수 있는 지적장애는 지능이 평균보다 훨씬 낮고, 이 때문에 적응 기능에 결함이 나타나는 상태로, 대부분 18세 이전에 발생한다.
- 인지장애가 있는 아동들은 다른 아동들만큼 개념을 빠르게 파악하는 지적인 기능에 한계가 있을 수 있다. 따라서, 이 시기의 아동들에게 유치원이나 보육시설에서 적절한 인지교육을 할 필요가 있다. 그러나 경제적 이유나 시설 부족 등으로 조기교육의 기회를 갖지 못하는 경우도 많으므로 조기교육 및 보육시설을 확충해야 할 것이다.

9장 아동기

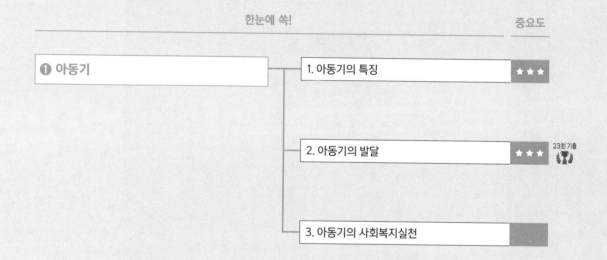

한눈에 쏙!   중요도

❶ 아동기

1. 아동기의 특징   ★★★

2. 아동기의 발달   ★★★   23회 기출

3. 아동기의 사회복지실천

기출경향 살펴보기

이 장의 기출 포인트

대부분 아동기 발달의 특성에 관하여 한 문제에서 종합적으로 묻는 문제가 출제되고 있다. 특히 아동기는 학자별 이론의 발달단계 특징과 연계된 내용이 자주 출제되고 있다. 따라서 아동기 발달의 특성을 학습할 때는 프로이트의 잠복기, 에릭슨의 학령기(근면성 대 열등감), 피아제의 구체적 조작기의 특성과 연계하여 정리해야 한다.

최근 5개년 출제 분포도

연도별 그래프

문항수

5 -				
4 -				
3 -				
2 -		2	2	
1 -	1			1
0 -	0			
19	20	21	22	23 회차

평균출제문항수

1.2 문항

2단계 학습전략

데이터의 힘을 믿으세요!
강의로 복습하는 **기출회독 시리즈**

3회독 복습과정을 통해
최신 기출경향 파악

최근 10개년 핵심 키워드

기출회독 022   아동기   8문항

1

아동기

기출회차

1	2	3	4	5
6	7	8	9	10
11	12	13	14	15
16	17	18	19	20
21	22	23		

강의로 복습하는 기출회독 시리즈

Keyword 022

영유아기		학령전기	아동기 (6/7~12세)	청소년기	청년기	장년기	노년기
영아기	걸음마기						

아동기의 특징을 학습할 때는 프로이트(잠복기), 피아제(구체적 조작기), 에릭슨(근면성 대 열등감) 이론과 연결하여 이해해야 한다. 아동기의 전반적인 특성을 묻는 문제가 출제되고 있다.

1. 아동기의 특징

- 아동기는 조직적인 학습생활로 들어가는 초등학교 입학시기부터 졸업시기까지를 가리킨다.
- 학령전기와 구분해서 이 시기를 학령기 혹은 학동기라고 칭하기도 한다.
- 사회적 행동이 현저히 증가하는 시기로 또래 친구들과 무리지어 다닌다는 의미에서 도당기라고도 한다.
- 성에너지가 무의식 속으로 잠복하는 시기이다.
- 사물의 분류와 보존개념을 획득한다.
- 논리적 사고의 방해요인을 극복한다.
- 또래집단과의 사회적 상호작용이 증가하면서 집단에 대한 소속감이 발달한다.
- 학교는 아동의 발달에 중요한 영향을 미친다.
- 단체놀이를 통하여 협동, 경쟁, 협상하는 능력이 향상된다.
- 운동과 놀이를 통해 신체발달과 상상력, 추리력, 판단력, 사고력을 발달시키며 자신만의 세계관을 형성한다.
- 이 시기는 자존감(self-esteem)이 발달되고, 향후 기본적인 사회기술과 가치관을 확립하는 아주 중요한 시기이므로 아동이 자신감을 갖고 과업을 달성할 수 있도록 많은 긍정적인 지지가 필요하다.
- 프로이트 발달단계 중 잠복기(잠재기)에 해당하는데, 아동기 이전 단계인 학령전기에서 오이디푸스 콤플렉스가 해결되고 성적·공격적 충동이 억제됨으로써 중요한 발달적 사건은 일어나지 않는다고 본다. 잠복기에는 이성보다는 동성과의 관계를 통해 사회기술을 배우고 사회화를 한다.

- 에릭슨의 발달단계 중 학령기(근면성 대 열등감)에 해당하는 시기로서, 자아의 성장이 가장 확실해지며 근면성을 성취하는 시기이다.
- 콜버그의 도덕성 발달수준 중 인습적 수준에 해당한다.
- 피아제의 도덕발달단계에서는 자율적 도덕성 단계에 해당하지만, 7~10세의 아동기는 보통 타율적 도덕성과 자율적 도덕성이 함께 나타난다고 보며, 10세경부터 자율적 도덕성 단계에 도달한다고 본다.

2. 아동기의 발달 ^{23회 기출} 🏆

1) 신체발달

(1) 신체성장
- 이전 단계들처럼 급속한 신체적 성숙은 일어나지 않으나 점진적이고 지속적인 발달이 이루어진다.
- 10세 이전까지는 남자아이가 여자아이보다 키가 크고 체중이 많이 나가지만, 11~12세경에는 여자아이들의 신체적 성숙이 남자아이들보다 앞서며 청소년기가 되면 남자아이들의 발육이 우세해진다.
- 젖니가 영구치로 바뀐다. 6세경에 젖니가 빠지기 시작하여 아동기 동안에는 1년에 약 4개 정도 영구치로 대치된다. 아동기가 끝나가는 12세 혹은 13세 무렵에 대부분의 젖니가 영구치로 바뀐다.
- 신체 각 부위의 비율이 달라진다. 얼굴 면적이 전체의 10%로 줄어들고, 뇌는 성인의 95% 정도가 발달한다.
- 뼈가 신체보다 빠른 속도로 자라서 성장통을 겪기도 한다.

(2) 운동 능력 발달
- 아동기는 운동 능력이 왕성하고 다양한 활동을 한다.
- 운동 능력은 속도, 정확성, 안정성, 호응성 등의 면에서 더욱 발달하고 정교해진다.
- 다양한 운동을 통해서 신체적 균형을 시험해보고, 신체 각 부분의 조정통합을 추구하며, 신체 유연성의 증가를 경험한다.
- 아동은 자신의 운동기술을 다른 아동들과 비교하여 자기 평가를 하게 되므로 자아와 자존감 형성에 중요한 역할을 하게 되어 아동기의 운동발달은 중요한 의미를 갖는다.

2) 인지발달

(1) 구체적 조작기

- 피아제 인지발달단계 중 구체적 조작기(7~11/12세)에 해당한다.
- 구체적 조작기에는 구체적인 사물과 행위에 대한 체계적 사고 능력이 발달한다.
- 아동의 사고는 자신이 직접 경험한 구체적인 세계에 한정된다.
- 아동의 사고 능력은 구체적인 수준에서 논리적인 수준으로 발달하며, 전조작기의 논리적 사고발달을 방해하는 몇몇 요인들(자기중심성, 비가역적사고, 중심화)을 극복한다.
- 동일성, 보상성, 역조작 사고가 가능하다.
- 전조작기에 발달하기 시작한 인지 능력인 분류화(유목화), 서열화, 보존개념을 완전히 획득한다.
- 유아기의 자기중심적이고 직관적인 사고와 같은 전조작적 사고의 특색은 남아 있지만, 인지적으로 성숙하여 자신을 둘러싼 세계에 대해 사고하고 이해하는 능력이 달라진다.
- 논리적 사고가 현저하게 발달하고 좀 더 복잡한 생각을 하며 다양한 변수를 고려하는 것도 가능하지만, 여전히 구체적인 부분에 머문다는 한계도 있다.
- 구체적 조작을 성취함으로써 논리적으로 사고할 수는 있지만, 이러한 논리를 언어나 가설적 문제에 적용하지는 못한다.
- 아동기 후반은 형식적 조작사고가 발달하기 시작하므로 가설에 대한 연역적 추리가 가능해진다.
- 상황과 사건에 대해 융통성 있는 사고를 할 수 있게 된다.

보충자료

아동기·청소년기의
논리적 사고

(2) 보존개념 확립 ⭐꼭!

- 물체의 외형이 달라지더라도 양이나 부피 등 물체의 특성은 변하지 않고 원래와 동일하다는 사실을 인식하는 것이다.
- 전조작기에는 물을 좁고 높은 컵에서 넓고 낮은 컵으로 부으면 물의 양이 변했다고 생각한다. 물의 높이라는 가장 두드러지게 눈에 보이는 측면을 중심으로 사고하기 때문이다. 구체적 조작기에는 이러한 중심화 현상으로 부터 벗어난다. 물의 높이뿐만 아니라 너비의 변화도 함께 고려하고 둘 사이의 관계에 대해 논리적 조작을 할 수 있기 때문에 보존개념을 획득한다.
- 물의 높이가 낮아진 대신 더 넓게 퍼져 있다는, 즉 높이의 감소가 너비의 증대로 보상된다는 보상성의 개념을 이해한다.
- 물을 원래의 컵에 다시 부으면 물의 양이 같다는 사실을 안다. 어떤 상태의

변화 과정을 거꾸로 시행하면 다시 원래 상태로 돌아갈 수 있다는 가역성(역조작 사고)의 개념을 획득했기 때문이다.

- 보존개념을 획득하기 위해서는 동일성의 개념도 획득해야 한다. 물을 원래의 컵과 다른 모양의 컵에 부을 때 어떤 방법으로든 물을 더하거나 빼지 않았기 때문에 물의 양은 동일하다는 것이다.

(3) 분류화(유목화) 가능 ★꼭!

- 분류화(classification)는 대상을 일정한 특징에 따라 다양한 범주로 나누는 능력으로서 상위유목과 하위유목 간의 관계, 즉 전체와 부분의 관계를 이해하는 것이다.
- 구체적 조작기의 아동은 점차 대상의 차이점을 구별하게 되고, 이 차이점으로 범주화할 수 있는 능력을 발달시켜 분류화가 가능하다.

(4) 서열화 가능 ★꼭!

- 서열화(seriation)는 어떤 특정의 속성이나 특징을 기준으로 하여 순서대로 배열하는 능력을 말한다.
- 구체적 조작기의 아동은 서열화 개념을 완전히 획득하게 된다.

(5) 자기중심성 극복 ★꼭!

- 구체적 조작기에는 전조작기 사고의 특징인 자기중심성을 극복한다. 이로써 다른 사람의 시각에서 사물을 보는 능력이 발달한다.
- 전조작기의 자기중심성에서 벗어나 타인의 입장, 감정, 인지 등을 추론하고 이해할 수 있는 조망수용 능력을 습득하게 된다.

(6) 탈중심화(집중성 극복)

- 다양한 변수를 고려하여 상황과 사건을 파악하고 조사하는 등 좀 더 복잡한 사고를 할 수 있다.
- 더 이상 한 가지 변수에만 의존하지 않고 좀 더 많은 변수를 고려한다.

(7) 가역적 사고 ★꼭!

가역성은 어떤 변화가 일어났을 때 이것을 이전 상태로 되돌려놓는 것인데, 구체적 조작기에는 사고의 비가역성을 극복함으로써 가역적 사고가 가능해진다.

(8) 조합기술의 획득 ★꼭!

조합기술이란 수를 조작하는 능력, 즉 일정 수의 사물이 있으면 그것을 펼치든 모으든 또는 형태를 바꾸든 수는 같다는 것을 이해할 수 있는 능력을 말한다. 아동기에는 조합기술을 획득함으로써 덧셈이나 뺄셈과 같은 셈이 가능해진다.

3) 사회정서발달

(1) 정서발달

- 아동기에도 유아기와 비슷하게 정서의 분화를 이루지만, 유아기에 비해 안정된 발달을 한다. 주로 지각이나 지능발달에 따라 행동영역이 넓어지고 경험이 풍부해지기 때문에 정서를 일으키는 자극의 의미도 달라지게 된다.
- 정서의 표현이 좀 더 지속적이며 정적이고, 직접적이었던 것이 다소 간접적으로 나타나는 것이 특징이다.
- 정서발달에 영향을 주는 요인은 성숙, 학습, 정서의 조건화, 모방, 동정 등이다.
- 괴물, 죽음 등과 같이 상상적·가상적·비현실적·초자연적인 것에 대한 공포가 많아진다.
- 주로 부모나 선생님의 기대를 충족시키지 못할 때 뒤따르는 질책, 처벌 그리고 성적 하락이나 미숙한 운동 능력 때문에 친구들의 놀림 등에 대한 불안감이 많다. 특히, 가정과 학교생활 사이에 부조화가 있다면 등교거부증 또는 학교공포증 등으로 나타난다.
- 아동의 사회적 관계 범위가 학교로 확대되면서 욕구가 좌절되고, 행동에 방해를 받고, 놀림을 당하거나 꾸중을 듣는 경우가 많아지면서 분노의 감정을 표현하는 경우가 빈번하게 된다.
- 애정을 쏟는 대상이 가족에게서 또래의 친구들로 변해감에 따라 애정의 표시로 친구가 원하는 일들을 해주려 하고 같이 있고 싶어한다.
- 애정의 대상에게 라이벌이 생기면 질투심을 느끼기도 하며, 이성보다는 동성에 대한 관심이 높기 때문에 동성애적인 경향도 나타날 수 있다.

(2) 자기이해의 발달 ⭐꼭!

자기 자신에 대한 이해는 자기인식에서 출발하는데 아동의 자기인식은 자기개념과 자기존중감을 발달시킨다.

① 자기개념(self-concept)

- 개인이 자기 자신의 특성에 대해 갖는 체계화되고 내적·개인적인 생각이다. 즉, 나는 누구이며, 무엇인가를 깨닫는 것이다.

- 아동기에는 구체적인 방식으로 자신을 기술하던 것에서 벗어나 점차 추상적인 방식으로 자신에 대해 기술하기 시작한다.
- 성장함에 따라 자기개념은 확대되고, 상세해지며 복잡해진다.
- 아동기에는 학교에서의 성공이나 실패경험, 교사와 친구, 부모의 평가 등이 자기개념 형성에 중요한 영향을 미친다.
- 아동기 자기개념 형성에 영향을 미치는 요인은 다음과 같다.
  - 개인적 요인: 개인의 연령과 성공 및 실패 경험
  - 가족요인: 부모의 양육태도
  - 친구요인: 학교라는 사회집단의 친구집단, 또래집단

잠깐!

자기개념과 자기존중감
- 자기개념: 자기에 대한 인지적 측면
  예 "난 이런 아이야"
- 자기존중감: 자기에 대한 감정적 측면
  예 "나 정말 멋지지 않니?"

② 자기존중감
- 자기존중감(self-esteem)은 자신의 존재에 대한 긍정적 견해로서, 자기개념이 자기에 대한 인지적 측면이라면 자기존중감은 감정적 측면이다.
- 에릭슨의 심리사회발달단계에서 아동기는 근면성 대 열등감의 심리사회적 위기를 겪는다. 근면성이 발달하면서 자기존중감을 갖게 되고, 근면성이 발달하지 못하게 되면 열등감을 갖게 된다.

(3) 대인관계발달 ⭐꼭!

① 친구관계의 경험: 우정의 발달
- 부모 및 가족의 영향력이 줄어들고 학교라는 사회집단의 일원이 되면서 가족과는 다른 새로운 친구관계를 경험한다.
- 아동기에는 친구들과의 일상적 상호작용을 통해 다음과 같은 것들을 배운다.
  - 삶에 관련된 여러 측면에는 다양한 방식이 존재한다는 것을 인식
  - 또래집단의 사회적 규범과 압력에 민감해지고 또래집단의 중요성을 인식
  - 이성보다 동성친구와 더 친밀한 관계를 경험

② 또래집단 형성
- 아동기에는 사회적 관계의 장이 가족에서부터 이웃과 학교까지 확대된다. 이 시기에 아동은 학교나 이웃의 또래친구들과의 관계 속에서 집단생활의 규범을 준수하고, 서로 협력하며, 자신의 욕구를 통제할 수 있는 기본적인 사회적 기술과 태도를 학습하게 된다. 특히, 학교 급우들과의 상호작용을 통해 자아중심적 관점이 감소되고, 협동, 경쟁, 협상의 원리를 체득하게 되고, 사회적 규칙이나 압력에 반응하는 방법을 학습하게 된다.
- 낮 시간의 대부분을 집 바깥에서 보내는 아동기에는 또래들과 집단을 이루

어 서로 영향을 주고받기 때문에 또래집단은 아동기의 사회화에 중요한 역할을 담당한다.

- 애정을 쏟는 대상이 가족성원에서 또래친구로 변화해가며, 이성보다는 동성친구끼리 또래집단을 형성한다.
- 또래집단과의 관계가 발달하면서 집단에 대한 소속감을 발달시킨다.
- 또래집단의 기능으로는 사회화 기능, 태도나 가치관의 형성, 정서적 안정감 제공, 인지발달과 정보제공 등이 있다.

발달단계별 놀이의 형태
- 걸음마기: 가상놀이(상상놀이, 상징놀이)
- 학령전기: 집단놀이
- 아동기: 단체놀이(팀놀이, 팀스포츠)

(4) 단체놀이 선호 ★꼭!

- 아동기에는 친구들과 우정을 나누는 동시에, 함께 일하고 공부하며 게임과 스포츠를 즐긴다.
- 단체의 성공을 개인의 성공만큼 중요시하기 때문에 단체놀이(팀놀이, team play)를 선호한다.
- 아동기에 이르면 집단놀이(group play)보다는 단체놀이를 선호하는데, 아동은 단체놀이를 통해 공동목표를 위한 상호의존, 노동의 분화, 그리고 경쟁 등을 배워 나간다.
- 구성원들에게 집단의 규칙에 동조하기를 원하는 또래집단은 아동의 사회화에 중요한 역할을 한다.
- 단체놀이의 전 과정은 아동의 인지적 · 사회적 발달에 기여한다.
- 단체놀이를 통해 다음과 같은 것들을 배운다.
  - 집단 목표를 자신의 개인 목표보다 상위에 놓는 것을 배운다.
  - 공동의 목적을 성취하기 위해 서로 역할을 충실히 수행하는 노동분배와 역할분배 등 분업의 원리를 학습한다.
  - 경쟁의 본질과 승리의 중요성을 학습한다.
  - 협동과 경쟁의 의미를 이해한다.

(5) 학교와 대중매체의 영향

- 아동기는 생활의 중심이 가정에서 학교로 옮겨지는 시기이다.
- 아동기는 공식적 학교교육을 통하여 사회가 요구하는 기본적 기술을 습득하는 단계로서, 학교는 아동이 가족 외에 처음으로 경험하는 사회적 기관이며 아동의 발달에 중요한 영향을 미친다.
- 텔레비전이나 컴퓨터 등은 아동의 사회성 발달에 크게 영향을 미친다. 따라서 대중매체를 올바로 활용하는 것이 아동기 발달에 있어 매우 중요하다.

아동기 학교에서의 성공과 긍정적 평가는 긍정적 자기개념을 형성하는 데 도움이 된다. 반면 학교에서의 실패와 그에 따른 교사, 부모 또는 친구들에 의한 부정적 평가는 부정적 자기개념을 형성하는 데 결정적 역할을 하기도 한다.

(6) 도덕성 발달 ⭐

① 자율적 도덕성 단계

- 피아제의 자율적인 도덕성은 옳고 그름에 대한 판단을 행위의 결과가 아닌 의도성에 의해 판단한다.
- 7세부터 10세까지는 일종의 과도기적 단계로서, 타율적 도덕성과 자율적 도덕성이 함께 나타난다.
- 10세경에 대부분의 아동은 두 번째 단계인 자율적 도덕성 단계에 도달한다.

② 인습적 수준의 도덕성 단계

- 10~13세는 콜버그의 인습적 수준의 도덕성 단계이며, 이는 다른 사람의 승인을 얻기 위해 또는 사회적 질서를 유지하기 위해서 규칙과 사회적 규범을 따르려고 한다.
- 외적인 벌과 보상 대신에 '사회적 칭찬'과 '비난에 대한 회피'가 도덕적 행위의 동기로 작용한다.

3. 아동기의 사회복지실천

(1) 인지발달 측면의 실천

① 학습장애

- 아동기에서 나타날 수 있는 학습장애는 언어를 이해하거나 사용하는 데에서 한 가지 혹은 그 이상의 장애가 있는 것을 말한다. 다른 장애와 달리 학습장애는 정보처리 과정에 어려움이 있다. 인지장애와 학습장애 모두 발달장애로 간주한다.
- 이러한 아동에게는 학습장애를 해결해줄 수 있는 프로그램을, 가족에게는 지지와 심리적 문제해결에 목적을 둔 치료 프로그램을 개발하여 실시해야 할 것이다. 또한, 이 시기의 아동들에게는 정서적인 발달을 지원할 수 있는 프로그램을 개발 실시할 필요가 있다.

② 부정적인 자기개념과 연관된 열등감

- 주로 학교에서의 잦은 실패경험과 그에 따른 교사나 부모, 친구들로부터의 부정적인 평가가 부정적인 자기개념과 열등감을 강화시킨다.
- 이러한 열등감을 극복하고 긍정적인 자기개념을 형성할 수 있도록 개별적

인 상담이나 치료, 그리고 부모, 교사, 또래 친구들을 대상으로 한 프로그램 등을 다각적으로 실시해야 할 것이다.

(2) 사회성 발달 측면의 실천

① 반응성 애착장애

- 반응성 애착장애는 5세 이전에 시작되고 병적인 보살핌과 밀접한 관련이 있다. 병적인 보살핌이란 아동의 기본적인 감정적·신체적 욕구의 지속적인 방치 혹은 양육자의 빈번한 교체 등을 말한다. 반응성 애착장애아는 부정적인 정서반응에 의해 사회적 놀이가 저해되어 대인관계에서 안정된 관계를 맺지 못하고 정서적으로 무관심하다.
- 그러므로 대인관계 및 사회성 발달을 위해 개별 또는 집단 치료를 통해 정서상태 및 능력에 알맞은 놀이를 적극적으로 시도하여 관계가 형성되도록 해야 한다. 따라서 조기에 발견하여 적절한 지지적 환경을 제공하는 것이 필요하다. 어머니(주 양육자)와 아이가 함께 치료를 받으면 회복이 가능하지만 그렇지 못할 경우 증상이 지속된다.

② 아동학대

- 일반적으로 아동학대는 아동에게 해로운 행위를 가하는 '학대(abuse)'와 아동에게 주어야 할 것을 주지 않는 '방임(neglect)'을 포함한다. 학대 유형에는 학대받은 부위에 따라 크게 신체적 학대, 정서적 학대, 성적 학대가 있으며, 방임에는 신체적 방임, 정서적 방임, 교육적 방임, 의료적 방임, 성적 방임 등이 있다.
- 학대받은 아동 및 그 부모에 대한 사회복지적 개입방법을 살펴보면 아동에 대한 개입, 부모에 대한 개입, 가족에 대한 개입 등 크게 세 가지로 나눌 수 있다.
  - 아동: 폭력 상황으로부터의 긴급(일시)보호, 위탁양육 프로그램, 입양이나 그룹홈, 상담 및 각종 치료 등의 방법이 있다.
  - 부모: 부모교육과 정신치료나 상담의 방법이 있다. 부모교육은 아동 발달에 대한 이해 부족이나 잘못된 자녀 양육관 및 부적절한 양육방식으로 학대하는 부모들을 위한 것이다. 정신치료 및 상담은 개인이나 집단으로 이루어질 수 있는데, 집단상담의 경우 분노조절 프로그램 등이 효과적이다.
  - 가족: 사회적·법적 개입에 따른 가정 내 위기를 잘 대처하도록 하기 위한 위기개입, 가족상담이나 가족치료 프로그램, 가족지원 프로그램 등

이 있다. 가족지원 프로그램에는 경제적 지원, 가정봉사원 파견, 가정 방문 서비스 등이 포함된다.

③ 학교공포증

- 학교공포증(school phobia)이란 학교와 관련된 심각한 공포 때문에 학교에 가기를 싫어하는 것을 말한다.
- 학교공포증은 초등학교 초기의 학교공포증과 후기의 학교공포증으로 나눌 수 있다.
  - 초기의 학교공포증은 어머니와 분리되는 것을 두려워하기 때문에 나타나는 증상(분리불안)으로 취학 직후나 저학년에서 빈번하게 발생한다.
  - 후기의 학교공포증은 여러 해 학교에 다닌 경험이 있는 아동들 사이에서 발생한다. 이러한 아동들은 부모-자녀관계가 소원하고 다른 신경증적 행동을 수반하는 경향이 있다.

10장 청소년기

한눈에 쏙!

중요도

❶ 청소년기

1. 청소년기의 개념과 특징 ★

2. 청소년기의 발달 ★ ★ ★ 23회 기출

3. 청소년기의 사회복지실천

기출경향 살펴보기

이 장의 기출 포인트

청소년기의 발달특성은 청소년기를 일컫는 다양한 용어들이 갖는 의미를 생각하며 정리하는 것이 필요하다. 학자별 이론과 관련해서는 피아제의 형식적 조작기의 특징, 에릭슨의 자아정체감 형성 등의 내용을 연계하여 정리해두어야 한다. 또한 신체적 변화와 함께 성적 성숙, 마르시아의 자아정체감이론, 엘킨드의 자기중심성 개념 등에 관한 문제도 출제된 바 있다.

최근 5개년 출제 분포도

연도별 그래프

문항수

5 -				
4 -				
3 -				
2 -	2			2
1 -	1	1	1	
0 -				

19 20 21 22 23 회차

평균출제문항수

1.4 문항

2단계 학습전략

데이터의 힘을 믿으세요!
강의로 복습하는 **기출회독 시리즈**

3회독 복습과정을 통해
최신 기출경향 파악

최근 10개년 핵심 키워드

기출회독 023	청소년기	12문항

기본개념 완성을 위한 **학습자료 제공**

기본개념 강의, 기본쌓기 문제, O X 퀴즈, 기출문제, 정오표, 묻고답하기, 지식창고, 보충자료 등을 **아임패스**를 통해 만나실 수 있습니다.

1 청소년기

1	2	3	4	5
6	7	8	9	10
11	12	13	14	15
16	17	18	19	20
21	22	23		

강의로 복습하는 기출회독 시리즈

Keyword 023

영유아기		학령전기	아동기	청소년기 (12/13~18/19세)	청년기	장년기	노년기
영아기	걸음마기						

[잠깐]에서 소개하고 있는 청소년기 관련 용어들을 통해 청소년기의 주요 특징을 정리해두자.

1. 청소년기의 개념과 특징

(1) 청소년기의 개념

① 법적 개념

- 인간의 생활주기 면에서 볼 때 청소년기의 시기적 구분은 아직 논란이 많다.
- 법률에서 규정하는 것을 보면, 청소년을 청소년기본법에서는 9~24세, 청소년보호법에서는 만 19세 미만으로 명시하고 있다.
- 아동복지법에서는 아동을 18세 미만인 사람으로 보고 있다.

명칭	관계법령	연령
청소년	청소년기본법	9세 이상 24세 이하인 사람
청소년	청소년보호법	만 19세 미만인 사람
소년	소년법	19세 미만인 사람
아동	아동복지법	18세 미만인 사람

② 일반적 개념

- 사회 통념상 어린이, 아동이라고 인식하는 시기는 초등학교까지이며, 중학교부터는 청소년(adolescence)이라는 인식이 더욱 강하고, 대학생은 청소년이라기보다는 청년(youth)으로 규정하는 경향이 강하다.
- 본 교재에서는 만 12세 혹은 13세부터 고등학교를 졸업하는 18세 혹은 19세까지를 청소년기라고 규정한다.

(2) 청소년기의 특징 ⭐

- 청소년기는 아동기에서 성인기로 전환하는 과도기로, 만 12~18, 19세에 해당된다.
- 자기중심적 사고에서 벗어나 추상적 사고가 가능해진다.
- 가설을 통한 연역적 사고와 논리적 추론을 할 수 있다.
- 신체적 성장과 발달이 급격하게 진행되어 골격이 완성되는 시기이다(제2성장급등기).
- 자아정체감 확립을 주요 발달과업으로 한다.
- 자아의식이 발달하여 고독에 빠지기 쉽다.
- 심리사회적 유예가 일어나는 시기이다.
- 성적 성숙은 감정 기복과 같은 극단적 정서변화를 가져오기도 한다.
- 불안, 우울, 질투 등 부정적인 감정을 많이 경험하는 시기이다.
- 이상적 자아와 현실적 자아의 괴리로 인해 갈등과 고민이 많은 시기이다.
- 부모로부터 심리적으로 독립하고 자아정체감을 형성하는 심리적 이유기이다.
- 정서적 변화가 급격히 일어나는 질풍노도의 시기 또는 제2의 반항기이며, 어린이도 성인도 아닌 주변인으로 부르기도 한다.
- 프로이트 발달단계의 생식기에 해당한다.
- 에릭슨 발달단계의 청소년기(자아정체감 대 역할혼란)에 해당한다.

한걸음 더 — 제1반항기와 제2반항기

1. 제1반항기

2~4세경(걸음마기) 유아들은 자신과 부모가 서로 분리되어 있는 별개의 존재라는 것을 인식하기 시작한다. 이 시기의 유아들은 지나치게 많은 것을 요구하며, 그들 자신의 방식으로 수행할 것을 고집한다. 부모로부터 독립하기를 원하며 부모가 제공해주는 것을 거부하는 반항적 행동을 하는 이 시기를 '제1반항기(the first opposition period)'라 한다. 외국에서는 이와 관련해 '무서운 2세(terrible twos)'라는 말이 있고, 우리나라에서는 '미운 세 살(외국의 2세에 해당되는 한국식 연령)'이라는 말이 있다.

2. 제2반항기

청소년기에는 부모로부터의 독립을 추구하는 과정에서 부모의 권위에 도전하고 잦은 갈등을 일으키는 경우가 많은데, 이 시기를 제2반항기(the second opposition period)라고 부른다.

청소년기 관련 용어

- 제2반항기
- 질풍노도의 시기
- 제2성장급등기
- 주변인
- 중간인
- 사춘기
- 심리적 이유기
- 심리사회적 유예기
- 생식기
- 형식적 조작기

제2성장급등기

급속한 신체성장이 이루어지는 영아기를 제1성장급등기(the first growth spurt)라 하고, 일생 동안 영아기 외에 급속한 성장급등 현상이 일어나는 사춘기를 제2성장급등기(the second growth spurt)라 한다.

2. 청소년기의 발달 ²³회기출 🏆

1) 신체발달

(1) 사춘기의 성장

• 청소년기에 나타나는 가장 핵심적인 신체발달은 성적으로 성숙하는 사춘기 (puberty)라는 현상으로 급속한 신체의 외형적 성장과 호르몬의 변화에 따른 생식능력 획득이다.

• 사춘기는 주로 청소년기에 일어나는 호르몬의 변화로 급격한 신체적·성적 성숙이 이루어지는 기간을 의미한다.

• '청소년기'는 사람이 살아가는 동안 경험하는 일반적인 시기를 지칭하는 문화적 개념인 반면에 '사춘기'는 인간이 성적으로 성숙하고 자식을 낳을 수 있는 구체적인 시기를 지칭하는 생리적인 개념으로 사용된다.

(2) 사춘기 신체변화

• 신장이 급격히 증가한다. 남녀는 대략 5~13cm씩 자란다.

• 11~13세에는 여자가 남자보다 키와 몸무게가 더 나가고 힘이 세지만, 사춘기를 보내면서 남자가 여자보다 더 커진다. 남자는 여자보다 어깨가 넓고 다리와 팔이 길다. 반면, 여자는 골반과 엉덩이 부분이 넓어진다. 또한 사춘기 동안 여자는 배와 엉덩이에 지방층이 발달한다.

• 대부분 청소년의 신체부위는 균형이 맞지 않아 보인다. 머리와 손발이 먼저 어른의 크기와 형태가 되고 그 다음 다리와 팔이 성장하며, 마지막으로 몸통이 자란다.

• 뼈와 근육의 성장이 안정되는데, 뇌가 이러한 새로운 신체에 익숙해질 때까지 갑작스러운 움직임은 어색하며 근육을 제대로 통제할 수 없게 된다.

• 신체 내부의 발달도 현저해지는데 특히, 간기능과 폐활량, 소화기능이 현저히 발달한다. 내분비선의 발달로 지방이 과다해져서 여드름이 발생한다.

• 청소년기는 제2차 성징이 출현하는 시기로 성적으로 발달한다. 남자는 음성이 변하고 음모가 나며 골격구조와 근육이 단단해진다. 여자는 월경이 시작되고 유방이 커지며 음모가 발생하고 골반이 커지며 여드름이 생긴다.

1차 성징은 사람이 처음 태어났을 때 생식기만으로 남자, 여자를 구분짓는 것을 말하며 특별한 몸의 변화는 없다. 그러나 사춘기가 되면 남성은 목소리가 변하고 근육과 뼈의 발달, 여성은 여성다운 체형, 유방의 발달, 월경의 시작 등 성에 대한 특징이 나타난다. 이때를 제2차 성징이라고 한다.

사춘기의 남학생은 키가 크면서 더불어 근육과 골격이 남자다워지며 체중도 증가하고, 음모, 액모, 턱수염이 나타나고 변성기로 목소리가 변한다. 또한, 음경과 고환이 커지고 부고환과 전립선이 발육한다.

사춘기 여학생의 경우 몸에 피하지방이 증가하게 되고 골반이 커지며 유방이 발육되고, 음모가 생기며 초경을 하게 된다. 여성의 초경은 육체적 성숙기에 들어갔다는 징표이며, 동시에 다른 어떤 성적 변화보다 가장 크게 심리적 동요를 가져온다. 초경이 오기 2~3년 전부터 키, 몸무게 등이 급격히 성장하고 유방의 발육, 골반의 확대, 음모의 발생이 먼저 나타난다.

2차 성징도 신체발달과 마찬가지로 개인차가 있으며, 일반적으로 남성이 여성에 비하여 2년 정도 늦게 나타나나 좀 더 오랜 기간 동안 지속된다고 알려져 있다.

(3) 신체변화에 대한 심리적 반응

① 신체상과 자아개념

- 자기 신체상(body image)과 매력에 대한 지각은 청소년, 특히 소녀의 자존감 수준과 관련이 있다.
- 자신을 매력적이라고 생각하는 사람이 더 자신감이 있고 자신에 대해 만족한다.

② 여성의 체중과 섭식장애

섭식장애의 대표적인 증상으로 거식증과 폭식증이 있으며, 거식증이 폭식증으로 이어지기도 한다. 남성보다 여성에게 더 많이 나타나며, 특히 우리나라 전체 거식증 환자 중 10대 여성이 15%에 육박하는 것으로 보고되고 있다.

섭식장애
- 거식증: 식욕을 잃은 것도 아닌데 체중 때문에 음식을 거부하는 것
- 폭식증: 한꺼번에 먹고 인위적으로 구토하거나 설사약 등을 복용하는 것

③ 소년의 성숙 속도의 차이

- 많은 또래들보다 성숙이 빠른 소년은 몸의 크기와 운동능력에서 더 유리하며, 또래는 그 아이를 우월하게 보는 경향이 있다.
- 또래보다 늦게 성숙하는 소년들은 신체적으로 덜 매력적이고 균형 잡히지 않은 것으로 간주된다. 이 아이들은 긴장하는 경향이 많으며, 관심을 끌기 위해 미성숙한 행동을 하는 경향이 있다.

2) 인지발달

(1) 형식적 조작기 ★

① 형식적 조작사고

- 청소년기는 피아제 인지발달의 형식적 조작기에 해당한다.
- 형식적 조작사고의 특징은 추상적 사고, 가설-연역적 추론, 조합적 사고, 모든 변수들의 관련성 파악, 가설설정과 미래사건 예측 가능이다.
- 자신의 지각과 경험보다 논리적 원리에 지배받기 때문에 추상적인 사고가 가능해진다. 사고방식 면에서 경험해 본 적이 없는 사건에 대해서도 인과관계를 추론할 수 있다.
- 자신의 사고가 옳은지 부적절한지 비판적으로 검토할 수 있고 어떤 현상이 다른 현상에 미치는 영향에 대해 가설을 세울 수 있다. 아동기에는 가능성에 대한 사고는 잘하지 못하지만 청소년기에는 "만약…"이라는 가설을 세우고 가능성에 대해 고려해볼 수 있다. 즉, 경험하지 못한 사건에 대해 가설을 설정하고 미래를 예측할 수 있다.
- 가능한 개념적 조합을 고려할 수 있으며, 사건이나 현상과 관련된 변인을 동시에 다룰 수 있는 사고능력이 발달한다.

② 청소년기에 새롭게 습득하는 개념적 기술

- 두 가지 이상 범주의 변수를 실제로 조작하지 않아도 정신적으로 다룰 수 있다.
- 시간이 지나면 사건이나 관계도 변화한다는 것을 고려해서 사고한다.
- 발생할 수 있는 사건들의 연속성에 대해서 가설을 설정한다.
- 문장이나 말 속에서 논리적 일관성이 있는지 없는지를 구분할 수 있다.
- 자신의 행동에 대해 어떤 결과가 일어날지 예측할 수 있다.
- 자신과 자신이 속한 세계에 대해 상대론적 입장에서 사고할 수 있다.

(2) 청소년기 자기중심성 ★

보충자료

발달단계별
자기중심성의 특징

- 피아제는 자기중심성을 전조작기 아동의 특징으로 설명했고, 이후 단계인 구체적 조작기에서 자기중심성을 극복한다고 설명했다. 그러나 각 발달단계마다 자기중심성이 존재한다고 주장하는 학자들도 있으며, 그 중 일부는 청소년기의 자기중심성을 강조하기도 한다(D. Elkind).
- 청소년기에는 급격한 신체적 · 정서적 변화로 자신의 외모와 행동에 지나치게 몰두하게 된다. 그 연장선으로 다른 사람들도 자기만큼 자신에게 관심

이 있다고 생각해 자신의 관심사와 타인의 관심사를 구분하지 못하게 되는데, 이를 청소년기의 자기중심성이라고 한다.
- 청소년기의 자기중심성 사고를 반영하는 개념으로는 상상 속 관중과 개인적 우화가 있다.

① 상상 속의 관중(imaginary audience)

청소년은 자신이 마치 무대 위에서 시선을 한 몸에 받는 배우이며 타인은 자신에게 주의를 집중하고 있는 관중 혹은 청중으로 생각하게 된다. 자신이 타인의 관심의 초점이 된다고 생각하기 때문에 강한 자의식을 갖게 된다.

② 개인적 우화(personal fable)

개인적 우화는 자신의 감정과 사고는 너무나 독특한 것이어서 다른 사람들이 이해할 수 없다고 생각하는 것이다. 청소년 자신을 예외적 존재로 인식한다.

한걸음 더   상상 속의 관중(청중)과 개인적 우화의 예

1. 상상 속 관중 – '내가 주인공!'
청소년기에 사람들 앞에서 과한 행동, 유치한 행동을 보이며 소위 말하는 흑역사를 생성하는 것도 상상 속 관중과 관련된다. 또한 청소년기에 요란스럽게 꾸미는 것도 상상 속 관중과 관련되는데, 자신이 타인의 관심 대상이 되고 있다고 착각하기 때문에 존재하지도 않는 시선을 의식하면서 자아도취적으로 외모를 꾸미는 데에 치중한다. 그런데 내가 다른 사람들에게 어떻게 보일지가 중요하기 때문에 오히려 자기비판적이 되기도 한다.

2. 개인적 우화 – '나는 특별해'
개인적 우화(personal fable)는 자신의 감정과 사고는 너무나 독특한 것이어서 다른 사람들이 이해할 수 없을 것이라고 생각하는 것이다. 청소년이 자신을 주인공으로 생각하고 자신에게만 통용된다는 의미에서 '개인적'이고, 현실성이 결여되어 있다는 의미에서 '우화'라고 한다. 개인적 우화의 예가 바로 '첫사랑'이 될 수 있다. 자신에게만큼은 너무나 소중하고 의미 있으며, 그 누구도 이해하지 못할 것 같은 절절함이 묻어 있지만, 다른 사람들에게 나의 첫사랑 이야기는 그저 그런 것일 뿐 나에게 있어서만큼의 의미는 아니다. 이런 것이 바로 개인적 우화이다. 다른 사람들은 이해 못하는 나만의 것, 나만의 이야기를 가지고 있는 것이 바로 개인적 우화이다.

3) 사회정서발달 [52]

(1) 정서발달

- 청소년기에는 정서가 매우 강하고 변화가 심하며, 극단적인 정서를 경험한다. 이러한 정서적 특성 때문에 청소년기를 질풍노도의 시기라고 부른다.
- 자신의 격한 감정을 받아들이고 이러한 감정상태에 대해 지나치게 과민한

반응을 하지 않는 것, 자신의 감정에 좀 더 관대해지는 것이 주요 발달과제이다.

- 청소년기의 정서는 불안정하며 많은 행동에 있어 무책임하거나 흥분을 잘하고, 공격적 성향이 있으나 점차 청소년 후기로 갈수록 완화되기 시작한다.

(2) 심리적 이유기 ⭐^{꼭!}

청소년은 부모의 지지와 승인을 필요로 하면서도 동시에 부모의 통제를 받지 않으려 하며, 부모나 가족으로부터 분리되어 친구나 자기 자신에게 의존하려는 경향이 증가한다. 이러한 성향을 심리적 이유(psychological weaning)라고 하며, 이 시기를 심리적 이유기라고 한다.

(3) 또래집단(동년배 관계)과의 강한 유대

- 또래에게 인정받고자 하는 욕구가 강하다.
- 또래집단으로부터 인정받는 것이 중요해지면서 또래집단의 영향력이 가장 큰 시기이다.
- 또래집단의 기능
  - 청소년에게 정서적 안정을 제공
  - 우정을 통해 자신을 표현하고 타인을 이해할 수 있게 함
  - 정보제공자의 역할을 함
  - 신뢰관계를 형성함
- 이성에 대한 관심이 생기지만 또래집단은 여전히 동성인 경우가 많다.

(4) 이성관계

- 청소년기에는 이성관계가 새로운 관심의 대상이 되기 시작하지만, 아직까지는 동성의 친구관계가 더 중요하다.
- 이성교제를 하더라도 일대일의 관계보다는 집단으로 사귀는 것을 선호한다.
- 이성에 대한 다양한 시도를 하지만 본격적인 이성 간의 친밀한 관계는 청소년기 이후, 즉 청년기에 성취된다.

(5) 자아정체감 ⭐^{꼭!}

① 자아정체감의 의미

자아정체감이란 자신의 독특성에 대해 비교적 안정된 느낌을 갖는 것으로, 행동이나 사고 혹은 정서의 변화에도 불구하고 변화하지 않는 부분이 무엇이며, '자신이 누구인가'를 아는 것을 말한다. 자아정체감이 확고한 사람은 개

아동기의 자기개념 형성을 바탕으로 청소년기에는 자아정체감을 형성한다.

별성, 통합성, 지속성을 경험한다.

- 개별성: 가치나 동기, 관심은 타인과 공유하더라도 자신은 타인과 구별되는 고유한 존재라는 인식
- 통합성: 자신의 욕구, 태도, 동기, 행동양식 등이 전체적으로 통합되어 있다는 느낌
- 지속성: 과거, 현재, 미래로 시간이 경과해도 자신은 동일한 사람이라는 인식

② 청소년기 자아정체감 형성의 중요성

보충자료
자아정체감 형성의 중요성

- 에릭슨은 청소년기의 주요 발달과업이 자아정체감 형성이라고 보았다. 자아정체감의 형성은 아동기 경험에 기반을 두지만 본격적인 발달이 이루어지는 것은 청소년기부터이다.
- 청소년기는 자신의 다양한 역할을 검토하면서 자신의 정체성을 통합하게 되는데, 자신의 여러 역할을 하나의 정체성으로 통합하지 못하고 여러 상충되는 역할에 적응하지 못할 때, 이를 역할혼란이라 한다.
- 청소년기에 자아정체감을 형성하지 못하여 자신이 누구인지, 인생에서 무엇을 원하는지, 어떤 사람이 되기를 원하는지에 대한 답을 얻지 못한다면, 이후 직업의 선택, 결혼과 관련된 다양한 선택, 주거지, 여가에 대한 결정 같은 주요한 선택의 순간에 판단을 내리기 어렵다.

③ 자아정체감의 4가지 범주

마르시아의 자아정체감 4범주

구분		위기	
		예	아니오
전념	예	자아정체감 성취 (위기해결)	자아정체감 유실 (위기경험 없음)
	아니오	자아정체감 유예 (위기가 현재 진행 중)	자아정체감 혼란 (위기경험 없음)

적응	부적응

- 마르시아(Marcia)는 '위기'와 '전념'을 기준으로 자아정체감을 4가지 범주로 구분했다.
  - 위기(crisis): 역할실험과 대안적 선택 중에서 의사결정을 할 수 있는 능력. 자신의 가치관에 대해 재평가하는 기간
  - 전념(commitment): 직업활동, 종교, 정치이념 등의 수행에 몰입하는 정도. 계획, 가치, 신념 등에 따라 능동적인 의사결정을 내린 상태
- 정체성의 위기를 경험한 자아정체감 성취나 위기를 경험 중인 유예는 적응으로 보았으나, 위기 자체를 경험하지 못한 자아정체감 유실이나 혼란은 부적응으로 보았다.

㉠ 정체감 성취

자아정체감의 위기를 성공적으로 극복하여 신념, 직업, 정치적 견해 등에 대해 스스로 의사결정을 내릴 수 있는 상태이다.

㉡ 정체감 유예

- 현재 정체감 위기의 상태에 있으면서 자아정체감 형성을 위해 다양한 역할, 신념, 행동 등을 실험하고 있으나 의사결정을 못한 상태이다.
- 정체감 유예로 분류된 사람들의 대부분은 정체감 성취로 옮겨가지만, 그 중에서는 정체감 혼란 쪽으로 기울어지는 사람들도 있다. 이 시기는 정체감 성취 또는 정체감 혼란 중 어느 방향으로도 나아갈 수 있는 가능성이 있다.

㉢ 정체감 유실

- 부모나 사회의 가치관을 자신의 것으로 그대로 선택하므로, 위기도 경험하지 않고 쉽게 의사결정을 내리지만 독립적인 의사결정을 하지 못하는 상태이다.
- 위기의 경험 없이 성급히 자신의 정체감에 전념한다는 점에서 정체감 유예와 뚜렷한 차이가 있다.

㉣ 정체감 혼란

- 정체감을 확립하기 위한 노력도 없고, 기존의 가치관에 대한 의문도 제기하지 않는 상태이다.
- 자신에 대한 어떠한 견해도 확고하게 받아들이지 못하는 상태로, 자신의 여러 역할을 통합하지 못한다.

(6) 심리사회적 유예 ⭐

- 최종의 정체감을 성취하기 이전의 일정한 자유 시험기간을 의미한다.
- 심리사회적 유예는 젊은이들에게 가치, 믿음, 역할 등을 시험해볼 자유를 허락하며, 각자의 장점을 극대화해 사회로부터 긍정적인 인정을 획득함으로써 사회에 최상으로 적응할 수 있게 한다.

3. 청소년기의 사회복지실천

(1) 신체발달 측면의 실천

- 급격한 신체구조 변화로 청소년들은 자신의 신체에 대해 부정적인 이미지를 형성할 가능성이 크다. 사회복지실천 영역에서는 왜곡된 신체 이미지 형성으로 야기될 수 있는 심리적 문제, 대인관계 문제 등을 다루어야 한다. 특히, 여성인 경우 자신의 외모에 대해 관심이 높으며 외모지상주의인 사회 이슈 때문에 지나치게 외모에 몰두할 수 있다. 이런 경우 섭식장애(식이장애)로 인한 거식증 또는 폭식증이 생길 수 있다.
- 신체적 성숙과 함께 성적 성숙이 이루어지는 시기이므로 성에 대해 올바른 가치관을 가질 수 있게 해야 한다. 잘못된 성에 대한 가치관과 성에 대한 지식이 없는 경우 미혼부모 문제, 성폭력 문제를 야기한다. 부모나 교사가 성에 대해 개방적으로 의논하고 자신의 생각이나 감정을 표현할 수 있는 분위기를 조성해야 하며, 청소년뿐만 아니라 이들을 다루는 부모나 교사에게도 인식의 전환과 함께 교육적 접근이 이루어져야 한다.

(2) 자아정체감 측면

- 청소년들의 자아정체감 형성을 지원하기 위해서는 자아발견, 자아성장, 자기주장훈련, 인간관계수련 등과 같은 청소년의 자아발견과 원만한 대인관계 형성을 지원할 수 있는 집단상담프로그램을 개발하여 실시할 필요가 있다.
- 진로지도, 청소년 자원봉사활동 프로그램, 호형호제 프로그램, 진로탐색 프로그램, 문화예술활동 프로그램 등과 같은 다양한 수련프로그램을 실시하여, 청소년들이 다양한 사회경험을 통해 자신의 개성과 자질을 발견할 수 있도록 원조할 필요가 있다.

(3) 가정 내 갈등과 청소년 비행 측면

- 보호 및 관찰자로서 통제하려는 부모와 자신을 개인으로 규정하고 독립하려는 청소년 사이의 가정 내 갈등이 확대 · 심화되어 청소년 비행이 나타날

수 있다.

- 청소년 비행은 대개 가정과 우리 사회가 초기에 적절하게 대처하지 못할 경우 발생한다. 사회복지사는 이러한 갈등을 매우 자연스러운 현상으로 보고, 클라이언트 자신의 느낌이나 행동에 대해 통찰력을 가질 수 있도록 도울 수 있다.
- 사회복지사들은 가정상담소나 청소년기관에서 비행청소년에 대한 상담서비스를 제공하기도 하고, 복지관이나 학교에서 반사회적 행동을 한 청소년들로 집단을 구성하여 지도하기도 하며, 감별소나 보호관찰소 등에서 교정사회복지사로 활동하기도 한다.

(4) 정신장애 측면

- 청소년기는 심리적 격동기로서 다양한 정신장애를 일으킬 가능성이 높다. 청소년기에 자주 발병하는 정신장애로는 조현병, 불안장애, 공포증, 우울증, 자살, 물질남용 등이 있을 수 있다.
- 지나친 입시경쟁으로 인하여 고3증후군으로 대표되는 시험불안은 거의 대부분의 청소년이 경험하고 있는 심리적 증상이다.
- 인터넷 중독, 게임 중독 증상을 보이는 청소년들은 현실과 가상세계의 혼란을 겪으며, 이러한 혼란이 지속되면 자기파괴나 무력감, 우울 등을 경험할 수 있다. 또한 대인관계 형성에 장애를 겪을 수 있다.
- 사회복지기관에서는 청소년 대상의 개별상담과 스트레스 예방 및 관리방법, 약물교육 및 치료 프로그램, 청소년 가족을 위한 가족치료 프로그램 등의 임상 프로그램을 개발하여 실시하고, 필요에 따라서는 정신과 치료의 연계가 이루어져야 한다.[53]

(5) 자살 측면

- 자살의 징후를 보이거나 행동에 옮기는 청소년은 3가지 주요 영역, 즉 스트레스, 가족문제, 그리고 심리적 문제(우울증 등)를 경험한다.
  - 스트레스: 가정 불화로 가정의 정상적 기능 상실, 부모의 별거와 이혼 및 사망, 신체적인 학대나 가정폭력, 약물남용, 우울증, 심각한 대인관계 붕괴, 또래들과의 비교에서 느끼는 상대적 열등감 문제, 이성친구에게서 버림받음, 원치 않는 임신, 명문대학에 들어가기 위한 성적 문제, 졸업 후 취업문제, 과잉성취 등 다양한 사건은 스트레스를 증가시키고 청소년들에게 자살 충동을 일으키게 한다.
  - 가족문제: 가정의 위기와 해체도 청소년 자살의 원인이 된다.
  - 심리적 문제: 우울증을 포함한 낮은 자긍심도 자살의 원인이 된다.

- 사회복지사의 원조는 구체적으로 두 가지 차원에서 개입하는 것이 가능하다.
  - 직면한 위기에 대처: 자살기도의 징후가 있는 사람에게는 위기개입으로서 생존을 위한 즉각적인 지원과 지지가 필요하다.
  - 스트레스를 상승시킨 또 다른 문제에 주목: 자살 위기와 직접적으로 관련이 없더라도 장기간의 사회복지 상담에서 다루어야 할 주제이다. 사회복지사는 잠재적으로 자살하려는 사람에게 효과적으로 대처하는 자살 징후에 대한 전문적 반응과 상담에 숙달되어 있어야 한다. 그리고 고립되어 자살상황에 있는 사람에게 사용 가능한 자원을 얻도록 의뢰한다.

한걸음 더 　학교폭력

우리나라는 학교폭력 문제가 심화되면서 2004년 학교폭력예방 및 대책에 관한 법률을 제정하여 시행하고 있다. 그럼에도 불구하고 학교폭력에 대한 보고는 지속적으로 증가하고 있으며, 금품갈취, 신체적 폭력, 정신적 폭력, 언어폭력, 성폭력, 집단따돌림, 사이버폭력까지 폭력의 방법도 점점 더 다양하게 보고되고 있다.

학교폭력은 별다른 죄의식 없이, 뚜렷한 목적이나 동기 없이 이루어지는 경우가 많다. 학교를 다니는 동안 계속적으로 일어나기 때문에 장기적이며, 최근에는 전학을 가도 인터넷을 통해 폭력이 지속되거나 확장되기도 한다. 대체로 집단적으로 일어나며, 이 과정에서 가해자가 피해자가 되고 피해자가 가해자가 되는 악순환이 일어나기도 한다.

학교폭력과 관련하여 복지의 대상은 가해와 피해를 막론하며, 학생의 개인적·심리적 요인과 함께 가족적 요인, 학교의 환경적 요인, 지역사회 요인을 다각도로 살펴봐야 한다. 학교 사회복지사는 학생의 개인적 문제, 가족 또는 대인관계상의 문제, 학교적응과 관련된 문제 등에 대한 복지적 서비스를 제공할 수 있어야 하고, 이를 위해 지역사회의 전문적 서비스를 연계할 수 있어야 한다.

11장 청년기

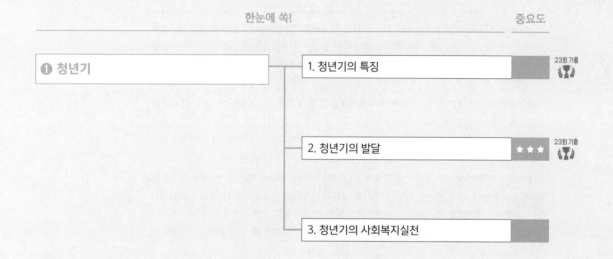

한눈에 쏙!   중요도

❶ 청년기

1. 청년기의 특징   23회 기출

2. 청년기의 발달   ★ ★ ★   23회 기출

3. 청년기의 사회복지실천

기출경향 살펴보기

청년기는 생애주기 영역에서 출제비중이 가장 낮다. 청년기는 부모로부터 독립하면서 직업을 찾고 새로운 가족을 형성하는 시기로서, 이와 관련하여 레빈슨, 에릭슨, 하비거스트 등의 학자들이 제시한 청년기 발달 과제와 연계하여 정리해야 한다.

최근 5개년 출제 분포도

연도별 그래프

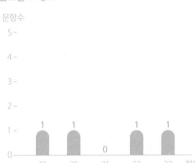

평균출제문항수

0.8 문항

2단계 학습전략

데이터의 힘을 믿으세요!
강의로 복습하는 **기출회독 시리즈**

3회독 복습과정을 통해
최신 기출경향 파악

최근 10개년 핵심 키워드

| 기출회독 024 | 청년기 | 6문항 |

기본개념 완성을 위한 **학습자료 제공**

기본개념 강의, 기본쌓기 문제, ○ X 퀴즈, 기출문제, 정오표, 묻고답하기, 지식창고, 보충자료 등을 **아임패스**를 통해 만나실 수 있습니다.

1

청년기

기출회차				
1	2	3	4	5
6	7	8	9	10
11	12	13	14	15
16	17	18	19	20
21	22	23		

강의로 복습하는 기출회독 시리즈

Keyword 024

청년기를 35세 혹은 40세까지로 상향하여 제시하고 그 이후를 중년기로 소개하는 교재들도 많다. 우리 시험에서는 청년기를 20~39세로 표시하고 있지만, 몇 세까지로 봐야 하는가가 중요하다기보다 취업, 결혼 등 부모로부터 독립하는 시기라고 생각하면 된다.

영유아기		학령전기	아동기	청소년기	청년기 (19~29세)	장년기	노년기
영아기	걸음마기						

1. 청년기의 특징 23회 기출

• 학자마다 청년기를 청소년 후기 혹은 성인초기로 구분하기도 한다.
• 가족으로부터 독립을 준비해야 하며, 직업을 선택하고 경력을 쌓아야 한다.
• 신체적 성숙이 거의 완성되며 신체적 기능이 최고조에 달한다.
• 성역할 정체감이 완성되는 시기이다.
• 직업과 배우자 선택, 자녀 양육 등으로 스트레스를 받는다.
• 에릭슨의 친밀감 대 고립감의 위기 단계에 해당한다.

청년기는 취업이나 결혼을 통해 부모로부터 독립하는 것이 주된 과업이지만, 이 과정에서 양가감정을 경험하기도 한다. 에릭슨은 이 시기의 발달과업을 친밀감 대 고립감이라고 보았으며, 이를 통해 사랑을 얻을 수 있다고 하였다. 청년기의 사회정서발달, 발달과업에 관한 내용이 주로 출제되었다. 23회 시험에서는 청년기의 전반적인 발달 특징 및 과업을 묻는 문제가 출제되었다.

2. 청년기의 발달 23회 기출

1) 청년기 발달특징

(1) 신체발달

• 인간의 신체적 성숙은 청년기에 거의 완성된다. 청소년기의 어색한 모습은 사라지고 신체적으로 균형잡힌 모습을 갖춘다.
• 최상의 신체적 상태를 유지하며, 전 생애에 있어서 활기, 힘, 건강이 최고조 수준에 달한다. 근육 및 내부기관은 만 19세에서 26세 사이에 최고조에 이른다.
• 신체적 능력과 기술을 규칙적으로 사용하면 청년기 이후에도 기능이 지속된다.

(2) 인지발달

- 청년기의 인지발달에 대해서는 아직 학자들 간에 합의된 바가 없다. 피아제는 청소년기에 형식적 조작사고가 발달한 이후 거의 인지발달이 이루어지지 않는다고 보는 반면, 그 이후에도 인지발달이 지속적으로 이루어진다고 보는 학자들도 있다.
- 일반적으로는 아동기와 마찬가지로 피아제의 이론적 틀로 설명하는 경우가 많다. 여전히 형식적 조작사고가 중심이 되는데, 기계적인 암기나 수행속도 등은 10대 후반이 가장 뛰어나며, 판단, 추론 등은 특정 시기에서만이 아닌 생애 전반에 걸쳐 발달한다고 본다.

(3) 사회정서발달 ⭐꼭!

① 부모로부터의 독립

- 부모로부터 정서 및 경제적 독립을 하는 것이 주요 발달과제 중 하나이지만, 부모로부터 독립하는 것에 대한 갈망과 분리에 대한 불안이라는 양가감정을 갖기도 한다.
- 양가감정을 최소화하고 자율성을 획득할 수 있도록 지원하기 위해서는 자녀의 자율성을 인정하고, 가족 의사결정에 참여를 격려하며, 자녀를 독립된 개인으로 인정하는 등 부모의 역할이 매우 중요하다.

청년기의 양가감정
독립과 자율성에 대한 갈망, 부모로부터의 독립에 대한 불안감 및 의존감을 동시에 갖는 것

② 직업준비와 직업선택

- 청년기는 직업을 통해 경제적으로 자립하고 자신의 인생을 개척해 나가면서 자아실현을 하는 시기이다. 청년기에 어떤 직업을 선택하느냐에 따라 성인기의 삶의 방식이 결정될 것이라고 인식하기 때문에 직업선택에 신중을 기하고 자신이 원하는 직업을 갖기 위해 노력한다.
- 직업선택 과정에 영향을 미치는 요인으로는 개인의 능력과 관심, 자신에 대한 부모나 중요한 사람의 기대 등 개인적 요소 등이 있다.
- 구직이나 취업준비 과정에서 평가해야 할 개인의 능력과 알고 있어야 할 직업적 요소로는 자신이 수행할 특정 직무와 관련된 전문지식과 기술의 습득여부, 그 직무에 따르는 지위와 의사결정 과정 등의 권위관계에 대해 학습하는 것, 그 직업에 존재하는 고유한 요구나 위험요인을 정확하게 인식하는 것 그리고 직장동료들과 협동과 경쟁의 조화를 이룰 수 있는지의 여부를 확인하는 것이다.

보충자료
청년기의 직업발달

③ 결혼과 가족형성

• 청년기의 주요한 사회적 발달과제는 결혼과 가족형성이다. 이 시기는 결혼을 하고 자녀를 낳아 부모가 되면서 인생에 정착하는 시기이다. 결혼은 청년기 친밀성과 성숙한 사회관계 성취의 중심에 있다.

• 결혼은 청년기에 친밀감이 형성되고 성숙한 사회적 관계가 확립되면서 배우자를 선택하여 새로운 가족을 형성하는 것으로 사랑의 실현, 정서적 안정, 경제적 안정, 성적 만족, 자녀출산 등에 기여한다.

(4) 성적 사회화 ⭐꼭!

• 아동기에서 청년기(18세에서 24세까지의 시기로, 교재에 따라 동일 시기를 청소년기 후기로 명명하기도 하고 청년기라 명명하기도 한다)에 이르기까지 자신의 성에 대한 정체감이 재개념화되고 확고해지는데, 이렇게 청년기에 성역할 정체감이 확고해지는 과정을 성적 사회화라고 한다.

• 성역할 정체감은 사회가 특정한 성에 대해 적절하다고 인정하는 특성, 태도, 흥미와 동일시하는 과정으로, 성에 따른 사회적 역할 기대를 내면화하는 과정이다.

• 성적 사회화의 요소로는 자신이 선호하는 성적 대상을 선택하는 것, 성역할 정체감을 확립하는 것, 적절한 성인의 성역할을 학습하는 것, 성행위에 대해서 이해하고 그 지식을 습득하는 것 등이 있다.

2) 청년기 발달과제

잠깐!

친밀감(친밀함)
자신의 정체성을 잃을지도 모른다는 두려움 없이 타인과 개방적이고 지지적이며, 조화로운 관계를 형성하는 능력

(1) 에릭슨의 발달과업 ⭐꼭!

• 이 시기는 에릭슨의 발달단계 중 성인초기(20~24세)에 해당하며 친밀함(intimacy) 형성이 주요 과제이다.

• 가족 외의 다른 사람들과 친밀한 관계를 형성하는 것은 자신의 정체성을 잃을지도 모른다는 두려움 없이 타인과 개방적이고 지지적이며 조화로운 관계를 형성하는 능력이다.

• 친밀감 형성을 위해서는 감정이입능력, 자기통제능력, 타인의 장단점을 수용하는 능력을 갖추어야 한다.

• 에릭슨은 청소년기에 긍정적인 자아정체감을 확립한 사람은 좀 더 쉽게 타인과의 친밀한 관계를 형성하지만, 그렇지 못한 사람은 자신감을 갖지 못하므로 타인과의 사회적 관계에서 고립감을 느끼게 되어 자기 자신에게만 몰두하게 된다고 했다.

(2) 하비거스트의 발달과업

하비거스트는 18세부터 30세까지를 초기 성인기로 구분하고 다음과 같은 발달과업을 제시했다.

- 배우자를 선택하고, 가정을 꾸민다.
- 배우자와 함께 생활하는 방법을 학습한다.
- 자녀를 양육하고 가정을 관리한다.
- 직업생활을 시작한다.
- 시민의 의무를 완수한다.
- 마음이 맞는 사람들과 사회적 집단을 형성한다.

한걸음 더
하비거스트(Havighurst)의 발달단계

하비거스트는 인간은 출생부터 노년에 이르기까지 6단계의 주요 과정을 거친다고 보았다. 각각의 발달단계에 주어진 과업을 잘 완수하면 행복해지고 다음 단계의 발달과업도 잘 수행할 수 있게 된다고 보았다. 이 발달과정에 근거하여 모든 인간은 다음과 같은 세 가지 주요 발달적 과업을 가진다고 주장하였다.

- 걷기, 말하기, 배변훈련, 반대 성을 수용할 수 있는 행동, 폐경 적응 등의 신체적 성장과업
- 직업선택, 철학적 관점 이해 등의 개인적 가치관 발달
- 읽기 습득, 책임감 있는 시민으로의 성장 등의 사회적 압력에 대응하는 힘 기르기

발달단계	발달과업
신생아 및 초기 아동기 (출생~6세)	• 걷기, 말하기, 고체음식 섭취하기 • 부모, 형제자매 등 타인과 정서적 관계 맺기
중기 아동기 (6~13세)	• 놀이에 필요한 신체적 기술 갖기 • 또래 친구들과 사귀기, 사회적 모임과 제도에 대한 태도 발달 • 읽기, 쓰기, 셈하기 등의 기본적 기술 습득하기
청소년기 (13~18세)	• 자신의 성 역할 수용 • 동성 및 이성 친구와 새로운 관계 형성, 부모 등 성인으로부터 정서적으로 독립 • 행동지침으로서의 도덕체계 획득 • 직업선택에 대한 준비
초기 성인기 (18~30세)	• 직업의 선택, 직장생활 시작 • 배우자 선택 및 배우자와 함께 사는 것을 학습 • 가정관리, 자녀양육 • 시민의 책임과 의무 수행, 사회적 모임에 참여
중년기 (30~60세)	• 자녀들을 책임감 있는 성인으로 키우기 • 성인으로서 사회적·시민적 의무 달성, 직업에서 만족할 만한 수준에 도달, 여가 활동
후기 성인기 (60세 이후)	• 신체적 힘과 건강 약화에 적응 • 퇴직 및 경제적 수입 감소에 적응 • 배우자의 사망에 적응 • 동년배들과의 진솔한 친분관계 강화 • 사회적 역할의 유동적인 수행 • 만족할 만한 생활환경의 조성

레빈슨의 발달과업은 12장에서 살
펴본다.

(3) 레빈슨(Levinson)의 청년기 발달과제

• 아직 현실에 기반을 두지 못하고 다소 과장된 목표로 구성되어 있는 희망을 명확하게 정의하는 것이다. 청년의 목표를 인정해주고, 기술이나 지혜를 가르쳐주며, 청년이 자신의 경력에서 전진하도록 영향력을 발휘하는 지도자를 발견하는 것이다.

• 직업을 선택하고 나아가서 경력을 쌓고 발전시키는 것이다.

• 친밀한 관계를 형성하는 것이다.

3. 청년기의 사회복지실천

(1) 자율성 확립

• 청년이 취업을 하거나 대학에 진학하는 시기로, 부모는 자녀의 자율적 행동을 신뢰하거나 묵과하는 경향이 많다. 특히, 부모와 떨어져 사는 청년은 전적으로 자신의 자율적인 결정에 의존해야 한다.

• 사회복지사들은 이들의 자율성 확보를 위한 개별 상담서비스는 물론 다양한 집단프로그램(자긍심 향상 프로그램, 인간관계 능력 향상 프로그램, 사회성 향상 프로그램, 스트레스 및 시간관리 프로그램 등) 등으로 도움을 줄 수 있다.

(2) 자기주장 능력

• 자기주장 능력은 정체감과 도덕적 관점을 형성하는 핵심 부분으로, 직설적이지만 무례하지 않은 행동을 말한다. 건강한 자기주장은 다른 사람과의 관계에서 상대방의 감정을 상하지 않게 하면서도 자신의 심리적 상태나 의도를 분명하고 직접적으로 전달하는 대인기술의 하나이다.

• 자기주장을 어려워하거나 제대로 하지 못하는 이유는 자기주장을 어떻게 해야 하는지 자체를 모르거나 자기주장을 해야 할 상황인가에 대한 판단을 못하기 때문일 수도 있고, 자신의 의견을 말하면 상대방이 어떻게 받아드릴까에 대한 불안감이 크기 때문일 수도 있다. 또한 자신의 의견을 이야기해야 한다는 생각만으로 크게 동요하여 심장이 미친듯이 뛰고 두통을 호소하는 경우도 있다.

• 자신이 원하는 것을 숨기는 것이 오히려 친밀한 관계를 형성하는 데에 방해요인이 될 수 있다는 점에서 클라이언트가 자신의 긍정적/부정적 느낌을 정직하게 표현할 수 있도록 자기주장 훈련 등을 실시하는 것이 필요하다.

• 자기주장 능력은 클라이언트뿐만 아니라 사회복지사에게도 강조되는 능력

이다. 클라이언트의 권리와 욕구를 인식함과 동시에 자신의 전문적 권리를 인식하고 고려하여 교육자로서 자기주장 원칙을 가르칠 수 있다.

(3) 친밀감 형성 능력

- 친밀감 형성 능력은 청년기에 있어서 좀 더 높은 수준의 사회화 기능과 이성에 대한 적응 기능, 인격도야의 기능, 오락의 기능, 배우자 선택의 기능에 가장 직접적으로 영향을 미치는 중요한 개인적 심리체계이다.
- 친밀감 형성은 자신과 타인의 상호적 관계를 기반으로 한다. 자신의 정보와 감정에 대한 솔직한 전달이 있어야 하고 상대방의 호의적인 반응이 있어야 한다. 그리고 지속적인 상호작용이 있어야 한다.
- 사회복지실천적 관점에서 친밀감은 청년기 동안의 중요한 생활사건인 이성교제와 결혼에 영향을 미친다.

12장 장년기

기출경향 살펴보기

최근 5개년 출제 분포도

연도별 그래프

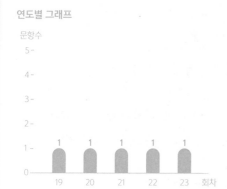

평균출제문항수

1.0 문항

최근 10개년 핵심 키워드

| 기출회독 025 | 장년기 | 10문항 |

1

장년기

기출회차				
1	2	3	4	5
6	7	8	9	10
11	12	13	14	15
16	17	18	19	20
21	22	23		

강의로 복습하는 기출회독 시리즈

Keyword 025

영유아기		학령전기	아동기	청소년기	청년기	장년기 (30~64세)	노년기
영아기	걸음마기						

장년기 관련 용어
- 인생의 황금기(전성기, 안정기)
- 지휘하는 세대
- 위기의 시기
- 샌드위치세대
- 갱년기
- 폐경기(완경기)
- 빈둥지시기(빈둥지증후군)
- 역할전도

1. 장년기의 특징 23회 기출

- 자신의 과거에 대한 재평가를 통해 변화가능성을 탐색해야 한다.
- 질병으로 인한 사망률이 높아지는 시기이다.
- 단기기억력은 약화되기 시작하지만 장기기억력은 변화하지 않는 시기이다.
- 새로운 것의 학습 능력은 저하되지만 문제해결 능력은 오히려 향상된다.
- 전반적인 신진대사의 둔화가 일어난다.
- 남녀의 성적 능력이 저하되며 갱년기를 경험하게 된다.
- 생산성 대 침체기의 심리사회적 위기에 직면하게 된다.
- 사회경제적 활동 능력이 최고조에 달하며 높은 성취감을 맛보게 된다.

보충자료

갱년기

한걸음 더

갱년기 증상

장년기 여성은 에스트로겐이, 남성은 테스토스테론이 감소하면서 성적 능력이 감소한다. 여성은 폐경을 겪으며 생식능력을 상실하지만, 남성은 생식능력을 상실하지 않는다. 일반적으로 나타나는 갱년기의 주요 증상은 다음과 같다.

- 자기 얼굴이 붉어지고 열이 오르며 식은땀이 난다.
- 입 안이 자주 헌다.
- 신경이 예민해지고, 날카로워지며 별다른 이유 없이 짜증이 난다.
- 쉽게 피로를 느끼고 의욕이 사라진다.
- 두통, 불면증, 우울증 등이 생긴다.
- 근육통, 관절염 등이 생겨 전신이 아프다.
- 가슴이 두근거리는 증상이 생긴다.
- 손발이 차갑고 저리는 증상이 발생한다.
- 덥거나 추운 증상이 나타난다.
- 탈모가 유발된다.

2. 장년기의 발달

중요도 ★ ★ ★

장년기에서는 발달의 특성과 과업, 그리고 장년기에 겪는 위기에 관한 문제가 주로 출제되었다. 특히 장년기는 융 이론과 연계하여 살펴볼 필요가 있다. 23회 시험에서는 장년기의 전반적인 발달 특징을 묻는 문제가 출제되었다.

1) 신체발달

(1) 신체기능의 변화 ★꼭!

① 신체기능의 저하
스트레스를 받거나 신체 한 부분에 기능 이상이 있은 후 회복능력이 감소한다.

② 생리적 변화
심장기능의 저하, 위·장관에서의 효소 분비 저하, 변비와 소화불량의 위험, 신장기능 감소, 전립선 비대 등

③ 에너지 변화
• 에너지 수준이 감소하고 신체적 작업능력이 저하된다.
• 힘든 활동 후 에너지 보충을 위한 시간이 많이 필요하다.
• 질병 회복 시간이 많이 걸린다.
• 급하게 에너지를 쓰는 것보다 인내를 요구하는 일을 더 잘 한다.

(2) 건강의 변화
• 40대 초반에 신진대사가 저하된다.
• 건강문제가 나타나기 쉽다.
• 고혈압을 비롯한 여러 성인병의 위험에 노출되어 있다.
• 35~64세의 주요 사망원인으로 암, 심장질환, 사고 및 뇌졸중이 있다.

2) 인지발달

① 인지적 변화에 대한 상반된 견해
• 신체적 능력의 감소와 더불어 인지적 능력이 감소된다는 견해와 인지적 능력은 감소되지 않으며, 오히려 특정 측면의 인지능력은 강화된다는 견해가 대립되고 있다.
• 단기기억력은 약화되어 새로운 것을 학습할 수 있는 능력은 저하되지만, 장기기억력에 있어서는 변화를 발견할 수 없고, 오히려 전 생애의 경험에서 터득한 지혜 때문에 문제해결 능력은 높아진다는 견해가 있다.

② 인지적 특징

• 장년기 정신기능의 잠재력은 거의 변함 없다. 인지기능은 성인기 후반까지 향상된다. 하지만 많은 사람들이 정신적·신체적으로 적극적이지 못하여 잠재 능력에 비해 수행 능력이 떨어진다.

• 창조적 생산성이 발달한다. 과학자, 학자, 예술가의 최고의 실적은 보통 40대에 나오며, 60대와 70대에도 높게 유지하는 경향이 있다.

• 통합적 사고능력이 향상된다. 보고, 읽고, 듣는 것을 자신의 학습과 경험 으로 통합하여 사고한다.

• 실제적인 문제해결 능력이 정점에 달한다.

• 유동성 지능(fluid intelligence)은 떨어지지만, 결정성 지능(crystallized intelligence)은 더 좋아진다.

한걸음 더

지능의 분류(Horn & Cattell, 1967)

Horn & Cattell(1967)의 지능 분류에 따르면 지능은 유동성 지능과 결정성 지능으로 나눌 수 있다. 결정성 지능은 장년기에도 증가하나, 유동성 지능은 점차 감소한다. 청년들이 노인들보다 더 높은 유동성 지능을 지니는 것과 대조적으로 노인들은 청년들보다 더 높은 결정성 지능을 지닌다.

• 유동성 지능: 타고난 지능으로서 모든 유형의 문제해결에 동원되는 지능을 말한다. 생물학적으로 결정되며 경험이나 학습과는 무관하다. 새로운 정보를 처리하는 능력으로서 사전 지식이나 학습이 필요하지 않으며, 공간지각, 추상적 추론, 지각속도와 같은 검사를 통해 측정한다. 뇌세포가 손상·쇠퇴하면 유동성 지능 또한 감퇴된다.

• 결정성 지능: 학교교육과 일상생활에서의 학습경험에 의존하는 지능이다. 연습과 반복의 결과로 획득된 능력으로서, 상당 기간 동안 개선 가능성이 있는 능력이다. 어휘력, 일반상식, 단어연상, 사회적 상황이나 갈등에 대한 반응을 통해 결정성 지능을 측정하며, 후천적 경험이나 반복된 학습에 의해 습득·발달하는 지능이다.

3) 성격발달

(1) 융의 성격발달 이론

융의 이론에 따르면, 장년기는 성격의 변화가 일어난다. 장년기는 그동안 성취했던 것과는 다른 활동이나 영역에 관심을 돌리는 시기이자 동시에 자기(self)를 실현하는 과정을 시작한다. 따라서, 남성은 여성적인 측면의 발달이, 여성은 남성적인 측면의 발달이 이루어져 성격의 변화가 일어난다.

① 장년기 초기(35~40세)

• 외적으로 팽창하는 시기이며, 자아가 발달하고 외부세계에 대처하는 역량

을 발휘한다.

- 가정을 이루며 경력을 쌓고 사회적 성공을 위해 온 힘을 기울인다.
- 대체로 남자는 남성적인 측면을, 여자는 여성적인 측면을 발달시키게 된다.

② 장년기 후기(40세 이후)

- 외부세계에 쏟았던 에너지를 자기내면에 돌리려 한다(개성화).
- 남녀는 각각 반대의 성적 측면을 나타내는데 남자들은 여성적인 측면(아니마)을, 여자들은 남성적인 측면(아니무스)을 나타낸다.
- 남자들은 공격적인 야망이 줄어들고 그동안 소홀했던 대인관계에 관심을 갖게 되는 반면, 여자들은 좀 더 공격적이고 독립적이 된다. 이것이 중년부부의 갈등을 초래하는 원인이 되기도 한다.

(2) 개성화(개별화) ⭐꼭!

- 개성화 · 개별화(individuation)는 중년기에 자아의 에너지를 외적 · 물질적 차원으로부터 내적 · 정신적 차원으로 전환시키는 것을 의미한다. 외부세계에 적응한다는 목적이 어느 정도 성취된 인생 후반기에 내면세계로 시선을 돌려 자기를 강화하는 것이 목적이다.
- 개성화 기간 중에는 페르소나(persona), 음영(shadow), 아니마(anima), 아니무스(animus)에 변화가 생긴다.
- 개성화 과정은 중년기 혹은 그 이후에 나타나며, 이 시기에는 성격 본성의 변화로 인한 냉혹한 위기를 견뎌내야 한다. 개성화된 인간은 자긍심이 높고, 의식과 무의식 수준의 자기를 잘 알게 된다.

개성화
중년기(장년기)에 자아의 에너지를 외적 · 물질적 차원으로부터 내적 · 정신적 차원으로 전환시키는 것

4) 사회정서발달

장년기에 시작되는 신체적 퇴행은 사회체계의 과업수행 및 대인관계에도 영향을 미쳐 위기를 가져오기도 하므로, 이러한 위기를 슬기롭게 극복해야 한다. 다른 시기와 달리 장년기의 과업수행은 사회체계 중 특히 조직과 많은 관련성이 있다.

(1) 사회체계와 주요 과업

장년기 사회체계의 과업은 자녀양육, 사회적 주체로서의 성장, 만족스러운 직업 성취, 여가 및 취미 개발, 배우자와의 인격적 관계 수립, 노부모 부양 등이 있다.

① 건강한 가정의 특성

- 가족의 유대
- 가족의 의사소통
- 가족의 문제해결 수행 능력
- 가족구성원 간의 가치체계 공유

② 부부관계

- 가정에서 가장 중심이 되는 체계는 부부이다. 부부관계를 건강하고 활기 있게 유지하기 위해서 부부는 안정과 신뢰, 공감을 성취하도록 노력해야 한다.
- 뉴만과 뉴만은 건강한 결혼관계를 유지하기 위한 조건을 다음과 같이 제시했다.[54]
  - 부부는 각자 개인적인 성장과 부부로서의 성장을 위해 헌신해야 한다.
  - 부부는 효과적인 대화체계를 개발해야 한다. 직업이나 자녀양육에만 몰두하면 부부간 상호작용 기회가 적어지므로 효과적인 대화체계를 만들어서 서로 불만이나 갈등을 해소할 수 있는 장을 만들어야 한다.
  - 갈등을 창의적으로 활용해야 한다. 가정생활에서 갈등은 항상 존재한다. 갈등의 유무가 문제가 아니라 의견 불일치나 갈등이 있을 때 이것을 어떻게 해결해 나가느냐가 더욱 중요하다. 그러므로 부부는 갈등을 해결하기 위한 방안을 개발해야 한다.

③ 자녀양육

장년기의 자녀는 보통 청소년기와 청년기 사이에 있다. 장년기 자녀의 성장에 성공적으로 적응하기 위해 대략 다음 세 가지 점에 유의한다.

- 자녀와의 효율적인 의사소통
- 자녀의 학교 교육과 진로 선택의 문제
- 자녀의 독립으로부터 발생하는 부모의 빈둥지증후군 극복

④ 빈둥지증후군

- 자녀가 부모와 떨어져 생활한 적이 없는 가정의 경우, 자녀의 독립은 많은 변화를 가져오게 된다. 이 시기 남편은 일에 몰두하면서 여성은 빈집을 지키게 되고, 이로 인해 우울증을 겪는다. 갱년기 우울증과 같은 심리적 상태가 이 시기에 많이 발생하는데, 이러한 현상을 빈둥지증후군(empty-nest syndrome)이라고 한다.
- 자신을 자녀에게 전적으로 몰입시킨 어머니들은 이제 무엇을 위해 살아가

빈둥지시기

- 자녀가 모두 출가하여 집을 떠나고 부부만 남는 시기
- 빈둥지증후군: 빈둥지시기에 겪는 우울증과 같은 심리적 상태

야 할지 모르게 된다. 이때 어머니는 '나는 누구인가?' 그리고 '내 생의 의미는 무엇인가?'라는 물음과 함께 자기평가를 하게 되는 정체감의 위기를 겪게 된다.

⑤ 노인부양

- 장년기는 부모의 건강이 약화되어 보호를 요하는 시기와 일치한다.
- 장년기 성인의 부모가 만성적인 질병이 있거나 부모 중 한 사람이 사망하면 부모와 자녀의 역할은 전환되어, 장년기 자녀가 부모를 부양하고 보살펴야 하는 역할을 담당하게 된다.
- 이러한 역할전도는 장년기 자식들에게 심리적으로 충격을 줄 수 있다.

역할전도
- 부모와 자녀의 역할이 바뀌는 것
- 장년기 자녀가 부모를 부양하고 보살피는 역할을 담당하는 것은 역할전도에 해당

(2) 직장의 전환

장년기는 직업생활에서 다른 연령층에 비해 높은 지위를 얻고 그에 상응하는 수입을 얻는다. 반면, 어떤 사람들은 장년기에 전혀 다른 직업을 시작하는 경우도 있다. 장년기는 직업적 성취에 대한 열의가 가장 높기 때문에, 직업적 성공에 대한 스트레스도 많은 편이다.

① 직장생활에서 성취감과 리더십 발휘를 위해 유의해야 할 요소

- 직장의 상사나 동료로부터 신임을 얻을 수 있는 대인관계 기술을 습득해야 한다. 그러한 전술에는 독단, 합리성, 아첨, 제재, 상호교환, 상관에게 호소, 방해, 제휴 등이 있을 수 있다.
- 자신의 직업의 권력 구조를 확인하고, 그 구조 내에서 자신의 위치를 확립해야 한다.
- 직업에 따라 필요로 하는 정보나 기술의 획득을 위해 부단한 노력이 필요하다.

② 장년기 직업전환

- 자발적 전환: 개인의 동기나 성격, 취업기회, 가족생활의 안정 등이 복합적으로 작용한다.
- 비자발적 전환: 개인의 직무수행 능력이 상대적으로 지나치게 떨어지거나, 회사나 전체 사회가 경제적 불황상태에 있는 경우에 많이 일어난다.

(3) 여가활동 개발

점차 자녀양육기간이 축소되고, 평균수명이 연장되며 조기정년 제도가 시행됨에 따라, 노후의 여가시간이 큰 폭으로 증가하고 있어 여가활용의 문제가

매우 중요한 장년기의 과제로 등장하고 있다. 장년기 여가활동의 선택에는 다음을 고려해야 한다.

• 자신의 적성을 고려해야 한다.
• 가능하면 신체적 건강에 유익한 여가 및 취미활동을 개발하는 것이 좋다.
• 부부가 함께 할 수 있는 활동을 개발하는 것이 좋다.

5) 장년기의 발달과업

(1) 에릭슨: 생산성 대 침체 ★꼭!

• 생산성이란 다음 세대를 이끌어 주고 돌봐주려는 일반적인 관심이다. 사후에도 존속될 사회를 위해 개인적·공적 수준에서 기여하는 능력으로 구체적인 예는 다음과 같다.
  − 자녀 출산, 양육, 자손의 성취
  − 자녀 이외의 젊은이에 대한 관심과 보호
  − 기술적 생산품, 아이디어, 책, 예술작품 등 창조적인 작업
• 침체란 타인에게 거짓된 친밀성을 갖고 자기에게만 탐닉하는 것으로써, 자기만을 우선적으로 보호하는 것을 말한다. 이러한 침체는 주로 직장에서 승진 탈락, 노부모 부양, 부부 갈등과 이혼 등으로 무능력을 경험할 때 형성되며, 새로운 기술 발달과 생활양식의 변화도 장년기 성인이 침체 상태에 이르는 원인이 된다.

(2) 펙의 발달과업

펙(Peck, 1968)은 성인기의 발달에 관해서 성취해야 할 7가지의 과업을 제시했는데 그 중 4가지는 장년기에 성취해야 할 발달상의 중요한 과업으로 다음과 같다.

① 지혜에 가치를 부여하기 vs 물리적 힘에 가치를 부여하기
현명한 선택을 할 수 있는 능력인 지혜 대신 육체적 힘을 중요시할 수도 있다.

② 대인관계의 사회화 vs 성적 대상화
성 호르몬의 감소문제에 몰입하기보다는 폭넓고 개방적인 대인관계를 형성하고 사회화하는 데 관심을 기울일 필요가 있다.

③ 정서적 유연성 vs 정서적 빈곤성
다양한 이별을 통해 상실감을 경험하기 때문에 정서적으로 빈곤함을 경험할

수도 있다.

④ 정신적 유연성 vs 정신적 경직성
새로운 경험과 배움에 대해 폐쇄적인 태도를 취하기보다는 기존의 지식이나 경험과 통합하여 새로운 지혜를 창출하는 융통성을 발휘할 필요가 있다.

펙의 발달과업 중 여기서 설명하지 않은 3가지는 이후 '13장 노년기'에서 살펴본다.

(3) 레빈슨의 발달과업
중년기 발달과업으로 젊음–늙음, 파괴성–창조성, 남성성–여성성, 애착–분리 등 자아 내부에 존재하는 양극성을 통합해나가며, 성인 초기 생애구조에 대한 평가 및 새로운 생애구조 형성을 위한 선택·조정을 통해 심리적 성숙과 외부환경과의 상호작용을 이루어나갈 수 있다고 보았다.

한걸음 더   레빈슨(Levinson)의 발달단계

성인 이전 시기에 대한 발달과업을 제시하지 않아 성인기 발달이론이라고도 한다. 전환기에서 이전 단계의 삶을 되돌아보고 수정함으로써 다음 단계로 나아간다고 보았다.

발달단계	발달과업
성인 이전 시기 (0~22세)	-
성인 초기 (17~40세)	정신적·생리적 특성이 절정에 달하는 가장 극적인 시기로, 가장 활발하지만 동시에 갈등과 모순을 겪기도 한다. • 전환기(17~22세): 성인으로서의 삶을 준비, 부모로부터 독립 • 초보 생애구조기(22~28세): 직업선택, 새로운 가족 형성 • 전환기(28~33세): 성인 초기 생애구조의 문제점 인식, 재평가 • 절정 생애구조기(33~40세): 직장·가정·사회활동 등에 열성적, 자신의 삶의 양식 확립, 자기 자신 되기
성인 중기 (40~65세)	일에 몰두하며 후배나 제자들을 이끈다. 젊은 시절에 설정한 꿈과 현실 사이의 괴리를 발견하고 추구해오던 목표를 재평가한다. 노화 및 신체능력 감소 등을 경험한다. • 전환기(40~45세): 젊음이 끝났다는 사실을 수용, 삶의 가치에 대한 재평가 • 초보 생애구조기(45~50세): 중년기 새로운 인생구조 만들기 • 전환기(50~55세): 중년기 생애구조 재평가 • 절정 생애구조기(55~60세): 중년기의 목표 실현, 완성
성인 후기 (60세 이상)	• 전환기(60~65세): 은퇴, 노화 등에 대비 • 성인 후기(65세 이상): 노년기를 위한 새로운 생애구조 확립

3. 장년기의 사회복지실천

(1) 이 시기의 위기

① 마모어(Marmor)의 4가지 장년기 위기

• 마모어는 장년기 위기를 1) 신체 노화, 2) 급변하는 사회문화에 대한 스트레스 증가, 3) 경제적 스트레스 증가, 4) 이별과 상실감으로 인한 정신적 스트레스 증가로 정의했다.

• 장년기 위기 상황은 많은 심리적 위축과 각종 정신질환의 발현을 이끌기도 한다. 따라서, 장년기에 경험할 수 있는 위기를 극복하기 위해서는 보편적 스트레스 상황에 대한 이해와 이에 대한 적절한 대처 방안을 모색하는 것이 필요하고, 위기 상황을 원조할 수 있는 스트레스 대처 프로그램 등과 같은 전문적인 개입이 필요하다.

② 자아문제

• 융은 무의식에 남아있던 성장 잠재력이 중년기에 다시 나타난다고 보았다.

• 중년기에 성장 잠재력이 발현되면서 새로운 이익과 가치를 개발하고, 사회적 활동에 능동적으로 참여하기도 하며, 과거에 포기했던 공부나 취미를 시작하기도 한다. 이렇게 자기실현을 꿈꾸지만 원하는 것을 이행하지 못하거나 획득하지 못할 때 자기침체, 즉 위기를 경험하게 될 수도 있다.

• 과거의 경험과 판단에만 집착하지 않고 자신에게 다가오는 현실 상황을 극복하는 새로운 사고와 대처방식을 발견하고 이를 수용함으로써 중년기 자아문제와 관련된 심리적 위기를 극복할 수 있다.

③ 성적 변화

장년기 성적 변화에 있어서 가장 중요한 영역 중의 하나는 부부간 성 문제에 대한 효과적인 의사소통이다. 많은 전문가들은 장년기의 성적 변화가 보편적인 것이므로 이러한 변화를 배우자와 의사소통하면 서로를 이해할 수 있고, 이에 대한 대처 방안을 모색하는 데 더욱 용이하다고 한다. 따라서, 장년기의 모든 여성과 남성에게는 자신의 연령에서 자연스럽게 경험할 수 있는 성적인 변화를 이해하고 수용해야 한다. 이에 대해 긍정적이고 적극적으로 대응할 수 있는 방안을 모색하는 것은 성공적인 삶의 영위를 위해 필요하다.

(2) 장년기 사회체계 측면의 실천

① 가족해체

이혼으로 인한 한부모세대의 경제적 생활안정을 위하여 다양한 사회복지 급여 및 서비스가 필요하다. 또한, 이혼가정 자녀의 건강한 정서적 적응과 유지를 위해 사회복지 전문가는 다음 문제에 주안점을 두고 도와주어야 한다.

- 자녀는 부모의 결혼이 끝났다는 사실을 받아들여야 한다.
- 자녀는 부모가 겪는 갈등에서 한 걸음 물러나 자신의 생활과 활동에 전념해야 한다.
- 자녀는 부모와의 접촉, 가정상황, 부모의 규칙과 가족의 일상생활 등에서 느끼는 다양한 상실에 대처해야 한다.
- 자녀는 부모에 대한 분노와 자기비난이라는 감정에 대해 대처해야 한다. 이혼과 관련해서 부모를 용서하고, 분노를 멈추고, 현재와 미래에 대해 충실할 필요가 있다.
- 자녀는 자기와 타인과의 관계에 대해 현실적인 감각을 유지해야 한다.

② 실직

- 보통 실직한 성인은 휴식단계 – 구직노력단계 – 구직에 대한 회의단계 – 무기력단계의 네 가지 심리적 단계를 경험한다.
- 사회복지사는 장년기의 실직자에게 고용보험 혜택과 재정지원에 관한 상담, 재취업 관련 정보제공과 직업훈련 등 고용관련 서비스, 정서적으로 도움을 줄 수 있는 지지체계(배우자, 친구나 친척 등)의 활성화 등을 제공할 수 있다. 특히, 산업현장의 사회복지사는 실직자 또는 조기퇴직자와 그 가족을 위해 예방교육이나 훈련을 위한 의뢰와 상담을 실시한다.

③ 빈곤

장년기 성인은 조기퇴직이나 실업으로 빈곤해지는 경우가 많이 있다. 노동계층의 사람들은 상대적으로 은퇴에 적절하게 대처할 만한 시간과 재산이 없다. 그러므로 이들은 전문직이나 경영관리직에 종사하는 사람들보다 은퇴 후 사회적 · 경제적 지위에 있어서 훨씬 심각한 쇠퇴현상에 직면하게 되는 것이다. 이러한 빈곤상태에 빠지는 이들을 위해 사회는 사회안전망을 설치하여 빈곤의 악순환을 막고 더 큰 사회문제로 확산되는 것을 예방하도록 노력해야 한다.

13장 노년기

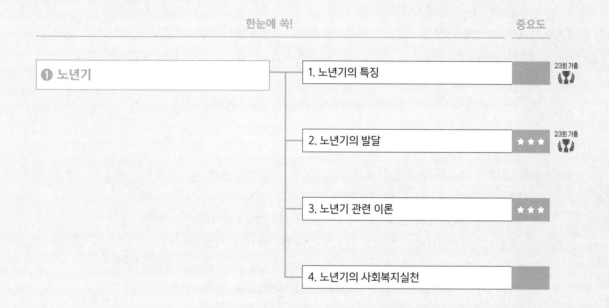

기출경향 살펴보기

노년기에 나타나는 신체적 변화나 인지적 변화뿐만 아니라 성격발달, 사회정서발달 부분까지 전반적인 내용이 두루 출제되고 있다. 장년기와 함께 발달과업에 관한 내용도 자주 출제되고 있으며, 노년기 관련 이론에서 큐블러-로스의 죽음을 수용하는 5단계의 비애과정에 관한 내용은 단독문제로도 출제된 바 있으니 반드시 정리해야 한다.

최근 5개년 출제 분포도

연도별 그래프

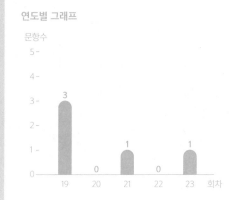

문항수

평균출제문항수

1.0 문항

2단계 학습전략

데이터의 힘을 믿으세요!
강의로 복습하는 **기출회독 시리즈**

3회독 복습과정을 통해
최신 기출경향 파악

최근 10개년 핵심 키워드

기출회독 026   노년기   8문항

기본개념 완성을 위한 **학습자료 제공**

기본개념 강의, 기본쌓기 문제, OX 퀴즈, 기출문제, 정오표, 묻고답하기, 지식창고, 보충자료 등을
아임패스를 통해 만나실 수 있습니다.

1 노년기

기출회차				
1	2	3	4	5
6	7	8	9	10
11	12	13	14	15
16	17	18	19	20
21	22	23		

강의로 복습하는 기출회독 시리즈

Keyword 026

영유아기		학령전기	아동기	청소년기	청년기	장년기	노년기 (65세 이후)
영아기	걸음마기						

1. 노년기의 특징 23회기출

• 기능손상과 만성질환의 위험으로 스트레스를 경험하기 쉽다.
• 전반적으로 반응속도가 저하되어 안전사고를 당할 가능성이 높다.
• 조심성, 경직성, 수동성, 내향성이 증가한다.
• 에릭슨의 발달단계에서 자아통합 대 절망의 심리사회적 위기를 경험한다.
• 노년기의 과업은 자신의 삶을 수용하는 것이다.
• 자아통합의 시기이며 사회관계망의 축소로 인해 사회적 역할 변화를 경험한다.
• 사회적 역할의 축소는 고독과 소외를 초래하기도 한다.

2. 노년기의 발달 23회기출

중요도

노년기의 신체적·심리적·사회적 발달 특성이 골고루 출제되고 있다. 노년기는 발달의 특성뿐만 아니라 발달과업에 대한 문제도 자주 출제되는 편이다. 23회 시험에서는 노년기의 전반적인 발달 특징 및 과업을 묻는 문제가 출제되었다.

1) 신체발달

(1) 외모
• 주름이 는다.
• 기민성과 민첩성이 떨어진다.
• 어깨는 굽고, 손발이 떨려 움직이기 어려워진다.
• 모발이 약해지고 정맥혈관이 두드러지게 드러난다.

(2) 감각

- 촉각: 피부 건조와 주름이 늘면서 거칠어지기 때문에 촉각이 떨어진다.
- 청각: 일반적으로 고음을 듣는 능력이 가장 먼저 영향을 받는다. 65~79세는 45~64세 때보다 청력의 손실이 5배가량 높고, 남성의 청력 손상 경험이 여성보다 많다.
- 시각: 대개 수정체, 각막, 망막, 조리개, 시신경의 약화가 초래된다. 어둠과 밝음의 상이한 수준에 적응할 수 있는 시력은 떨어지고, 색채 지각력 또한 줄어든다.
- 미각과 후각: 미각은 후각과 관련이 있다. 80세 이상에서는 5명 중 4명이 후각 기능에 주요한 손상을 입고 있으며, 1/2 이상은 전혀 냄새를 맡지 못한다(Papalia 외, 1998). 후각과 미각이 손상된 사람은 식욕을 잃게 되어 종종 영양부족에 시달린다.

(3) 치아

- 잇몸이 수축되고 치아 색깔은 점점 황색으로 변한다.
- 잇몸질환을 경험하는 노인이 점차 늘어나고 있다.

(4) 목소리

- 후두연골조직이 딱딱해지면서 탄력이 줄어들어 목소리에 힘이 없어진다.
- 말은 느려지고 말을 멈추는 시간도 길고 잦아진다.
- 뇌에 병리학적 변화가 있는 경우, 말이 분명해지지 않을 수 있다.

(5) 골격과 관절

- 척추 사이의 디스크가 점점 내려앉으면서 키가 조금 작아질 수 있다.
- 뼈조직은 화학적 구성의 변화로 다소 엉성해져 잘 부서진다.
- 골다공증, 낙상이나 골절의 위험이 증가한다.

(6) 기타

- 항상성의 효과가 줄어들어 생리적인 적응 능력이 감소한다.
- 신경계의 기능적 변화는 거의 없지만, 신경조직의 일부는 점차 섬유세포로 대체된다.
- 효소작용, 위액, 타액의 양이 줄어들어 소화가 힘들어진다.
- 폐의 크기가 줄어들어 산소섭취량(섭취율)이 줄어든다.
- 심장의 크기가 줄고 심장의 지방분이 늘어나며 심장근육은 늘어지며 말라붙는다.

2) 인지발달

(1) 정신운동기술

- 노인도 젊은이가 할 수 있는 것은 거의 할 수 있지만, 단지 그 속도가 느릴 뿐이다. 자신의 환경을 평가하고, 어떤 결정을 내리고, 그것을 행동으로 옮기는 데 시간이 많이 걸린다. 새로운 자료를 학습하는 속도가 느리고, 기억에서 정보를 도출할 성공률이 줄어든다.
- 신체운동과 정신활동은 정신운동기술, 특히 속도, 힘, 정력 등의 상실을 줄인다.

(2) 지적 기능

- 노년기에 지적 기능이 쇠퇴한다는 주장에는 이견이 많다. 대부분의 지적 능력은 나이가 들더라도 잘 유지된다.
- 실제로 35년간의 종단연구를 통해 노년기의 인지변화를 추적 연구한 샤이 (Schaie, 1996)에 따르면, 정보처리능력과 반응시간 둔화를 고려할 경우, 노년기 연령에 따른 인지능력 감퇴는 그리 많지 않다고 한다.
- IQ 검사에서 노인이 젊은 사람보다 다소 낮은 점수를 받는 경향이 있으며, 이 점수는 나이가 들수록 점점 떨어진다.
- 지적 기능이 노년기에 실제로 떨어지는지는 판단할 수 없다. 지능 점수는 떨어지지만 이것이 지적 능력의 감소를 의미하는 것은 아니기 때문이다. 지적 활동을 계속할 때 지적 능력은 유지될 수 있다.
- 반응시간이나 시각정보를 운동반응으로 전환하는 능력과 기억 · 문제해결 · 정보처리과정 등을 포함하여 다양한 측면에서 반응속도가 둔화되지만 개인차가 존재하며, 지식과 실용적 능력을 결합한 개인의 능력인 지혜가 발달한다.

한걸음 더   노년기의 기억

노년기의 기억 능력은 일반적으로 노화에 따라 서서히 감퇴된다고 알고 있으나 아직 이 내용을 지지할만한 연구결과는 없다. 기억력은 노화에 따라 단기기억력이 장기기억력보다 감퇴된다고 보고되고 있다. 따라서 새로 습득한 정보를 잠시 저장했다가 더듬어내는 데 어려움을 겪지만, 반면에 오래 기억하는 장점이 있다. 이는 배운 직후에는 많이 잊어버리지만 일단 한번 기억한 것은 매우 오래 기억하는 노인의 특성을 의미하는 것이다. 특히, 정보가 매우 빠르게 제시되고 전후 관계에 대한 암시가 없는 상태에서 노인의 기억력은 매우 낮다.

3) 성격발달 [55]

(1) 내향성과 수동성의 증가 ★꼭!
외부 사물이나 행동보다는 내적인 측면에 관심과 주의를 기울이며, 자신의 사고나 감정에 따라 사물을 판단하고 능동적 문제해결보다는 타인에 대한 의존성이 증가한다.

(2) 조심성의 증가
노인 자신이 정확성을 중시하고, 감각능력의 감퇴나 결정에 대한 자신감의 결여로 확실한 것을 추구하려는 경향이 강해진다.

(3) 경직성의 증가
자신에게 익숙한 습관적 태도와 방법을 고수하며, 이로 인해 학습 능력과 문제해결 능력이 저하되는 것이 일반적이다.

(4) 우울성향의 증가
질병, 배우자 사망, 경제사정 악화, 사회로부터의 고립, 일상생활에 대한 통제력 약화, 과거에 대한 회상 증가로 우울성향이 증가하고, 이로 인한 불면, 무감각, 강박관념, 증오심, 체중감소 현상이 나타나기도 한다.

(5) 생에 대한 회상의 경향 ★꼭!
과거 인생을 회상하여 남은 시간에 지금까지 해결하지 못한 것을 찾아서 새로운 해결을 시도하고 새로운 인생의 의미를 발견하려 한다.

(6) 친근한 사물에 대한 애착 증가
사용해 온 물건에 대한 애착이 증가하며, 이를 통해 과거 인생을 회상하고 마음의 평온을 추구한다.

(7) 성역할 지각의 변화
남성은 친밀성, 의존성, 관계지향성이 증가하는 반면, 여성은 공격성, 자기주장, 자기중심성, 권위주의 성향이 상대적으로 높아진다.

(8) 의존성의 증가 ★꼭!
노화가 진행됨에 따라 경제적 의존, 신체적 의존, 정서적 의존, 사회적 의존성이 전반적으로 증가한다.

(9) 시간전망의 변화

40세 이후부터 시간전망의 변화가 나타나는데, 남아 있는 시간을 계산하고 시간이 얼마 남지 않았다는 사실을 회피하기 위해서 과거에 대한 회상에 집중하거나 또는 과도하게 미래지향적이 된다.

(10) 유산을 남기려는 경향

죽기 전에 자손, 예술작품, 기술, 지식, 재산 등 뭔가를 남기려는 성향이 강해진다.

4) 사회정서발달

(1) 지위 및 역할 상실과 적응 ⭐ 꼭!

① 지위와 역할의 상실

노인은 직업역할을 상실하므로 지위로 인한 위엄과 명예, 자아존중감, 삶의 만족도는 낮아진다. 노인은 퇴직으로 경제적 능력이 약화되고, 이에 따라 사회적 지위도 점차 저하된다.

② 노년의 역할 유형 [56]

- 제도적 역할(institutional role): 분명한 지위와 역할이 있는 것으로 직업, 가족, 사회계급, 종교단체 등에서 공적인 지위를 맡고 그 지위에 따른 규범적인 역할기대, 책임과 권한이 존재하며, 책임을 이행하지 못했을 경우 불이익이 존재한다.
- 희박한 역할(tenuous role): 지위는 있는데 역할이 없거나 있어도 아주 희박하며, 이를 소홀히 한 데 대한 불이익이 매우 적은 상태의 역할을 말하는데, 유명무실한 역할과 무정형적 역할로 구분한다.
- 비공식적 역할(unofficial role): 공식적 지위는 없으나 역할만 있는 형태이다.
- 무역할(out of role): 지위도 역할도 없는 상태인데, 이러한 경우는 생활이 고립적이며, 아무런 역할 유형으로도 볼 수 없다.

③ 지위와 역할상실에 따른 노인들의 대처방식

퇴직 이후 사회적인 역할을 상실한 노인들이 남은 인생을 소일하는 형태는 건강상태, 경제적 능력, 학력수준 등과 밀접한 관련이 있으며 다음과 같이 다양하게 대처하고 있다.

- 근로형: 파트타임, 부업과 같은 노동으로 건강과 인간관계를 유지하는 형
- 한거형: 독서, 그림, 음악, 서예 등으로 취미활동을 즐기는 형
- 사회오락형: 골프, 낚시, 등산, 여행 등으로 취미, 인간관계 유지 및 정보 교환을 하며 지내는 형
- 자기완성형: 교양강좌, 토론회, 세미나 등에 참여하여 자아실현을 기하는 형
- 참여활동형: 자원봉사활동 등 각종 사회활동을 하는 형
- 폐쇄형: 건강상 거동이 불편하고 나이드는 것을 한탄하며 인생을 포기하고 집에 있는 형

(2) 역할변화와 적응

① 조부모 역할

- 노년기가 되면 조부모의 역할을 수행하게 되며, 조부모로서의 역할을 통해 자신의 존재가치를 확인하고 상실감을 극복하며, 삶에 대한 의욕적인 자세를 가질 수 있다.
- 조부모로서의 역할을 수행하는 양식과 역할개념은 매우 다양하다. 조부모는 자신의 손자·손녀에게 만족하고 자부심을 느낀다.
- 조부모 역할은 자신의 전체적인 자아개념과 목적의식에도 긍정적인 의미를 지닌다.
- 성별에 따른 조부모 역할의 차이에서는 할머니가 할아버지보다 손자녀와 더 친밀하고 더 좋은 관계를 유지하는 경향이 있으며, 대리부모 역할을 담당하기가 쉽다고 언급한다.
- 외조부모가 친조부모보다 손자녀와 더 가까우며 위기 시에 더 많이 관여하는 경향이 있다는 연구도 있다.[57]

조부모 역할 유형

역할구분	역할수행의 특성
공식형	손자녀에게 선물을 주고 열중하지만 부모의 역할을 침해하지 않음
재미추구형	손자녀를 여가활동의 원천으로 보고, 손자-조부모 상호 간에 만족함
대리부모형	부모를 대신하여 손자녀의 육아와 교육을 담당함
가족지혜 저장형	가족 내의 권위적 위치를 유지하면서 지식과 기술을 전수함
원거리형	휴일 또는 가족의 특별한 의식 외에는 별로 접촉하지 않음

② 배우자 사별로 인한 역할변화

- 노년기에 가장 힘든 역할적응으로, 배우자 상실은 슬픔이나 우울뿐만 아니

라 극심한 혼란을 초래한다.
- 배우자와의 사별에 대한 준비과정이 필요하다.

③ 퇴직자 역할
- 지금까지 직업을 중심으로 일상활동, 사회관계, 자아정체감을 형성해왔기 때문에, 은퇴는 개인의 삶의 양식을 바꾸는 중요한 변화이다.
- 일반적으로 건강하고 안정적인 수입이 있으며, 활동적이고 교육수준이 높고, 사회적 지지를 많이 받고, 은퇴 전 생활만족도가 높은 사람이 은퇴에 잘 적응한다.
- 은퇴는 예측된 사건이므로 사전에 충실히 준비하면, 퇴직에 대한 적응은 순조롭다.
- 갑작스런 퇴직, 직업역할과 자아개념이 밀접하게 관련을 맺은 경우일수록 퇴직 후 삶에 적응하기가 어렵다.
- 은퇴 후 여러 가지 문제로 스트레스를 받게 되면 낮은 자존감과 역할상실이 초래된다.

5) 노년기 발달과업

(1) 에릭슨의 통합성 ⭐

① 자아통합 ⇒ 지혜
통합성은 일생 동안 일어났던 사실들을 두려움 없이 수용하며 죽음에 직면할 수 있는 능력이다. 자아통합은 자신의 인생을 수용하고 갈등, 실패, 실망 등을 성공, 기쁨, 보람 등과 함께 전체의 삶 속에 통합시키는 것이며, 이것이 이뤄져야 죽음을 두려움 없이 맞이할 수 있게 된다.

② 절망 ⇒ 경멸
자기 과거에 대한 지속적인 후회를 의미한다. 절망감을 느끼는 사람 대부분은 자신의 인생을 불완전하고 충족되지 못한 삶으로 간주하기 때문에 죽음을 수용하기 어렵다.

(2) 펙의 심리적 적응
펙(Peck, 1968)은 노년기에 심리적으로 적응해야 할 과업으로 다음 3가지를 제시했다.

① 직업 역할 몰두에서 자기 분화로 전환

퇴직 이후에는 직업 역할 이외의 다른 역할을 통하여 자아정체감을 유지하는 것이 무엇보다 중요하다.

② 신체 몰두에서 신체 초월로

노년기에는 신체나 외모를 초월하여 만족스러운 사회적 관계나 창조적인 활동을 행함으로써 삶의 의미와 행복을 추구하는 것이 필요하다고 보았다.

③ 자기몰두에서 자기초월로

죽음을 앞둔 쓸모없는 존재로 자신을 바라보지 말고 현재 자신이 할 수 있는 일은 무엇인지를 생각함으로써 죽음을 긍정적으로 수용하려는 노력이 필요하다.

(3) 적응발달과업이론

클라크와 앤더슨(Clark & Anderson)은 노령기에 누구나 직면하게 되는 5가지의 적응과업을 제시했다.[58]
- 노화의 현실과 이로 인한 활동 및 행동에 제약이 오는 것을 자각하는 것
- 신체적 및 사회적 생활반경을 재정의하는 것
- 노화로 인한 제약 때문에 종전처럼 만족시킬 수 없는 욕구를 다른 방법으로 만족시키는 것
- 자기의 평가기준을 새로이 설정하는 것
- 노령기 생활에 맞는 생활의 목표와 가치를 재정립하는 것

3. 노년기 관련 이론

1) 성공적 노화이론

(1) 분리이론

- 노년기는 사회적 · 심리적으로 철회하는 선천적 경향을 지니고 있다는 주장이다(Cumming & Henry, 1961). 장년기의 다양한 역할과 사회관계에서 점차 물러남으로써 반응하는 과정을 분리(disengagement)라고 한다. 분리이론에 의하면, 노인들은 외부세계의 사회적 활동으로부터 스스로 철회하고 타인에 대한 관심도 감소한다.
- 이러한 사회적 철회는 자신에 대해 더욱 몰두하고, 대상에 대해 정서적 관

중요도

노년기의 죽음을 수용하는 과정과 지위, 역할 변화와 관련된 문제가 출제되고 있다. 이와 관련해서 최근 시험에서 자주 출제되고 있는 큐블러-로스의 모델을 반드시 기억해두자.

심이 감소하는 노년기의 발달적 성향과 밀접한 관계에 있다. 따라서, 연령 증가에 따른 개인의 사회적 분리는 인생만족을 증가시키는 중요한 요인이라는 것이 이 이론의 핵심이다.

(2) 활동이론

- 분리이론과는 반대로 장년기의 능동적이고 적극적인 생활양식을 노년기에도 지속하는 것이 노인들에게 긍정적인 영향을 준다는 주장이다(Havighurst 외, 1968).
- 이 이론에서는 사회적·심리적 분리가 노년기에 일어난다는 것을 인정하지만 노년기 동안의 인생만족은 계속적인 활동과 높은 상관성이 있다고 강조한다. 성공적인 노화를 한 사람은 높은 수준의 사회적·정서적 및 물리적 참여를 유지한다.

(3) 성격과 생활양식이론

성공적 노화를 효과적으로 설명할 수 있는 포괄적 관점의 이론이다. 이것은 노화 유형과 성공적 노화를 개인의 성격을 바탕으로 이해한다.

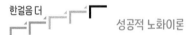

한걸음 더 — 성공적 노화이론

성공적 노화이론에서 초점을 두고 있는 이슈는 '어떤 것이 성공적인 노화일까?'이다. 성공적 노화에 대한 이론적 입장은 크게 세 가지로 구분된다.

먼저, 분리이론에서는 신체적·심리적·사회적으로 점진적인 철회가 이루어지는 노년기를 부정적으로 보지 않고, 오히려 철회나 분리가 자신의 삶에 대해 보다 깊게 성찰하게 하고, 사회적 역할에 덜 얽매이게 하며, 사회적 관계에서도 분별력 있게 되어 자신과 잘 맞는 사람에게만 집중할 수 있게 해주므로, 철회나 분리는 좀 더 노년기 성인에게 더 많은 자유를 제공한다고 보는 것이다.

이와 달리 활동이론에서는 세상에 적극적으로 참여하고 활동하는 것을 성공적 노화의 길로 제시했다. 따라서 중년기 동안 추구해 온 활동과 관심사를 철회하지 말고, 이를 계속 유지하라고 권한다. 예를 들어 은퇴를 했다면 이를 대체할 수 있는 다른 일을 찾아 활동하라고 권한다.

그렇다면 세 번째 이론으로 제시된 성격과 생활양식이론은 어떤 입장일까? 분리이론과 활동이론이 공통적으로 범하고 있는 문제점은 둘 다 성공적 노화를 단일한 유형으로 규정하려 할 뿐 개인차를 크게 고려하지 않았다는 것이다. 뉴가튼 등(Neugarten 외, 1968)의 학자들은 노인들을 대상으로 종단연구를 수행한 결과, 성공적인 노화를 노인의 활동이나 관여 수준만으로 평가하기보다는 노인 개개인의 성격과 관련시켜 이해할 때 보다 효과적으로 설명할 수 있음을 확인하게 되었다. 따라서 이 이론에서 성공적 노화는 개인의 성격을 바탕으로 하기 때문에 개인의 성격 유형을 고려하지 않는 성공적 노화이론은 무가치하다고 주장한다. 단순히 사회로부터 분리되거나 계속해서 활동하는 것이 노년기의 성공적인 노화를 의미하는 것은 아니며, 그것이 노인 개개인의 성격유형과 조화를 이룰 때 성공적인 노화라 할 수 있다고 보는 것이다.

2) 비애와 죽음의 관리

(1) 비애의 관리와 죽음에 대한 교육
상실을 애통해하고 슬퍼하는 것을 일정한 시간 내에 끝내야 한다는 생각은 잘못이다. 죽음에 대한 정상적인 애도과정은 일생 동안 이어질 수도 있다. 가까운 사람의 죽음을 경험했을 때 우리는 울거나 우울해 하면서 매우 깊은 슬픔을 경험한다. 그리고 점차 시간이 지나면서, 그 상실에 대해 생각하지 않고, 더 이상 슬퍼하지 않게 된다. 살아가면서 그 상실을 떠올리게 하는 일을 경험할 수도 있다. 그러면 다시 슬픔에 빠지게 된다. 그러나 그때에는 애도기간이 점차 짧아지고, 빈도가 줄어들며, 강도도 점차 줄어든다.

(2) 비애과정 ★^{꼭!}

비애과정
부인 → 격노와 분노 → 협상 → 우울 → 수용

① 큐블러−로스 모델(Kübler-Ross, 1969)
정신과 의사인 큐블러−로스는 시카고 대학병원에 입원한 중환자를 대상으로 연구한 결과, 죽음에 이르는 과정에서 5개의 심리적 단계를 거친다는 것을 제시했다.

비애과정

부인	사실로 받아들이지 않는다. 흔히 의사의 오진이라고 생각한다.
격노와 분노	"왜 하필이면 나에게…"라고 생각하며 가족이나 의료진에게 분노를 터뜨린다.
협상	상실의 전부 또는 일부를 다시 회복하여 어떤 불가사의한 힘과 협상하고자 한다.
우울	"너무 슬프고, 끔찍하고, 어떻게 살아갈까…"라고 생각한다. 이별할 수밖에 없다는 데서 오는 우울증이 나타난다.
수용	사실을 받아들인다.

② 웨스트버그 모델
- 충격과 부인(shock and denial): 실제로 아무런 감정이 없는 충격상태로, 아무 일도 없는 것처럼 행동한다. 사실을 부인하는 것이다.
- 감정분출(emotion erupt): 사실이 자명해지면서 울거나, 소리 지르거나, 탄식하는 등 고통을 표현한다.
- 분노(anger): 신에게 분노하거나 죽은 사람에게 분노하는 등 화를 내게 된다.
- 병(illness): 비애는 스트레스를 유발하기 때문에 관련 질환에 걸릴 가능성이 있다.

- 공포(panic): 악몽, 억제할 수 없는 감정, 일상 책무에 집중하지 못하는 어려움이 공포를 유발하게 된다.
- 죄책감(guilty): 미연에 방지하지 못했다는 등 죄책감을 경험하게 된다.
- 우울과 외로움(depression and loneliness): 매우 슬프고, 고독함과 고립감을 경험한다.
- 재돌입의 어려움(reentry difficulty): 삶의 제자리를 찾으려고 노력하지만 과거에서 벗어나지 못해 새로운 활동을 하는 데 방해를 받는다.
- 희망(hope): 점차 삶의 제자리를 찾으려는 희망을 갖게 된다.
- 현실 확증(affirming reality): 삶의 자리를 찾고 과거에 대한 통제감을 회복한다.

4. 노년기의 사회복지실천

(1) 심리체계 측면의 실천

① 죽음에 대한 태도

노인들은 자신의 죽음뿐 아니라 가족이나 친지의 죽음에 대해서도 수용해야 한다. 개인의 죽음은 다양한 정서적 반응과 예측할 수 없는 반응을 보일 수도 있으므로 죽음의 과정에서 원조하는 전문가는 광범위한 개인차를 인식하고 죽음을 수용하는 단계로 나아가 편안하고 준비된 죽음을 맞이할 수 있도록 도와야 할 것이다.

② 자아통합과 죽음

에릭슨 이론에 근거하여 자신의 과거 사건을 재구조화하는 인생회상(life review) 기법을 사용하여 과거 경험에 점진적으로 되돌아감으로써 과거의 왜곡된 경험을 해결하고 통합할 수 있으며, 마지막 발달과업인 자아통합 대 절망의 위기를 해결할 수 있다. 이러한 방법은 사회복지실천현장에서 노인들을 대상으로 활발하게 적용할 수 있으며, 성공적인 노화과정을 원조할 수 있다.

③ 호스피스

죽음을 앞둔 말기 환자에 대한 지원은 호스피스(hospice)가 있다. 호스피스 활동은 그 대상과 상황에 따라 다양하지만 대략 다음과 같은 목표를 가진다.
- 첫째, 적절하게 고통을 조절하는 것으로 환자의 고통과 공포를 완화한다.
- 둘째, 수명을 연장하는 첨단기술(high-technology)을 피한다.

- 셋째, 환자에 대한 심리적 지원을 하는 것으로 죽어가는 환자에게 편안함과 평화를 주는 것을 의미한다.
- 넷째, 사망 이전과 이후 유족에 대한 지원으로, 도움이 필요한 경우 언제든지 호스피스 활동을 전개할 수 있어야 한다.

④ 그 밖의 원조

노년기의 주요 심리적 위축 문제해결을 원조할 수 있는 지지적 상담 프로그램, 노인의 고독과 소외를 극복할 수 있는 사회교육 프로그램 등을 실시할 수 있고, 특히 치매 등과 같은 신체적 · 심리적 문제를 경험하는 노인과 그 가족을 위한 전문적 치료 프로그램, 주간보호 및 단기보호 프로그램, 각종 상담 및 교육 프로그램, 그리고 가정봉사원파견 프로그램 등을 실시할 수 있다.

(2) 사회체계 측면의 실천

일반적으로 노년기에 경험하는 삶의 쟁점들은 노인의 4고(苦), 즉 빈곤, 질병, 고독, 역할상실을 의미한다. 구체적으로 소득감소와 경제적 의존, 건강약화와 보호, 역할상실과 여가활동, 사회심리적 고립 및 고독과 소외, 성문제, 노인학대 등의 문제와 관련된 프로그램의 필요성이 제기되고 있다.

우리나라는 이미 고령사회로 진입했고, 2025년에는 전체 인구의 20% 이상이 노인인 초고령사회로 진입하게 될 것이라는 전망이 이루어지고 있다. 특히나 노인 1인 가구의 경우 경제, 건강 등의 노후 준비가 더욱 미흡한 것으로 나타나고 있다.

미주목록

1) 권중돈, 2014; 18.

2) Newman & Newman, 2003: 5.

3) Newman & Newman, 2003: 41.

4) Newman & Newman: 2006: 45 수정 · 보완.

5) 이훈구, 2003: 51-53.

6) 최순남, 2002: 183.

7) Starchey, 1973: 177.

8) 강상경 외, 2022: 48-52; 엄태완, 2021: 50-53; 권중돈, 2014: 197-199.

9) 이근홍, 2006: 180-181; 최옥채 외, 2022: 55-56.

10) 권중돈, 2014: 239-247; 조흥식 외, 2010: 75-80; 엄태완, 2021: 98-105.

11) 이근홍, 2006: 193-194; 최옥채 외, 2022: 84-85.

12) 권중돈 · 김동배, 2005: 282-283.

13) 권육상 외, 2004: 175-176.

14) 노안영, 1998.

15) 권육상 외, 2004: 179-180.

16) 이인정 · 최해경, 2000.

17) 권중돈 · 김동배, 2005: 267.

18) 이인정 · 최해경, 2000: 212.

19) 최순남, 2002: 221.

20) 김형섭, 1997; 김규수 외, 2003: 234 재인용.

21) Jung, 1961: 308-309; 최순남, 2002: 222-223 재인용.

22) 이근홍, 2006: 202.

23) 권중돈 · 김동배, 2005: 256-257.

24) Newman & Newman, 2003.

25) 손광훈, 2008: 164.

26) 권중돈 · 김동배, 2005: 355-356; 손광훈, 2008: 159-160; 이근홍, 2006: 272-273.

27) 김영모 외, 2000: 204-206; 이성진, 2001: 120-124; 최순남, 2002: 246-248.

28) 이근홍, 2006: 217-218

29) 권중돈 · 김동배: 2005: 227-338.

30) 최순남, 2002: 271; 서혜석 외, 2010: 175-176.

31) 최순남, 2002: 260-261; 서혜석 외, 2010: 176-177; 엄태완, 2021: 134.

32) 엄신자, 2008: 396-397.

33) 이근홍, 2006: 229-230; 최옥채 외, 2022: 113-114.

34) 이근홍, 2006: 257; 최옥채 외, 2022: 138-139.

35) Shlien, 1963: 307; 최순남, 2002: 319 재인용.

36) 김영모 외, 2000: 171.

37) 이근홍, 2006: 242-243; 최옥채 외, 2022: 126-128.

38) Barker, 1999: 476.

39) 손광훈, 2008: 366.

40) 손병덕 외, 2008: 206.

41) 김규수 외 역, 2002: 25.

42) 이팔환 외 역, 2000: 52-53.

43) 김규수 외 역, 2002: 33.

44) 채옥채 외, 2002: 332-333.

45) 손광훈, 2008, 492-494.

46) 이근홍, 2006.

47) 김제한, 1998: 198.

48) Main & Solomon, 1990; 정옥분, 2007 재인용.

49) 구혜영, 2009: 311-312.

50) 김영모 외, 2000: 38.

51) 최순남, 2002: 69.

52) 최선화 외, 2000: 15; 김규수 외, 2003: 186 재인용.

53) 김동배 · 권중돈, 2001; 김규수 외, 2003: 176 재인용.

54) Newman & Newman, 1987; 최옥채 외, 2022: 362; 김규수 외, 2003: 265-266 재인용.

55) 손광훈, 2008: 336-337.

56) Rosow, 1976; 이인수, 1999: 80.

57) Cherlin & Furstenberg, 1986.

58) 장인협 · 최성재, 1996: 85; 김규수 외, 2003: 316 재인용.

참고문헌

강상경 · 유창민 · 전해숙, 2022, 『인간행동과 사회환경』, 학지사.
권순종 외, 2011, 『인간행동과 사회환경』, 양서원.
권육상 외, 2004, 『아동복지론』, 유풍출판사.
권중돈, 2014, 『인간행동과 사회환경: 이론과 실천』, 학지사.
권중돈 · 김동배, 2005, 『인간행동과 사회환경』, 학지사.
김규수 외 역, 2002, 『인간행동과 사회환경』, 나눔의집.
김범수 외, 2007, 『다문화 사회복지론』, 양서원.
김영모 · 홍금자 · 김진이, 2000, 『인간행동과 사회환경』, 고헌출판부.
김영화 외, 2001, 『인간과복지』, 양서원.
김제한, 1998, 『발달심리학』, 양서원.
김필진, 2007, 『아들러의 사회적 관심과 상담』, 학지사.
김혜란 외, 2005, 『사회복지실천기술론』, 나남.
노안영, 1998, 『상담자와 함께 하는 삶의 여행』, 중앙적성출판사.
노안영 · 강영신, 2003, 『성격심리학』, 학지사.
박차상 외, 2002, 『한국노인복지론』, 학지사.
서혜석 · 송유미 · 이미영, 2010, 『인간행동과 사회환경』, 청목출판사.
손광훈, 2008, 『인간행동과 사회환경』, 공동체.
손병덕 외, 2008, 『인간행동과 사회환경』, 학지사.
엄신자, 2008, 『인간행동과 사회환경』, 인간과 복지.
엄태완, 2021, 『인간행동과 사회환경』(2판), 공동체.
윤진 역, 1990, 『아동기와 사회』, 중앙적성출판사.

이근홍, 2006, 『인간행동과 사회환경』, 공동체.
이무영 · 권신영 · 김미영 · 송혜자, 2021, 『인간행동과 사회환경』, 어가.
이성진, 2001, 『행동수정』, 교육과학사.
이인정 · 최해경, 2000; 2002, 『인간행동과 사회환경』, 나남출판.
이창재, 2008, 『프로이트와의 대화』, 학지사.
이팔환 외 역, 2001, 『사회복지실천이론의 토대』, 나눔의집.
이훈구 외, 2003, 『인간행동의 이해』, 법문사.
임춘식, 2001, 『현대사회와 노인문제』, 유풍출판사.
장인협 외 공역, 1990, 『인간행동과 사회환경』, 집문당.
장휘숙, 2009, 『전생애발달심리학』, 박영사.
정순둘 외, 2011, 『임상사회복지 이론』, 학지사.
정옥분, 2007, 『전생애인간발달의 이론』, 학지사.
조흥식 · 김혜래 · 신은주 · 우국희 · 오승환 · 성정현 · 이지수, 2010, 『인간행동과 사회환경』, 학지사.
최순남, 2002, 『인간행동과 사회환경』, 법문사.
최옥채 · 박미은 · 서미경 · 전석균, 2002, 『인간행동과 사회환경』, 양서원.
_____, 2022, 『인간행동과 사회환경』(6판), 양서원.
한국사회사업연구회, 2008, 『인간행동과 사회환경』, 나눔의집.
허남순 외 역, 2004, 『사회복지실천이론과 기술』, 나눔의집.
홍숙기, 2002, 『성격심리』, 박영사.